早慶戦全記録

伝統2大学の熱すぎる戦い

堤 哲 編著

啓文社書房

はじめに

私が、全運動部の早慶戦の記録を書き残しておきたいと思った動機は二つある。

一つは、「早龍会」という1964（昭和39）年に早稲田大学を卒業した運動部39部のOB会が、5年に一度、慶應義塾大学体育会OBの「三九三田体育会」と帝国ホテルで合同例会を開いていた。慶大野球部のキャプテン西岡浩史は「4年間で早慶戦に負けたのは、1年秋の6連戦だけ。あとはすべて慶應が勝点を挙げている」といった。

フレンドリーライバルは、野球部に限らず、誰もが早慶戦にこだわりを持っていた。

もう一つは、私が学生時代に所属していた「早稲田スポーツ新聞会」（早スポ）が、2019年創刊60周年を迎えることだった。しかし、実際は、空席が目立つ神宮球場。外野の応援席が空っぽの早慶戦もあった。学生たちのスポーツ熱が冷めていることを実感した。

創刊60年のこの機会に、せめて早慶戦の歴史ぐらい知ってほしいと思ったのである。

木村毅の『早稲田外史』には、早慶の学生を野菜にたとえた、こんな指摘がある。

《アスパラガスやパセリやセロリやトマトや、西洋野菜をきれいに洗って紅白緑紫の色美しく並べ立てたようなのが慶應学生で、カブや大根やゴボーや里芋を、土のついたまま引っこ抜いてきたようなのが早稲田学生である。だから野球でも、天覧試合のような場合は、慶應が手ぎわよく勝っている。その代り伊達の三日連投、安藤の六日連投というような馬力の競争になると、いつでも早稲田が勝つのだ》

本のタイトルは『早慶戦全記録』としたが、内容はどうしても野球中心にならざるをえなかった。私が子どもの時から六大学野球を見続けてきたという理由もあるが、早慶戦の始まりは野球であり、オックスフォードとケンブリッジのボートレース、ハーバードとイェールのアメリカンフットボールとならんで、世界の三大カレッジ・ゲームと称されてもいたからだ。

また、野球の早慶戦は国民を二分するほどの一大イベントでもあった。そのきっかけとなったのが、１９２９（昭和４）年から、東京六大学野球を全国放送したＮＨＫラジオだ。「神宮球場、どんよりとした空、黒雲低くたれた空、カラスが一羽、二羽、三羽、四羽、風雲いよいよ急を告げております」。こんな、松内則三アナウンサーの名調子が評判となって、早慶戦は日本中のスポーツファンを熱狂させたのだ。

ということで、運動部の扱いが平等でないと、ご不満の向きには、お許しいただきたい。ここには、記録が残っているかぎりだが、全運動部の早慶戦の勝敗を星取表形式で、すべて掲載した。おそらく例のない画期的なものだと思う。この勝敗表を見ながら、当時の思い出話に花を咲かせていただければ、幸いです。

第3章 早慶戦ここに始まる——早慶戦あれこれ　47

第6章 各運動部の早慶戦
～田中愛治早大総長、空手部早慶戦で勝利

第7章　各運動部の早慶戦・記録編　169

早慶戦は国民的スポーツだ

斎藤　禎

「こんなおっさんが学生か？　それに子ども連れだ」

大勢の学生たちが列をなしていた神宮球場の学生外野応援席入り口で、応援部の学生が大声を出し、父を咎めているように見えた。

その時、そばにいた上級生と思われる応援部員が、「学生証を持っていれば、学生だ。子どもも入れてやれ」と、父と一緒に悪いことをしているような気がして首をすくめていた私を見ながら、言った。

たしかに、父は当時38歳、学生というには年をとりすぎていた。

3年余のシベリア抑留から帰還してのち、父は早稲田の夜間部に学士入学していた。クラスでの抽選で、やっと一枚の学生席入場券を手を入れた父が、嬉しそうに「今度の日曜日、早慶戦を見に行こう」と言った。一枚の入場券で、38歳の身に加え小学校3年の息子までが応援席に入れると思っていた父が、たぶん、間違っていたのだろう。上級生の応援部員のとりなしで私たちは球場に入ることができたが、いまだに、この応援部員同士のやりとりは鮮明な記憶となっている。

この年、昭和27年の秋、早稲田は優勝争いをしていた。

入り口で渡された黄色い短冊を稲穂の形にまとめた応援道具を懸命に振りながら、父とともに早稲田を応援した。芝生だった外野席はもちろん、神宮球場は超満員だった。

校友会設立 125 周年記念 2010 稲門祭で行われたシンポジウム『早稲田スポーツを語る』。
写真は、向かって右から中竹竜二ラ式蹴球部元監督、奥島康孝総長（当時）、河野洋平稲門体育会会長。
司会は斎藤禎早稲田スポーツ新聞OB倶楽部会長（当時）
＝2010（平成 22）年 10 月 17 日撮影

センターの岩本の頭上をライナーが襲い岩本が転倒し、慶應が得点するのを目の前で見た。サードに小森、ショートに広岡がいたのを憶えている。この日、早稲田は負けたが、この早慶戦は、父と私にとってかけがえのない思い出となった。

満洲に生まれた私は、敗戦前の昭和19年暮れ、1歳の時に、母とともに父母の故郷である茨城県に帰った。幸い、シベリア抑留から帰った父と上野駅頭で昭和23年に再会することになるが、その時の私には、父という記憶はまったくなかった。

よそのおじさんというのが父への正直な感想だった。そういう関係の父と子だった。むしろ母の弟や父の弟に親しんで、なんとなくなつかない我が子を懐柔しようと、父は私を早慶戦に連れだしたのだろう。

早慶6連戦があったのは、高校2年の時だった。

昭和35年は60年安保の年でもあった。

高校生ながら、この年の春から初夏にかけては政治の季節だった。通っていた都立高校も例外ではなかった。毎日、中庭では、3年生を中心にアンポ反対の集会がもたれ、翌朝の朝礼前のクラスでは、国会デモに参加した級友たちがズボンを膝までまくり上げ、「痛いのなんの。お巡りに脛を蹴られた」と言いながら前夜の〝武勇伝〟を披露していた。

そうした政治の季節もあっという間に過ぎ、晩秋となり、早慶6連戦を迎える。

しかし、あの政治の季節は、いったい何だったのだろうか。

中庭で隊列を組み、ハンドマイクで先導していた3年生たちのほとんどは東大に現役で入っていった、という。彼らはその後どういう人生を送ったのだろうか。サラリーマンになったのだろうか。官僚となったのだろうか。政治家になったのだろうか。慶應に進んだ小沢一郎も一学年上だったが、デモには参加していない。

政治の季節への疑問は今も消えない。出版社に就職し編集者となって、西部邁に、唐牛や島といったブント指導者たちを訪ね歩き、『六〇年安保センチメンタルジャーニー』を執筆してもらったが、あの時代のことは、まだよくわからない。

その年、昭和35年の秋は、一転して、学校は早慶6連戦の話で持ち切りだった。野球の季節だった。早稲田が好き、慶應が好きというより、野球自体が面白かった。クラスが早慶戦の話題でにぎわった。

私は、父とともに観た早慶戦の思い出もあって、やや早稲田に肩入れしていたが、授業の6時限をさぼって、学校前の喫茶店でテレビ中継を観た。徳武と渡海のホームベース上の小競り合いもテレビで観ている。

結局早稲田に入ることになる私は、まだこの時点では、早稲田を受験するとは決めていなかった。安藤投手や村瀬内野手のプレーぶりを見て、なんとなく、早稲田は慶應に比べて泥臭いチームだと思ってはいた。

文芸批評家の江藤淳は慶應出身である。舌鋒鋭く作品を批評するため、文壇では敵が多かった。その江藤は、意外にも、野球ファンであった。早慶6連戦の早稲田の監督は石井連蔵、慶應は前田祐吉だった。

その前田監督について、江藤淳は同僚だった外交史の池井優教授から聞いた話を書いている。

《今日も池井さんが、

「江藤さんの頃は、慶應の野球部にはどんな選手がいましたっけ」

といわれるので、

「藤田ですよ。河合が4年生で藤田が確か2年生。それと山本とこの3人が投手だった時代ですよ」

と答えたら、面白い話を聞かせてくださった。それは慶應野球部の前田監督の、学生時代の話である。

前田さんは当時、平古場が卒業していったので、さ、これでやっと自分の出番が来たと思って、大いに張り切ったのだそうだ。ところが、河合が入って来てシューッと投げ、山本が入部してピューッと投げはじめたので、たちまち存在が霞んでしまった。それで外野に転向して打撃に生きようとしたら、今度は花井が現れてガーンとぶっ放しはじめた。》(『大学野球の監督』)

江藤は、だから、前田はなかなか味のある人物になったのだ、と感心したうえで、「大学野球の監督というのはこういう苦労人がふさわしいのかも知れない」と書く。

江藤は、もうひとつ、「早慶戦の愉しみ」というエッセイを書いている。平成2年に慶應に湘南藤沢キャンパスができた当時の話である。

「早慶戦で久しぶりに優勝が決まると聞いてまことに嬉しい。ここは、何としても慶應に勝ってもらわねばならない」といったうえで、新学部の入試のことを書いている。

《この4月から湘南藤沢の新学部1年生となった西田投手に、果して登板の機会があるか、チョット気掛かりなところだ。

身長190センチに近い巨漢で、学業成績も衆にすぐれ、本人も東大に進学して主戦投手になり、自分の手で東大に〝輝く〟200勝（!?）をもたらしたいと思っていた時期もあったらしい。それが一芸に秀でた学生を受け容れるという、慶応新学部アドミッション・オフィスの推薦を得て、勇躍湘南藤沢キャンパスに入学してきたのである。

西田君の入学許可決定の会議のとき、誰かが「なにしろ142キロの速さですからねェ」といったら、「それはチョット肥り過ぎじゃないですか?」と反問した人があったらしい。》

トンデモ教授もいたもんだと笑いたくなるエピソードだが、早慶戦は、難し屋の江藤をここまで惹きつける魅力があったのである。

しかし、これはむかしの話だ。

早実出の斎藤佑樹投手が卒業して以来、優勝が懸かった早慶戦といえども、神宮球場が満員になったことはない。学生数が少ない慶應側のレフトスタンドが埋まっていても、早稲田側には空席が見えることもある。

ネット裏では、禿頭、白髪頭の老人たちが熱心に観戦している。足元がおぼつかない老人たちが、男女を問わず、スタンドのコンクリート製の急な階段を転げ落ちるのを何度見たことだろうか。

私を含めて老人たちに、昔日の夢を追いかけさせるだけの早慶戦でいいのだろうか。

慶應はさておき、いま早稲田の学生の7割は首都圏（東京、神奈川、千葉、埼玉）出身だという。私は昭和38年の入学だが、当時は地方出身者が多かった。クラスの半分は地方の高校出だったという印象がある。地方出身者との交流は得難いものだった。まず、地理を教えられ、風物、文化、歴史について彼らから得たものは貴重だった。

現在、早稲田は、留学生が多いことで知られるようになった。たまに訪れるキャンパスで英語、中国語などを聞くことが多い。しかし、グローバル化とは、一方で地方文化を大切にし、わが身の成り立ちに気づくことでもある。

地方をないがしろにしてよいことはなにもない。地方出の学生が多くいたからこそ、郷土のヒーローが神宮で活躍する雄姿を観ようと、県人会こぞって球場に押し掛けたのである。

気がついてみれば、野球、ラグビーなどの早慶戦が、早実と慶應高校出身の選手で占められ、首都圏の人間だけが関心を寄せる〝地方大会〟になっていた、などというのは最大の悪夢である。

先年始まった地方出身者を対象とする「めざせ！　都の西北奨学金」の枠が、一般入試や指定校推薦から、自己推薦やアスリート選抜、公募制学校推薦、ＡＯ入試にまで広がったと聞く。いいことだ。

ついこのあいだ、早稲田が汚職の舞台になったように、助成金を握る文科省の圧力は大きいだろう。首都圏と地方では父兄の収入格差もあるだろう。が、ここが踏ん張り所だ。スポーツで後れをとっても、学問で頑張ればよいという考え方は、たぶん、間違っているだろう。それはいずれ、大学自体の停滞につながっていくに違いない。

田中愛治新総長は、空手部で早慶戦を経験している。新総長にわれらの思いを届けよう。

（敬称略）

さいとう　ただし

１９６７（昭和42）年早大第一文学部哲学科卒。

「早稲田スポーツ」第６代編集長

早稲田スポーツ新聞会ＯＢ倶楽部顧問（第３代会長）

元文藝春秋常務取締役

元日本経済新聞出版社代表取締役会長

著書に『レフチェンコは証言する（週刊文春編）』文藝春秋刊

『江藤淳の言い分』書籍工房早山刊

『文士たちのアメリカ留学』書籍工房早山刊

第1章

時空を超えて

早慶両校はフレンドリーライバルだ。1958（昭和33）年慶應義塾創立100年で早大応援席に飾られたミッキーマウスとフクちゃんが握手をするデコレーション

五輪の金メダリスト織田幹雄すら緊張した早慶戦

早慶戦が持つ歴史の重さ、凄さは今の選手には、想像もつかないだろう。日本人初の五輪金メダリストの織田幹雄（1931［昭和6］年商卒）でさえ、経験のない緊張を強いられていた。

《早慶戦（注：1925［大正14］年の第3回）のための合宿に入ったが、二度負けつづけている早大は、是が非でも勝たなければならないので、皆真剣な顔をして練習に余念がなかった。今度負けたら自決しろといって、主将のところに短刀を送ってきたりするのでますます緊張した。（中略）私はそれまでに極東大会やオリンピックなどの国際競技に数回出ていたので、早慶戦などど高をくくっていたのに、顔がほてって、耳が熱くてたまらないのである。少し上がっているなと気がついてもどうにもならない》（『半世紀の早稲田体育』体育局・1952［昭和27］年刊より）

3種目に出場した織田はすべて慶大の後塵を拝し、その惨めさに泣きそうになったと記した。他の選手の活躍で早大は3連敗を免れたが、織田は《早慶戦が他の競技と違った精神的なものであることは、実際にこれに臨んだものでなければ解らない》と結んでいる。

世界一のアスリートでも緊張するのが早慶戦である。

その始まりは、野球の早慶戦だ。1903（明治36）年11月21日、三田綱町で第1回が行われた（●早大9－11慶大○）。その記念写真を23ページに掲載した。テニスの早慶戦は1904（明治37）年10月、ボートは翌年5月に始まった。柔道はそれ以前の1902（明治35）年6月8日に慶應三田山上道場で第1回を開いたと『早稲田大学柔道部百年史』（早大柔道部・早稲田柔道クラブ1997［平成9］年刊）にある。

「両校親睦の為選手一同は勝負半ばにして記念撮影し、試合終了後、慶應構内の倶楽部にて互いに膝を交えて談笑し、和気藹々のうちに散会する」

翌1903（明治36）年の第2回は45人戦で「5人残しで敗。互いに両校の万歳を唱えて散会する」。1902年は東京専門学校から早稲田大学になった年だ。大学昇格を早慶で祝ったのか。ただ、第1回の柔道早慶戦は、慶大側に早稲田の選手が混じった対戦で、「勝負」より「親睦」が目的だったようだ。ところが野球の早慶戦は1906（明治39）年秋、1勝1敗で迎えた3回戦が両校応援の過熱から中止となった。早慶断絶。すべての早慶戦が行われなくなった。

野球の早慶戦が復活する前に、ラグビーが1922（大正11）年11月23日に、陸上は翌1923（大正12）年、サッカーは翌々1924（大正13）年に早慶戦を始めた。剣道は野球が19年ぶりに再開された直後の1925（大正14）年11月8日に行っている。

早慶は、フレンドリーライバルである。最近では各部早慶戦の記録が、慶應義塾體育會と早大競技スポーツセンターのHPに掲載されるようになった。

「早稲田スポーツ新聞」は、野球の早慶戦特集号で、販売・広告収入を得て黒字を出し、通常号の発行を続けることが出来た。この本は、早慶戦に対するお礼の意味もあって、早大競技スポーツセンター所属の44運動部早慶戦の第1回からの戦績を掲載した。

各部の記録を調べていくうちに、ラグビーのルーツ校は1899（明治32）年創部の慶應義塾大学體育會蹴球部であると知っていたが、ホッケー、ラクロスも慶應がルーツ校だったことが分かった。

早大ラグビー部は、1918（大正7）年に創部したときは「蹴球部」だったが、サッカー部の創設で「ラ式蹴球部」と変わったが、現在は「ラグビー蹴球部」となっている。

早大のホッケー部と自転車部は、ルーツがスケート部であったことも初めて知った。ホッケー部は1946（昭和21）年4月、自転車部は1952（昭和27）年4月にスケート部から独立したのである。

早慶戦始まる

すべてはここから始まった。早大野球部が慶應義塾野球部に宛てた挑戦状である。早大野球部の2代目キャプテン橋戸頑鉄（本名・信）が書いたといわれる。

全文を紹介すると――。

拝啓　仕《つかまつり》候　陳《のぶれば》貴部　益《ますます》御隆盛之段斯道《しどう》の為《た》め奉　賀《がしたてまつり》候　弊部依然として不振、従《したご》ふて選手皆幼稚を免れず候に就ては近日の中《うち》御教示にあづかり以て大いに学ぶ所あらば素志此上も無之《これなく》候

貴部之御都合は如何に候べき哉《や》

勝手ながら大至急御返翰被下度《くだされたく》御承知の上は委員を指《さし》向けグラウンド、審判官之事など万々打合せ仕るべく

此段得貴意《きいをえ》候也

早稲田大学野球部委員拝

十一月五日

慶應義塾野球部委員御中

◇

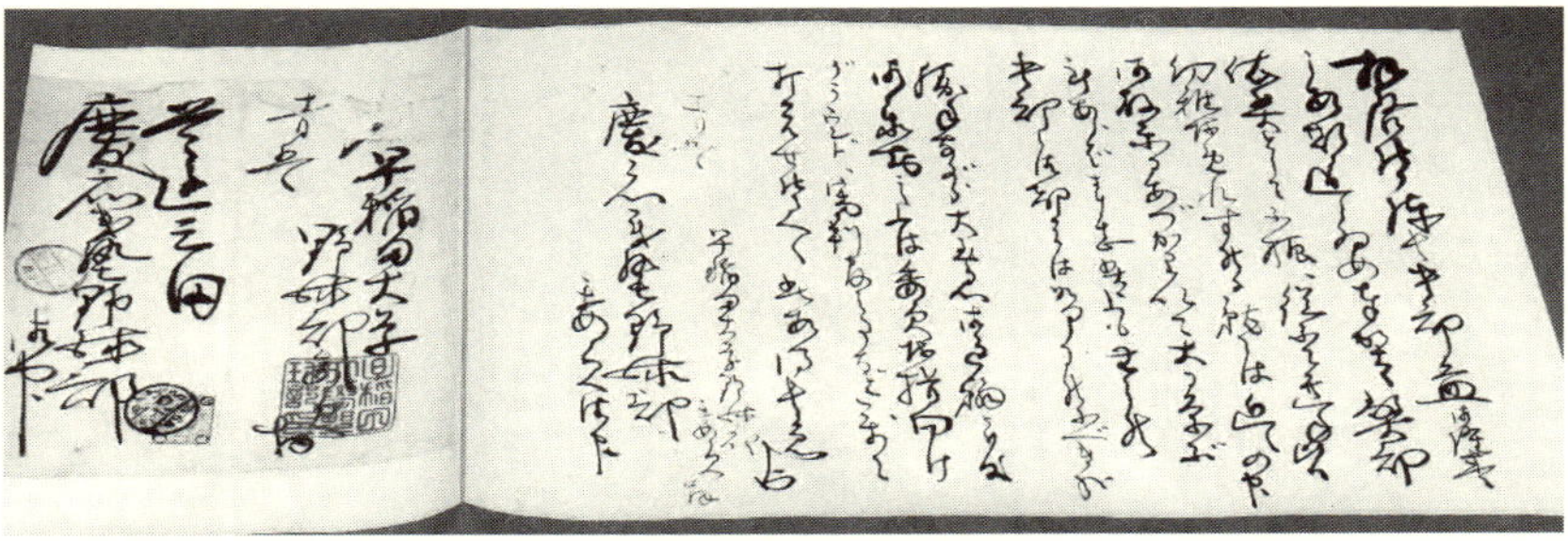

早大野球部が慶応義塾野球部に宛てた挑戦状 =1903（明治 36）年 11 月 5 日付 =

それから16日後、第1回早慶戦は、1903（明治36）年11月21日三田綱町のグラウンドで行われた。審判は黒田昌恵（一高主将）だった。

慶應	0	2	1	2	0	0	2	4	0	11
早稲田	0	5	1	0	0	0	2	0	1	9

【慶應】	打	得	安	三	球	失
③時　任	6	0	2	0	0	2
②青　木	5	0	0	1	0	3
⑥林　田	6	1	2	1	0	3
④宮　原	5	2	1	0	1	2
⑧吉　川	6	1	3	0	0	0
⑤　柳	6	2	2	0	0	0
①桜　井	4	2	1	0	1	0
⑦高　浜	5	2	1	0	0	0
⑨宮　本	3	1	0	0	2	0
計	46	11	12	2	4	10

【早稲田】	打	得	安	三	球	失
②泉　谷	4	1	1	2	0	1
⑨猪　瀬	5	0	1	0	0	0
⑥橋　戸	3	0	1	0	2	1
⑤小　原	5	0	2	0	0	4
⑧獅子内	5	2	2	0	0	0
①河　野	5	3	2	0	0	0
⑦鈴　木	3	1	0	1	1	1
④押　川	3	1	1	2	0	2
③森　本	2	1	1	2	1	2
計	35	9	11	7	4	11

▽２塁打＝桜井、時任
▽盗塁＝慶５、早４
▽併殺＝慶１

早稲田大学野球部は、20世紀が始まった1901（明治34）年に創部した。東京専門学校が翌年の創立20周年に合わせて「大学」になることが決まっていて、中学で野球をやっていた学生が入学してきた。構内でキャッチボールが始まった。初代野球部長・安部磯雄がエライのは、それを見て、創立者大隈重信に直訴して、戸塚球場をつくったことである。創部2年目の1902（明治35）年に完成している。現在中央図書館があるところだ。

一方、慶應義塾野球部は1892（明治25）年5月の體育會創設に始まるが、1884（明治17）には学内で野球が行われていたという。

創部3年目に、慶大への挑戦。無謀に思えた。よく慶大が応えてくれたと思う。挑戦状を書いた橋戸頑鉄は、野球部創部の年に入学した。三田のお寺（松林山安楽寺）の息子だが、青山学院時代に、当時最強の一高を2度破ったというのが自慢だった。入学1年目はテニス部にいて、安部磯雄と軟式テニスのダブルスを組んでいた。

初代キャプテン大橋初太郎が家庭の事情で退学して、頑鉄は創部2年目の1902（明治35）年に入部して、キャプテンとなる。口ひげがトレードマークで、柔道、馬術、テニス、ボートなどスポーツ万能だった。さて、早慶1回戦の試合当日、1903（明治36）年11月21日、早稲田の選手は、三田まで3里余（約12キロ）を歩いた。電車がない時代である。学生ホールの前で記念撮影したのち、試合に臨んだというが、写真を見てほしい。ユニフォームは立派だが、ズボンの下は脛丸出し、地下足袋を履いている。

《この日は天気すこぶる快晴。青空には一片の雲影もなく、待ちに待った満都の学生はこの不便な遠路を物ともせず、集まったものが約三千、綱町球場も立錐の余地さえなかったという》と、慶應義塾野球部史。

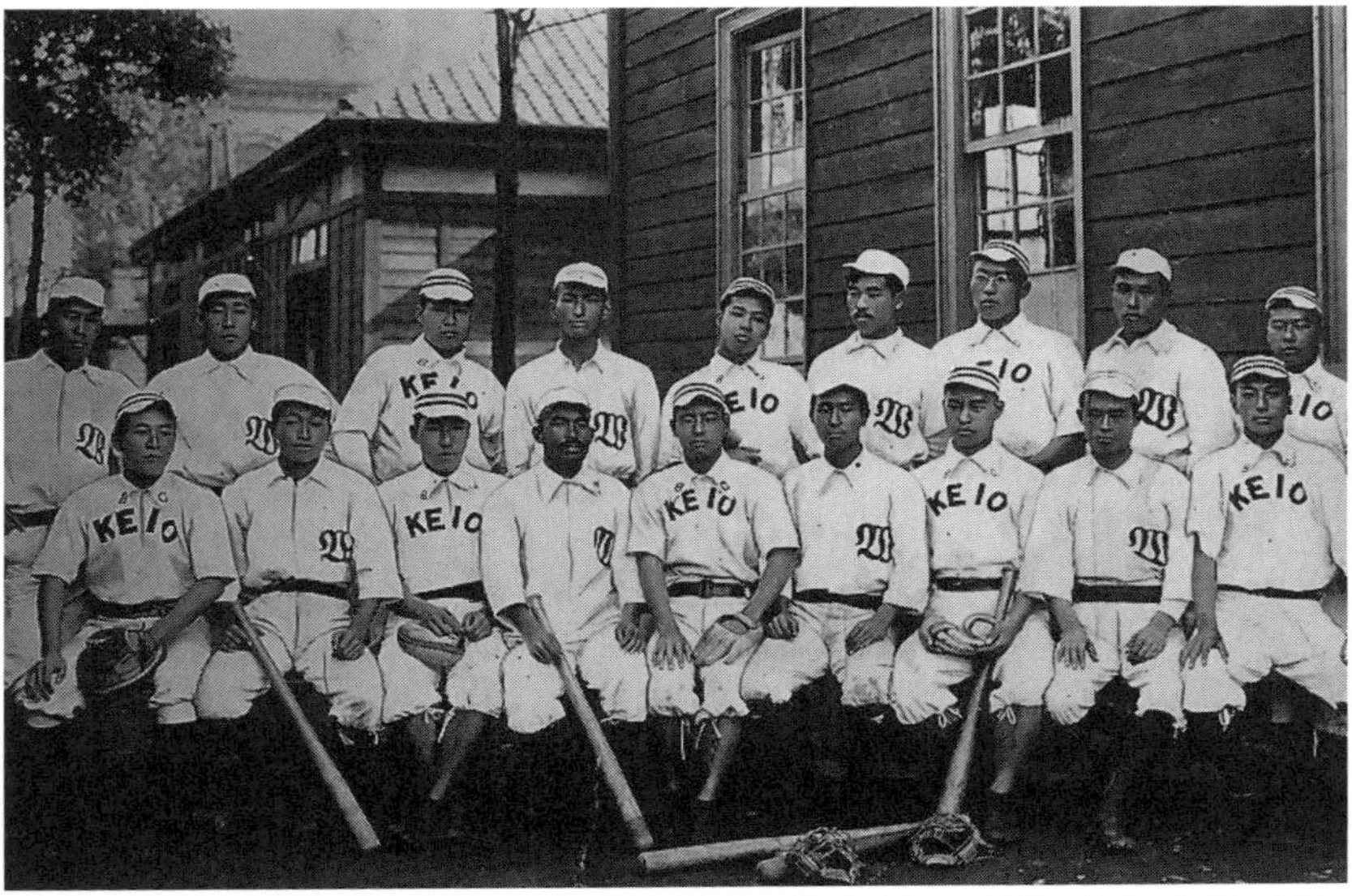

第1回早慶戦の記念撮影。前列左から青木、森本、時任、橋戸、林田、河野、宮原、小原、吉川
後列左から鈴木、獅子内、柳、押川、高浜、泉谷、桜井、猪瀬、宮本

新聞記事を掲載したのは、福澤諭吉が創刊した「時事新報」と、黒岩涙香の「萬朝報」だけで、「東京日日新聞（現毎日新聞）」や「朝日新聞」は扱わなかった。

写真の後列右から2番目猪瀬順は、野球部稲門倶楽部前会長猪瀬成男の祖父である。

「早稲田スポーツ」初の早慶戦特集号

話はいきなり60年ほど飛ぶ。「早稲田スポーツ」（早スポ）は、１９５９（昭和34）年11月17日に創刊した。教育学部の1年生が「明大スポーツ」（昭和53年創刊）にならった。資金的な裏づけは全くなく、早稲田から高田馬場駅までの両側の商店に、飛び込みで「広告掲載」の勧誘をした。「東大新聞」では、その前年から大企業のリクルート広告が4年生の江副浩正によって掲載された。創刊の苦労話は後述する。ここに載せた紙面が創刊翌年春の初の早慶戦特

早慶戦特集号
早稲田スポーツ
WASEDA
こゝに早慶激突せり
KEIO
伝統の早慶戦を迎えて
東京金属工芸
日本一のスポーツと芸能の専門紙
スポーツニッポン
（スポニチ）

1960（昭和35）年6月1日付「早稲田スポーツ」第6号早慶戦特集号

集号である。創刊第6号の4ページ新聞だった。

写真を撮ったのは、早大写真部の4年生伊藤昌俊（のち関西テレビ、2019［令和元］年現在83歳）。早スポにはカメラもなかった。神宮球場の前で、徳武・渡海両キャプテンに握手してもらった。

早慶戦特集号のハンコをつくり、赤のスタンプで押した。1部10円。スタンドに持ち歩いて売った。「早慶戦特集号、いかがですか」。恥ずかしいより、誇らしい気持ちだった。

早慶の練習がどれだけ違ったか。野球担当で、2代目編集長の西川昌衛（のち日本信販専務、2019［令和元］年現在80歳）が記録している。

《野球部監督は、水戸一高出身の石井連蔵、当時27歳。青年監督と呼ばれていた。

練習は大学北側の安部球場で行われた。現在の中央図書館がある場所である。図書館に入る門を潜って直ぐ右側に、安部球場跡の碑文と安部磯雄、飛田穂洲両氏の胸像が建っている。時折、所用で中央図書館に行く時には、必ず二人の碑の前でしばし佇むことにしている。

安部磯雄教授にはもちろん会ったことがないが、飛田穂洲さんには野球部マネジャー黒須陸男さん（小宮山悟早大監督の岳父）の計らいでインタビュー、「一球入魂」の文字を書いてもらった忘れ得ぬ人である（後述）》

《ある時、石井連蔵監督の猛烈さを目の当たりにした。ノック練習が三塁手のキャプテン徳武定之に廻ってきた時、監督の態度は一瞬で変わった。それまでの選手よりもさらに強烈なゴロを放った。そのうち徳武にキャッチャー用のプロテクターとマスクを付けさせた。徐々にノッカーの監督と徳武の距離が近づいてくる。スタンドの上段から「選手が倒れるぞ」との声が聞こえてきた。それでもノックは続く。次第に「徳武が可哀そうだ」と思えてきた。しかし、徳武も倒れそうになりながら、どんどん前に進んでゆく。この猛練習がいつ終わったのかは、覚えていない。それ以降、徳武さんを見るたびに凛とした逞しさを感じたものだ。そして、石井連蔵監督の練習に早稲田野球の真髄を見たような気がした。この練習の成果は、その年秋の早慶六連戦で実を結んでいる》

《ある時、安部球場の出口で会った石井連蔵監督に秋の戦力について質問した。叱り飛ばされるかと思ったが、「これから安部寮に帰る、歩きながらでも良いか」。安部球場で見せた鬼の形相はなく、ある種柔和な顔になっていた。グラウンドの鬼が紳士に変わっていた。石井連蔵という人は、早稲田の偉大な先達、飛田穂洲の神髄を心得ている人だったのだ。ただ、かなり強い茨城訛りが残る人で、時には言っていることが分らずに困ったものだった》

《対照的な思い出がある。取材で慶大のグラウンドへ行った時である。前田祐吉監督（当時29歳）を探すと、選手たちと雑談しているではないか。まるで友達のような感じで。選手も笑顔で監督と話をする。監督を呼ぶのも「前田さん」と「さん」づけである。早稲田では想像すら出来ない光景だった》

《もうひとつ。練習に遅れて参加する部員が多いことである。授業最優先。だから全体練習は日曜日しかできないというのだ》

《笑顔、笑顔の日吉グラウンドだった。渡海昇二キャプテンが練習終了を告げた。ところがここからがまた驚きだった。目を疑った。選手と監督が煙草を吸い出したのだ。あまりにも早稲田の練習と違った光景に驚き、前田監督に「慶應の練習はいつもこうですか」と聞くと、「まあ、こんなものです。早稲田は厳しいのではないですか」と言った。早稲田と慶應はあらゆる分野でライバルである。しかし、野球の練習一つ取っても大きく違っていたことに大変驚いたものだった》

同行した写真部の伊藤昌俊も同様な印象を持った。選手たちはいった。「楽しくなければ、野球なんか、やってられませんよ」。

「一球入魂《いっきゅうじっこん》」学生野球の神様、飛田穂洲さん

飛田穂洲（本名・忠順《ただより》）は、早稲田大学野球部の第5代キャプテンである。飛田は水戸中から1907（明治40）年入学だから、すでに早慶戦は中止になっていて、選手として早慶戦に出場していない。

1910（明治43）年、学習院に2度、一高にも勝って、6月にはハワイ遠征。12勝12敗1引き分けの五分の星で帰国した。秋にはシカゴ大学が来日した。「シカゴの技倆は、到底日本チームの比でなく」（『早稲田大学野球部百年史』）3戦全敗。そのあと毎日新聞社（大阪）に招かれ関西で3試合したが、4－8、0－20、2－12で計6連敗。この敗戦の責任をとって、飛田は、他の現役3選手とともに引退した。

飛田は、1919（大正8）年12月下旬の奈良冬期練習から専任コーチとなり、翌年来日したシカゴ大学に東京で1勝1敗1引き分け。そのあと関西・中部でも1勝3敗と、やっと2勝をあげた。1921（大正

10）年には監督としてアメリカ遠征、１９２４（大正13）年には満州・朝鮮遠征をして、翌年秋の復活早慶戦を迎える。

その間、同年秋にシカゴ大が再度来日した。早大は5戦して2勝1敗2引き分けと宿敵に勝ち越した。秋の六大学リーグ戦では、まず慶大に連勝（11―0、7―1）。明大に1敗しただけで、勝ち点5を挙げて、完全優勝を果たした。そして飛田は監督を辞任して、朝日新聞の記者になるのである。

早慶戦の勝利、リーグ戦優勝もうれしかったに違いないが、シカゴ大に雪辱したことが飛田のプライドを取り戻した、のであろうか。

さて、早スポの早慶戦特集号である。一面左に飛田の文章が載っている。

早稲田スポーツ
賜杯をわれらに
私の観戦
私の作戦
栗本運動具店
オリンピヤ運動具店
日本一のスポーツと芸能の専門紙
スポーツニッポン

飛田穂洲の「早慶戦こそ学生野球の生命」が掲載された「早稲田スポーツ」1960年秋の早慶戦特集号（11月5日付）

早慶戦こそ
学生野球の生命

飛田コラムの誕生までを、第2代編集長西川昌衛が長文で書いてくれた。

《飛田さんは、六大学の試合がある時は必ず水戸から出てきて、早稲田の安部寮に泊まっていた。高校野球が始まると甲子園に通い、戦評を朝日新聞に書いた。部分的に文語調の言葉が入る、いわゆる飛田節である》

《原稿依頼をするための面談は、安部寮の応接室であった。

飛田さんは、自身の野球の経歴や、最近の早稲田野球の感想などを話した後に、野球の早慶戦こそ学生スポーツの原点であり、

それに相応しいプレーをしなければならないことを力説した》

《最後に飛田さんはいった。「今日話したことを君が纏めて書いて持ってきなさい」「あとでそれをボクが読んで直す」》。

そして、脇にいた黒須陸男マネに硯と墨を持ってくるよう命じた。飛田さんは半紙に「飛田穂洲」と大きく書いた。３枚書いて「君の気に入ったものを持って行きなさい」といった》

《その晩は寝ないで原稿を書いた。翌日、安部寮で黒須マネに原稿を渡した。日を置かずに黒須さんから電話があり、安部寮に行くと封筒に入った原稿が帰ってきた。何と、殆ど直しが入っていなかった》

《後日談がある。１９９２（平成４）年秋、本屋の店先で『「神宮の森の伝説」―60年秋早慶六連戦―』（長尾三郎著・文藝春秋社刊）を見つけた。何気なく手に取ると、あの飛田さんの文章が出ているではないか。筆者の長尾さんは、当然であるが、飛田穂洲の文章として扱っている。早速この本を買って帰ったのは言うまでもない》

《あのときの飛田穂洲さんの話で忘れられないことがある。「一球入魂」は「練習でできないことは試合でもできない、目の前の一球の大切さを知れ」という意味があると言った。「イッキュウジッコン」が何度も発っせられた》

下馬評の低い方が勝つ？　ジンクスは生きている

再び60年ほど飛んで、２０１８（平成30）年。次ページの写真は、左が秋の早慶戦で慶應応援席に飾られ

2018（平成30）年秋の慶大応援席のデコレーション

2018年（平成30）春、優勝パレードが慶大構内へ

たデコレーション。右が、春のシーズンに慶應が優勝したときの優勝パレードが大学構内に入ったところ。春は前年秋に続いてV2。秋は早慶戦の初戦に勝って、あと1勝すれば慶應は3連覇だった。

２０１８年秋　１回戦　●早大１－３慶大○
２回戦　○早大６－５慶大●
３回戦　○早大５－４慶大●

デコレーションはV3確実と思ってつくったに違いない。しかし、早稲田が2，3回戦とも1点差で勝った。その結果、法大がタナボタで、12シーズンぶり45回目の優勝を飾った。優勝回数が早稲田と並び、最多タイ記録となった。

早大野球部のOBは「法政に優勝回数で並ばれるから、慶應さんに勝っていただいてもよかったのですが」とホンネを漏らした。表彰式で天皇杯が法政大学の向山基生主将に贈られると、スタンドの法政ファンから「早稲田さん、ありがとう」の声があがった。

春のシーズンは、というと、慶大は、早慶戦の前に、2シーズン連続36回目の優勝を決めていた。早稲田に勝てば、勝ち点

5の完全優勝だったのだが。

2018年春

　1回戦　●早大1－3慶大○

　2回戦　○早大9－0慶大●

　3回戦　○早大1－0慶大●

◇

東京六大学野球連盟によると、早慶戦の勝敗は、2019（令和元）年春のシーズン終了時点で早稲田231勝、慶応191勝、10引き分け。早稲田の勝率5割4分7厘である。

これは六大学のリーグ戦が始まった1925（大正14）年秋からで、そのうえ優勝決定戦は含まれていない。

1906（明治39）年秋の第3戦が中止されるまでに9戦。早稲田5勝、慶應4勝。

優勝決定戦は、早稲田4勝、慶應1勝、2引き分け。

従ってすべてを合わせると、早稲田240勝、慶應196勝、12引き分けとなる。早稲田の勝率は、5割5分1厘となる。

コンバットマーチとダッシュKEIO

2018（平成30）年12月、早稲田アリーナが完成した。その前身の記念会堂は早稲田大学創立75周年を記念して1957（昭和32）年に落成した。体育の授業や運動各部の活動拠点として使われた他、大隈講堂に代わって入学式や卒業式が行われ、１９６４（昭和39）年の東京五輪ではフェンシングの会場となった。

早稲田アリーナは総工費１５０億円。アレっと思うのは、建物が外から見えない。アリーナは地下2階につくられ、屋上にあたる地上部分は緑化した広場「戸山の丘」だ。

卒業式・入学式には６０００席をアリーナに並べる。

建物の北側に「コンバットマーチ」の碑が建てられた。曲の初登場は、１９６５（昭和40）年秋の早慶戦。吹奏楽団の4年生、三木佑二郎が作曲し、牛島芳監督が編曲した。

「ケイオーを倒せ」と絶叫する、エンドレスの曲になっている。

１９６５年秋　１回戦　○早大４－３慶大●
　　　　　　　２回戦　○早大２－０慶大●

三木が卒業した翌年の春、秋の早慶戦も早稲田が勝ち点をあげた。エンギのよい曲となった。

この碑を建てたのは応援部稲門会。日本音楽著作権協会（ＪＡＳＲＡＣ）に登録していて、チャリンチャリンと著作権料が入る。費用は、そこから？

慶應も負けてはいない。翌１９６６（昭和41）年、「ダッシュＫＥＩＯ」を発表した。

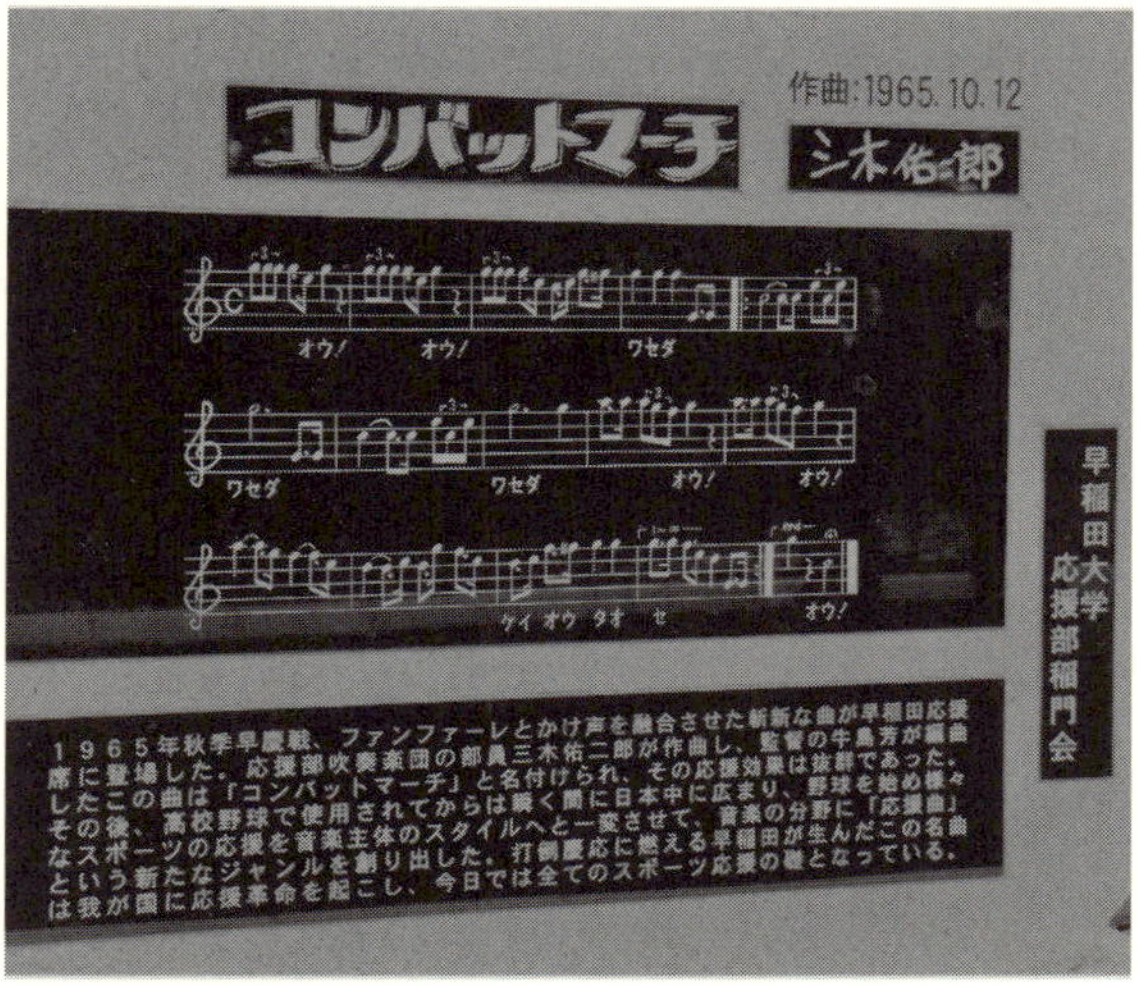

新築の早稲田アリーナに建てられたコンバットマーチの碑

三木佑二郎

コンバットマーチとダッシュKEIOはレコードになって発売された

「ワセダを倒せ、ワセダを倒せ、ワセダを倒せ（オー！）かっとばすぞ（オー！）かっとばすぞ（オー！）　勝つぞ、勝つぞ、ケ・イ・オー！」

その年の秋は、慶應は東大にも負けて最下位に転落したが、翌1967（昭和42）年秋は、見事に優勝している。藤原真投手が8勝3敗、防御率1・49の活躍ぶりだったが、3敗のうち2敗は早慶戦だ。

第2章

野球の早慶戦全勝敗表

早大240勝　慶大196勝　12引き分け

復活早慶戦第1回、通算第10回早慶戦のスコアボード＝1925［大正14）年10月19日戸塚球場（記録フィルムから）

野球部 ◇早大240勝196敗12分

（明治時代の9試合:5勝4敗。リーグ戦:231勝191敗10分。優勝決定戦:4勝1敗2分）

試合	年・月・日	場所	早大	スコア	慶大	早大投手	慶大投手
1	1903・11・21	三田	●	9－11	○	●河野	○桜井
2	1904・6・4	三田	○	13－7	●	○河野	●桜井、湧川
3	・10・31	戸塚	○	12－8	●	○河野	●湧川
4	1905・3・27	三田	●	0－1	○	●河野	○桜井
5	・10・28	戸塚	●	0－5	○	●河野	○桜井
6	・11・8	三田	○	1－0	●	○河野	●桜井
7	・11・12	戸塚	○	3－2	●	○河野	●桜井
8	1906・10・28	戸塚	●	1－2	○	●河野	○青木
9	・11・3	三田	○	3－0	●	○河野	●青木
第3戦が中止、以後19年間の中断							
10	1925・10・19	戸塚	○	11－0	●	○竹内	●浜崎、浜井
11	・10・20	戸塚	○	7－1	●	○藤本	●永井
12	1926・5・26	調布	○	2－0	●	○藤本	●永井
13	・5・27	戸塚	○	3－2	●	○藤本	●町田、永井
14	・11・6	神宮	○	6－4	●	○藤本、浅倉	●永井.町田
15	・11・7	新田	●	0－2	○	水上、●浅倉、原口	○永井
16	・11・8	戸塚	○	3－2	●	藤本、○原口	●永井、町田
17	1927・11・6	神宮	●	0－6	○	●原口、高橋	○浜崎
18	・11・7	神宮	●	0－3	○	●源川、中津川	○宮武、浜崎
19	1928・10・20	神宮	●	0－2	○	●水上、多勢	水原、○井川、宮武
20	・10・22	神宮	●	0－4	○	●山田、多勢	○水原、宮武
21	1929・5・18	神宮	○	5－2	●	○小川	●宮武、上野
22	・5・20	神宮	●	4－5	○	山田、●小川	宮武、○水原
23	・5・21	神宮	●	7－10	○	●小川、松木	上野、水原、○宮武
24	・10・13	神宮	○	3－0	●	○小川	●水原
25	・10・14	神宮	●	0－7	○	●高橋、多勢、松木、清水	○宮武
26	・10・15	神宮	○	6－3	●	○小川	宮武、●水原
27	1930・5・17	神宮	●	2－3	○	山田、●松木	○宮武
28	・5・18	神宮	●	2－4	○	●山田、松木	○水原、宮武
29	・10・18	神宮	●	4－6	○	●多勢、悳、小川	上野、○宮武
30	・10・19	神宮	●	4－5	○	伊達、小川、●多勢	上野、水原、○宮武
31	1931・6・13	神宮	●	1－2	○	●伊達	○水原
32	・6・14	神宮	○	6－3	●	○伊達	碣石、土井、●水原
33	・6・15	神宮	○	5－4	●	○伊達	●水原
34	・10・18	神宮	○	2－1	●	○伊達	●上野、水原
35	・10・20	神宮	●	1－2	○	福田、●伊達	○上野、三宅
36	・10・21	神宮	○	10－2	●	○伊達	●三宅、上野、水原
37	1932・11・19	神宮	○	1－0	●	○福田	●上野、岸本
38	・11・20	神宮	○	2－1	●	大下、佐々木、○松木	●岸本、三宅
39	1933・5・28	神宮	●	1－5	○	●若原	○三宅
40	・10・21	神宮	○	9－1	●	○若原	●水原、岸本、塚越

試合	年・月・日	場所	早大	スコア	慶大	早大投手	慶大投手
41	1933・10・22	神宮	●	8－9	○	悳、●若原	三宅、○岸本
42	1934・4・27	神宮	●	2－4	○	●若原	三宅、○岸本
43	・10・27	神宮	○	1－0	●	○若原	●岸本
44	・10・28	神宮	○	6－3	●	○若原	土井、●岸本、三宅
45	1935・6・8	神宮	○	3－2	●	○若原	●土井
46	・6・9	神宮	○	8－4	●	○若原	●土井
47	・10・28	神宮	△	4－4	△	若原	土井、楠本
48	・10・29	神宮	●	1－3	○	●近藤、遠藤	○土井、中田
49	1936・10・31	神宮	○	6－2	●	○若原	●高木、中田、高塚
50	・11・1	神宮	●	8－9	○	若原、●近藤	楠本、高塚、高木、○中田
51	1937・6・5	神宮	○	2－1	●	○若原	●中田
52	・6・7	神宮	○	6－4	●	○若原、近藤	●中田、高木、高塚
53	・10・22	神宮	●	1－3	○	●若原	○中田
54	・10・23	神宮	●	5－6	○	●若原、近藤	中田、○高木
55	1938・6・4	神宮	○	10－1	●	○近藤	●中田、高塚、成田
56	・6・5	神宮	●	5－7	○	●松井、近藤	高木、○成田
57	・10・29	神宮	○	7－5	●	近藤、○石黒、松井	高木、成田、●高塚、白木
58	・10・31	神宮	○	3－2	●	松井、○石黒	●高木、白木
59	1939・6・3	神宮	●	0－5	○	●近藤、石黒	○高木
60	・6・4	神宮	○	4－3	●	近藤、○石黒	高木、●高塚
*	・6・5	神宮	○	5－4	●	○石黒	白木、●高木
61	・10・15	神宮	○	9－1	●	○石黒	●高木、白木
62	・10・20	神宮	●	1－4	○	●石黒	○高木
*	・10・21	神宮	●	0－2	○	●石黒、近藤	○高木
63	1940・6・1	神宮	○	4－3	●	○石黒	●高木、高塚
64	・6・2	神宮	●	2－3	○	●石黒	○高塚
65	・10・17	神宮	●	1－5	○	●石黒	高塚、○白木
66	1941・5・18	神宮	○	11－8	●	○石黒	●高塚、高木、山村、白木
67	・6・15	神宮	●	3－7	○	●石黒	○山村
68	・9・23	神宮	●	0－1	○	●石黒	○山村
69	1942・6・20	神宮	○	3－2	●	○吉村	成田、●山村
70	・6・21	神宮	○	5－3	●	○吉村	大島、●山村、成田
71	・10・24	神宮	○	4－2	●	○吉村	●山村
				戦争による中断			
72	1946・6・15	後楽園	●	0－4	○	●岡本	○大島
73	・11・2	神宮	○	2－0	●	○岡本	●大島
74	・11・3	神宮	○	2－0	●	○岡本	●大島
75	1947・6・10	後楽園	●	2－5	○	●岡本、荒川	○大島
76	・6・17	後楽園	●	2－6	○	●岡本	○大島
77	・11・1	神宮	●	5－17	○	●荒川、山本	○岩中
78	・11・2	神宮	●	0－4	○	●五十嵐	○岩中

試合	年・月・日	場所	早大	スコア	慶大	早大投手	慶大投手
79	1948・6・5	神宮	○	8 − 7	●	荒川、○末吉	●岩中
80	・6・6	神宮	○	12 − 10	●	○荒川、末吉、荒川	●平古場、木村
81	・11・8	神宮	●	1 − 8	○	●荒川、末吉、山本	○平古場
82	・11・9	神宮	●	3 − 6	○	●末吉、山本	加藤、○平古場
83	1949・6・13	神宮	●	6 − 8	○	●末吉	○平古場、加藤
84	・6・14	神宮	○	12 − 3	●	○末吉	●平古場
85	・6・17	神宮	●	2 − 4	○	●末吉、石井	○平古場
86	・11・2	神宮	○	5 − 4	●	○末吉	●平古場
87	・11・3	神宮	●	1 − 6	○	●山本、水野、赤木	○平古場
88	・11・5	神宮	●	1 − 9	○	●末吉、赤木	○平古場
89	1950・6・5	神宮	○	3 − 1	●	○末吉	●平古場
90	・6・6	神宮	○	5 − 1	●	○末吉	●平古場
91	・11・5	神宮	○	2 − 0	●	佐竹、○末吉	●山本
92	・11・6	神宮	○	1 − 0	●	○末吉	●平古場
93	1951・6・11	神宮	○	2 − 0	●	○末吉	●平古場
94	・6・12	神宮	○	2 − 1	●	○佐竹、末吉	●山本
*	・6・21	神宮	○	3 − 2	●	○末吉	●山本
95	・11・3	神宮	○	4 − 2	●	○末吉	●山本、河合
96	・11・4	神宮	●	0 − 2	○	末吉、水野、●石井	○河合
97	・11・5	神宮	●	0 − 1	○	●末吉	河合、○山本
98	1952・5・31	神宮	○	7 − 0	●	○石井	●河合、加藤、山本
99	・6・1	神宮	○	5 − 2	●	○石井	●河合
100	・11・1	神宮	○	3 − 0	●	○石井	●河合
101	・11・2	神宮	●	2 − 6	○	●石井、福島	○河合
102	・11・3	神宮	○	3 − 2	●	○石井	●河合
103	1953・5・30	神宮	○	1 − 0	●	○石井	●藤田
104	・5・31	神宮	●	1 − 3	○	●石井、仲原	○藤田、河合
105	・6・2	神宮	○	6 − 2	●	○石井、福島	藤田、●河合、山本
106	・10・24	神宮	●	0 − 2	○	●石井	○河合
107	・10・25	神宮	○	4 − 2	●	○石井	●野村、山本、藤田
108	・10・26	神宮	●	1 − 8	○	●石井、福島、仲原	○河合
109	1954・5・29	神宮	●	1 − 5	○	●石井、木村、山口、仲原	○藤田
110	・5・30	神宮	○	8 − 3	●	○木村	●多胡、内藤、池上
111	・5・31	神宮	●	0 − 4	○	●木村、仲原	○藤田
112	・11・6	神宮	○	5 − 4	●	○木村、仲原	●藤田
113	・11・7	神宮	○	8 − 0	●	○仲原	●野村、藤田、池上
114	1955・6・11	神宮	●	3 − 7	○	●木村、仲原	○藤田
115	・6・12	神宮	○	3 − 2	●	○木村	●藤田
116	・6・13	神宮	○	4 − 2	●	桜井、○木村	●藤田
117	・11・5	神宮	○	7 − 2	●	○木村	●藤田、広野、高橋栄
118	・11・6	神宮	●	4 − 6	○	桜井、●木村、仲原、塩谷	○藤田

試合	年・月・日	場所	早大	スコア	慶大	早大投手	慶大投手
119	1955・11・7	神宮	○	3－1	●	○木村	広野、●藤田
120	1956・6・4	神宮	○	3－0	●	○木村	●巽、広野、高橋栄
121	・6・5	神宮	●	2－4	○	山口、●木村、桜井	林、高橋栄、○巽
122	・6・6	神宮	○	9－0	●	○木村	●林、高橋栄、巽、広野
123	・11・3	神宮	●	2－4	○	●木村、山口	○林
124	・11・4	神宮	●	1－2	○	●山口	○巽、林
125	1957・6・9	神宮	●	2－7	○	●桜井	巽、○高橋栄
126	・6・10	神宮	●	2－4	○	●西、安部、桜井	巽、○広野、高橋栄
127	・11・9	神宮	○	3－0	●	○桜井	●巽、林、高橋栄
128	・11・10	神宮	○	1－0	●	○桜井	●林
129	1958・6・7	神宮	●	1－7	○	西、●奥村、金沢	○巽
130	・6・10	神宮	●	4－8	○	●西、奥村	○巽
131	・11・1	神宮	△	3－3	△	安藤、金沢、西	清沢、巽、高橋栄
132	・11・3	神宮	○	3－2	●	○安藤、西	●巽、高橋栄
133	・11・4	神宮	△	2－2	△	金沢、奥村、大川、西	清沢、巽
134	・11・5	神宮	●	0－1	○	●安藤	○巽
135	・11・9	神宮	●	3－4	○	●安藤	○巽
136	1959・5・30	神宮	○	4－3	●	金沢、○安藤	●清沢
137	・5・31	神宮	○	6－2	●	金沢、○安藤	●清沢
138	・11・8	神宮	●	2－3	○	●金沢	吉富、○清沢
139	・11・9	神宮	○	6－2	●	○安藤	●吉富、清沢
140	・11・10	神宮	○	7－6	●	○安藤、坂本、金沢	●清沢、吉富、浜
141	1960・6・4	神宮	●	2－3	○	●安藤	三浦、○角谷
142	・6・5	神宮	●	2－3	○	●安藤、金沢	○角谷、三浦
143	・11・6	神宮	○	2－1	●	○安藤	●清沢、角谷、丹羽
144	・11・7	神宮	●	1－4	○	●金沢	三浦、○角谷
145	・11・8	神宮	○	3－0	●	○安藤	●清沢、丹羽
＊	・11・9	神宮	△	1－1	△	安藤	角谷
＊	・11・11	神宮	△	0－0	△	安藤	角谷、清沢
＊	・11・12	神宮	○	3－1	●	○安藤	●角谷、清沢、三浦、丹羽
146	1961・6・3	神宮	●	5－7	○	●安藤、吉田富、宮本	丹羽、○清沢、角谷
147	・6・4	神宮	●	0－1	○	●宮本、安藤	○角谷
148	・11・4	神宮	●	0－1	○	●安藤	○三浦
149	・11・5	神宮	○	2－1	●	大井、○安藤	●角谷、清沢、丹羽
150	・11・6	神宮	●	1－3	○	●安藤	○三浦
151	1962・6・2	神宮	●	0－8	○	●江尻、今川、公文、吉田富	藤、○林
152	・6・5	神宮	●	1－2	○	●宮本	○藤、林
153	・11・3	神宮	●	1－9	○	●宮本、吉田富	○藤、前川
154	・11・4	神宮	○	7－5	●	笠原、○宮本	藤、●林、渡辺
155	・11・5	神宮	●	3－11	○	吉田富、●宮本、笠原、今川	藤、○渡辺
156	1963・6・1	神宮	●	1－4	○	●八木沢、吉田富	○渡辺

試合	年・月・日	場所	早大	スコア	慶大	早大投手	慶大投手
157	1963・6・2	神宮	○	4－1	●	○宮本	林、●渡辺、森川
158	・6・8	神宮	●	0－3	○	●宮本	○渡辺
159	・10・30	神宮	●	0－6	○	●池田、八木沢	○渡辺
160	・11・2	神宮	●	0－8	○	●池田、八木沢、宮本、江尻	○渡辺、林
161	1964・5・30	神宮	○	4－3	●	宮本、○江尻	●渡辺
162	・5・31	神宮	○	8－3	●	○宮本	●渡辺、森川、佐藤元
163	・11・7	神宮	●	0－1	○	●宮本	○渡辺
164	・11・8	神宮	●	0－1	○	●江尻、八木沢、宮本	○佐藤元
165	1965・5・31	神宮	○	2－1	●	三輪田、○升田	●田中
166	・6・1	神宮	○	6－0	●	○八木沢	●森川、田中、小島、藤原、遠藤凱
167	・10・30	神宮	○	4－3	●	○八木沢	藤原、●森川
168	・11・1	神宮	○	2－0	●	○三輪田	●森川
169	1966・6・5	神宮	○	4－0	●	○八木沢	●田中、中川、藤原、遠藤
170	・6・6	神宮	○	9－4	●	○三輪田、森、八木沢	●田中、藤原、遠藤、鶴岡
171	・10・29	神宮	△	3－3	△	八木沢	藤原
172	・10・30	神宮	○	10－1	●	○三輪田、井上	●鶴岡、遠藤、田中、塩見
173	・10・31	神宮	●	0－2	○	●八木沢	○藤原
174	・11・1	神宮	○	2－0	●	○三輪田	●藤原
175	1967・6・3	神宮	●	2－4	○	●三輪田	○藤原
176	・6・4	神宮	●	3－7	○	●三輪田、小川、森	塩見、○藤原
177	・10・28	神宮	○	2－0	●	○三輪田	●藤原、上岡
178	・10・29	神宮	○	1－0	●	○高橋直	●藤原
179	1968・6・1	神宮	○	1－0	●	○小川	●上岡
180	・6・2	神宮	●	0－2	○	●小坂、安田、小川	○上岡
181	・6・3	神宮	○	9－4	●	○小川	●上岡、長谷川
182	・10・26	神宮	○	8－1	●	○小坂	●上岡、長谷川
183	・10・27	神宮	●	3－5	○	小川、●安田、伊藤	松下、○上岡
184	・10・28	神宮	○	8－2	●	○小坂	●長谷川、上岡
185	1969・5・31	神宮	○	3－1	●	○小坂	●上岡、長谷川、山本堯、森木
186	・6・1	神宮	○	3－2	●	久保、内野、安田、○小坂	●長谷川、上岡
187	・10・26	神宮	○	4－3	●	小坂、大木、○安田	上岡、山本堯、●長谷川
188	・10・27	神宮	○	5－2	●	○小坂	●長谷川、山本堯、上岡
189	1970・5・30	神宮	○	4－1	●	○久保	●長谷川、長谷部
190	・5・31	神宮	△	0－0	△	大木	長谷部
191	・6・2	神宮	●	1－2	○	内野、●大木	○長谷部
192	・6・3	神宮	○	5－4	●	○久保、大木	●長谷部、上岡、長谷川
193	・10・31	神宮	△	2－2	△	久保、大木	長谷部、上岡
194	・11・1	神宮	●	1－2	○	●大木	○上岡
195	・11・2	神宮	●	0－1	○	●久保	長谷部、○上岡
196	1971・5・30	神宮	○	4－2	●	○大橋、丸山	●長谷部、工藤
197	・5・31	神宮	○	8－7	●	米田、丸山、○大橋	●工藤、萩野、長谷部

試合	年・月・日	場所	早大	スコア	慶大	早大投手	慶大投手
198	1971・10・31	神宮	●	3－4	○	●丸山、大橋	工藤、○萩野
199	・11・1	神宮	●	2－4	○	●佐藤、丸山	○工藤、萩野
200	1972・5・27	神宮	●	0－4	○	●大橋、丸山、勝部	○萩野
201	・5・28	神宮	●	1－3	○	●佐藤、大橋、矢野	○萩野
202	・10・28	神宮	●	2－3	○	●佐藤、大橋、丸山	○萩野
203	・10・29	神宮	○	4－2	●	○佐藤、大橋	長谷部、●萩野、小笠原
204	・10・30	神宮	●	0－3	○	●大橋、丸山、佐藤、矢野	○萩野
205	1973・5・26	神宮	○	4－3	●	大橋、浜田、○矢野	竹花、●小笠原
206	・5・27	神宮	○	3－1	●	○矢野	●竹花、小笠原、沼野
207	・10・27	神宮	●	1－7	○	●谷井、浜田、矢野、大橋	○小笠原
208	・10・29	神宮	○	2－0	●	○矢野	●竹花、沼野、野田
209	・10・30	神宮	○	4－1	●	○阿部	●小笠原
210	1974・6・1	神宮	△	1－1	△	矢野、浜田、阿部	竹花
211	・6・2	神宮	○	10－1	●	○谷井、深沢	●野田、沼野、竹内
212	・6・3	神宮	○	2－0	●	○阿部、矢野	●竹花
213	・10・26	神宮	●	2－4	○	●矢野、佐藤守、谷井	○竹花
214	・10・28	神宮	○	11－4	●	○阿部、深沢、佐藤守	●竹花、沼野、林、竹内、野田
215	・10・29	神宮	○	4－3	●	谷井、浜田、○矢野	●竹花
216	1975・5・31	神宮	●	5－7	○	●阿部、誉田	○卯田
217	・6・1	神宮	○	7－0	●	○谷井、香川、道方	●卯田、野田、竹内、井上、中島、藤田
218	・6・2	神宮	●	2－8	○	●浜田、谷井	○卯田
219	・10・26	神宮	○	5－2	●	谷井、○阿部、道方	卯田、●林、竹内
220	・10・27	神宮	●	3－4	○	●谷井	卯田、○林
221	・10・28	神宮	●	2－3	○	●道方	卯田、○林
222	1976・5・29	神宮	○	6－0	●	○道方	●林、竹内、井上
223	・5・30	神宮	○	7－0	●	○向田	●中島典、竹内、林、野田
224	・10・30	神宮	●	2－6	○	●向田、難波、前田、北口	○林、竹内
225	・10・31	神宮	○	13－5	●	○道方、前田、北口	●小綿、野田、中島典
226	・11・1	神宮	○	4－3	●	向田、前田、北口、○難波	竹内、●林
227	1977・5・28	神宮	○	5－2	●	○道方	●中島典
228	・5・29	神宮	○	11－7	●	向田、○北口、難波、前田、道方	●小綿、中島典、藤田
229	・10・29	神宮	○	3－1	●	○道方	●中島、藤田、鈴木、井上
230	・10・30	神宮	○	5－1	●	○北口、道方	●小綿、藤田、中島典
231	1978・5・27	神宮	●	1－3	○	●向田、北口	○藤田
232	・5・28	神宮	○	6－1	●	○北口	●藤田、鈴木宏、小綿、岡崎、中島典
233	・5・29	神宮	●	0－1	○	三谷、●向田、北口、関口	○藤田、小綿
234	・10・28	神宮	○	5－0	●	○北口	●小綿、鈴木宏、石山
235	・10・30	神宮	○	4－0	●	○三谷	●藤田、鈴木宏、小綿
236	1979・5・26	神宮	○	7－4	●	○三谷	●石山、鈴木良、磯部
237	・5・27	神宮	●	4－11	○	●向田、関口、保田、中村	○鈴木宏
238	・5・28	神宮	○	4－3	●	○三谷	●磯部、鈴木宏

試合	年・月・日	場所	早大	スコア	慶大	早大投手	慶大投手
239	1979・10・27	神宮	●	1－2	○	●向田	○鈴木宏
240	・10・28	神宮	○	11－1	●	○向田	●鈴木宏、磯部、辰濃、石山
241	・10・29	神宮	○	5－4	●	向田、○関口	鈴木良、●鈴木宏
242	1980・6・1	神宮	○	6－5	●	仁村、○三谷	村木、林、石山、●辰濃
243	・6・2	神宮	○	7－3	●	○仁村、三谷	辰濃、●石山、村木、北住、林
244	・11・1	神宮	●	1－2	○	●仁村	○村木
245	・11・2	神宮	○	7－1	●	○仁村	●辰濃、石山、清水
246	・11・3	神宮	○	6－3	●	○仁村	●村木、石山、辰濃
247	1981・5・30	神宮	○	4－0	●	○仁村	●村木、野尻、志村浩
248	・5・31	神宮	○	4－3	●	三谷、○仁村	●村木
249	・10・31	神宮	●	0－1	○	●三谷	○村木
250	・11・1	神宮	○	6－0	●	○木暮	●萩田、水野、鴛海、中田
251	・11・3	神宮	○	6－2	●	三谷、仁村、○谷田部	●村木
252	1982・5・29	神宮	●	0－1	○	●木暮	○萩田
253	・5・30	神宮	○	7－6	●	岩下、○木暮	永田、鴛海、●萩田、中田、水野
254	・6・2	神宮	○	3－2	●	木暮、○岩下	●萩田、鴛海
255	・10・30	神宮	○	4－3	●	○木暮、杉山、岩下	●志村浩、鴛海
256	・10・31	神宮	●	3－6	○	●岩下、杉山、足立	萩田、○水野、鴛海
257	・11・1	神宮	○	11－8	●	木暮、○足立	志村浩、水野、●鴛海、萩田、大林
258	1983・5・28	神宮	●	5－10	○	●木暮、芳賀、岩下、杉山	志村浩、○萩田
259	・5・29	神宮	○	5－2	●	○足立	●永田、鴛海、大林
260	・5・30	神宮	●	2－6	○	●岩下、足立、木暮	○大林、萩田
261	・10・29	神宮	○	5－3	●	○木暮、足立	●志村浩、萩田、水野
262	・10・30	神宮	●	3－4	○	●岩下、芳賀、杉山	○永田
263	・10・31	神宮	●	1－5	○	●木暮	○萩田、永田
264	1984・6・2	神宮	●	3－10	○	●足立、小玉、下山	○萩田
265	・6・3	神宮	○	9－5	●	○芳賀、下山	●大林、志村浩、佐藤、菊池、島田、萩田
266	・6・4	神宮	●	3－4	○	●足立、下山、芳賀	○萩田、島田
267	・10・27	神宮	○	9－2	●	○足立	●萩田、佐藤、伊東
268	・10・28	神宮	●	1－2	○	●芳賀、下山、小玉	○大林、菊池
269	・10・29	神宮	●	4－5	○	●足立、芳賀、下山	菊池、萩田、大林、○佐藤
270	1985・6・1	神宮	○	1－0	●	○足立	●鈴木哲
271	・6・2	神宮	○	8－2	●	○芳賀	●志村亮、菊池、佐藤、鈴木哲
272	・11・2	神宮	●	3－10	○	●下山、石原、芳賀	○志村亮、菊池
273	・11・3	神宮	●	1－3	○	●下山、芳賀	鈴木哲、佐藤、○志村亮
274	1986・5・31	神宮	●	4－6	○	●竹之内、萱原、石原、佐藤修	○志村亮、鈴木哲
275	・6・1	神宮	○	11－4	●	○竹之内、石原、佐藤修	島田、●鈴木哲、志村亮、入江、鴨原、伊東
276	・6・2	神宮	○	6－5	●	竹之内、佐藤修、萱原、平田、○石原	島田、●志村亮、鈴木哲
277	・11・1	神宮	●	0－3	○	●竹之内、小宮山	○鈴木哲
278	・11・2	神宮	●	7－8	○	●石原、小宮山、佐藤修、竹之内	志村亮、井上、○鈴木哲
279	1987・5・30	神宮	○	2－1	●	○石原、竹之内	●志村亮、高田

試合	年・月・日	場所	早大	スコア	慶大	早大投手	慶大投手
280	1987・5・31	神宮	●	0－4	○	●竹之内、関、小宮山	○鈴木哲
281	・6・1	神宮	●	1－13	○	●石原、関、小宮山、竹之内、広田	○志村亮
282	・10・31	神宮	○	8－4	●	○石原	●鈴木哲、高田、天辻
283	・11・1	神宮	○	1－0	●	○小宮山	●志村亮
284	1988・5・29	神宮	●	0－8	○	●小宮山、竹之内	○志村亮
285	・5・30	神宮	●	0－2	○	●市島、小宮山	○天辻
286	・10・29	神宮	●	2－3	○	●小宮山	○志村亮
287	・10・30	神宮	○	4－3	●	市島、○小宮山	大原、小桧山、●井上、石田
288	・10・31	神宮	●	0－2	○	●市島、小宮山	○志村亮
289	1989・5・27	神宮	○	6－2	●	大沢、○小宮山	●小桧山、井上、若松、石田
290	・5・28	神宮	●	2－8	○	●大沢、市島、渡辺功、小宮山	大原、○石田
291	・5・29	神宮	○	5－1	●	○小宮山	●新田、小桧山、石田
292	・10・28	神宮	○	2－0	●	○小宮山	●小桧山、井上、石田
293	・10・29	神宮	●	3－10	○	●大沢、渡辺功、市島	○若松
294	・10・30	神宮	○	7－1	●	○小宮山	●石田、井上、小桧山、大原
295	1990・6・2	神宮	○	4－3	●	○市島	●若松、中山
296	・6・3	神宮	●	1－5	○	●大越	大原、○中山
297	・6・4	神宮	○	6－3	●	市島、○大越	中山、若松、●小桧山、西田
298	・10・27	神宮	○	1－0	●	○市島	●若松
299	・10・28	神宮	●	1－2	○	古川、渡辺、●市島	○小桧山
300	・10・29	神宮	●	0－3	○	●市島	○大原、中山
301	1991・6・1	神宮	●	2－12	○	●織田、古川、大渕、三和、滝口	○小桧山、中山
302	・6・2	神宮	●	4－5	○	●織田	若松、中山、西田、○小桧山
303	・11・2	神宮	●	3－4	○	●織田	○小桧山
304	・11・3	神宮	●	1－3	○	●渡辺、織田	○若松、小桧山
305	1992・5・30	神宮	○	9－4	●	○織田	●井深、松本
306	・5・31	神宮	○	5－3	●	滝口、荒井、○織田	●小野、西田、西沢、井深
307	・10・31	神宮	●	8－9	○	織田、●荒井、戸高、渡辺	松本、小野、井深、西田、岩井、○豊岡
308	・11・1	神宮	○	4－1	●	○渡辺	●岩井、井深、西田、小野
309	・11・2	神宮	●	0－5	○	●織田、渡辺	○西田、松本
310	1993・5・29	神宮	○	3－1	●	○滝口	●井深、西沢
311	・5・30	神宮	○	8－4	●	織田、○滝口	小野、●西田
312	・11・6	神宮	△	1－1	△	織田	井深、西原
313	・11・7	神宮	○	4－3	●	○滝口、三澤、織田	●西田、岩井、西沢
314	・11・8	神宮	○	4－3	●	○織田	西原、●井深、岩井
315	1994・5・28	神宮	●	3－5	○	織田、●三澤	○井深
316	・5・29	神宮	●	2－5	○	●織田、三澤	○小野、井深
317	・10・29	神宮	○	7－4	●	○織田	井深、樋渡、林、●西原
318	・10・30	神宮	●	3－4	○	三澤、●織田	林、樋渡、○井深
319	・10・31	神宮	○	8－1	●	○三澤	●小野、樋渡、岩井、西村、井深
320	1995・5・27	神宮	△	1－1	△	三澤	小野

試合	年・月・日	場所	早大	スコア	慶大	早大投手	慶大投手
321	1995・5・28	神宮	○	9－6	●	○三澤	●松尾、岩井、林、西原、樋渡
322	・5・30	神宮	●	3－4	○	三澤、●関	小野、○林
323	・5・31	神宮	○	5－4	●	関、鈴木、近藤、○三澤	樋渡、西村、松尾、●小野
324	・10・28	神宮	○	2－1	●	○三澤	●松尾、小野、西村
325	・10・29	神宮	●	3－5	○	●近藤、関、鈴木、荒井	○岩井、西村、林、小野
326	・10・30	神宮	●	2－10	○	●三澤、鈴木、近藤、関	○松尾
327	1996・6・1	神宮	○	4－3	●	○三澤	●林
328	・6・2	神宮	○	9－2	●	○村上、本家、桜井、関	●松下、堀田、林、吉原
329	・11・3	神宮	○	9－0	●	○三澤	●林、西原、渡辺辰、松下
330	・11・4	神宮	○	9－4	●	村上、桜井、○藤井、三澤	●坂本、渡辺辰、吉原大、松下、林、岩瀬
331	1997・5・31	神宮	●	2－5	○	●藤井、本家、鎌田	○松尾
332	・6・1	神宮	●	6－7	○	近藤、●村上、鎌田、本家、藤井	山本省、○林
333	・11・1	神宮	○	4－3	●	○藤井	●松尾、林
334	・11・2	神宮	●	1－3	○	●鎌田、村上、近藤	林、○山本省
335	・11・3	神宮	●	0－3	○	●藤井、近藤、村上	○松尾、林
336	1998・5・30	神宮	●	3－4	○	鎌田、●村上、本家、末定	○山本省
337	・5・31	神宮	●	3－11	○	●菊池、村上、末定、鎌田、坂本憲、松浦、生出	○平井、中村
338	・10・31	神宮	●	4－5	○	●藤井	山本省、松尾、渡辺、平井、○中村
339	・11・1	神宮	○	1－0	●	○江尻	●中村、松尾、平井
340	・11・2	神宮	○	4－0	●	○鎌田、藤井	●松尾、平井、中村、渡辺
341	1999・5・29	神宮	●	0－3	○	●藤井	○山本省
342	・5・30	神宮	●	6－7	○	鎌田、●村上、菊池	中村、渡辺、○平井
343	・10・30	神宮	△	1－1	△	藤井、鎌田、和田	中村、長田
344	・10・31	神宮	○	5－3	●	鎌田、○藤井	渡辺、●長田、中村
345	・11・2	神宮	○	6－1	●	○藤井	●中村、長田、渡辺、平井
346	2000・5・27	神宮	●	0－5	○	●和田、鎌田	○山本省
347	・5・28	神宮	●	2－5	○	●和田、鎌田、菊池、生出、須山	○中村、長田
348	・10・28	神宮	●	1－3	○	●鎌田祐	○山本省
349	・10・30	神宮	○	1－0	●	○和田	●中村、長田
350	・10・31	神宮	●	1－2	○	●鎌田祐、和田	○山本省
351	2001・6・2	神宮	○	9－0	●	○和田	●長田、高久、清見、斎藤、木下
352	・6・3	神宮	○	2－1	●	○江尻、和田	●長田
353	・10・27	神宮	●	1－2	○	●和田	○長田
354	・10・29	神宮	○	6－0	●	○江尻	●清見、木下、高久
355	・10・30	神宮	○	5－1	●	○和田	●長田、木下、清見
356	2002・6・1	神宮	○	3－0	●	○和田毅	●長田、小林基
357	・6・2	神宮	○	5－3	●	越智大、○清水、和田毅	●清見、小林基、鴛海、花岡、長田
358	・11・2	神宮	○	4－2	●	○和田毅	●長田
359	・11・3	神宮	○	9－2	●	○越智大、清水、和田毅	木下、●長田、清見、鴛海
360	2003・6・1	神宮	○	10－7	●	○清水、吉井	清見、日暮、●参鍋、小林基、小林康
361	・6・2	神宮	○	11－1	●	○越智	●合田、小林基、参鍋、小林康、清見

試合	年・月・日	場所	早大	スコア	慶大	早大投手	慶大投手
362	2003・11・1	神宮	○	7－1	●	○清水	●小林基、鶯海、日暮、参鍋、小林康
363	・11・2	神宮	○	4－3	●	○越智、宮本	●中根、参鍋、清見、小林康
364	2004・5・29	神宮	●	2－7	○	●大谷、佐竹、宮本、藤元	○合田
365	・5・30	神宮	●	2－9	○	●越智、宮本、佐竹、藤元	○日暮、合田
366	・10・31	神宮	●	3－4	○	●宮本、斎藤廣、八田、佐竹	合田、日暮、○加藤
367	・11・1	神宮	●	2－8	○	●斎藤廣、八田、佐竹、宮本	中根、○合田
368	2005・5・28	神宮	○	4－2	●	○宮本	●合田、守口、今福、川口
369	・5・29	神宮	●	4－6	○	越智、佐竹、●大谷	加藤、合田、守口、合田、○中根
370	・5・31	神宮	○	4－1	●	○宮本、佐竹	●中根、加藤、合田、守口
371	・10・29	神宮	○	5－2	●	○宮本	●加藤、守口、幸長、相澤
372	・10・30	神宮	○	4－1	●	○越智、大谷、佐竹	●合田、加藤
373	2006・5・28	神宮	○	3－0	●	○宮本	●加藤
374	・5・29	神宮	●	6－7	○	大谷、山本、井上、松下、●大前	守口、関本、幸長、相澤、中根、○加藤
375	・5・30	神宮	○	8－2	●	○宮本、松下、大谷	●加藤
376	・10・28	神宮	●	1－5	○	●大谷、松下、山本	○加藤
377	・10・29	神宮	○	4－2	●	○宮本	相澤、●関本
378	・10・30	神宮	●	1－2	○	●大谷、須田、山本、松下	○加藤、相澤
379	2007・6・2	神宮	●	3－7	○	●須田、松下、福井、大前	○加藤、相澤、松尾拓
380	・6・3	神宮	○	9－5	●	○斎藤佑、松下、須田	●中林、加藤
381	・6・4	神宮	○	7－2	●	○松下、辻、大前	●中林、村山、相澤
382	・10・28	神宮	●	0－1	○	斎藤佑、大石、松下、●須田	○加藤幹
383	・10・29	神宮	○	2－0	●	○松下	●中林、相澤、加藤
384	・10・30	神宮	○	7－0	●	○斎藤佑	●加藤幹
385	2008・5・31	神宮	○	3－2	●	須田、大前、楠田、○福井、大石	●中林
386	・6・1	神宮	●	0－2	○	●斎藤佑、楠田、大前	○相澤
387	・6・2	神宮	○	3－2	●	斎藤佑、○大石	●中林
388	・11・1	神宮	○	3－1	●	○斎藤佑、大石	●相澤、中林
389	・11・2	神宮	●	3－9	○	●松下、楠田、大前、福井、須田	○中林、村山
390	・11・3	神宮	○	4－1	●	○斎藤佑、大石	中林、●相澤
391	2009・5・30	神宮	○	5－1	●	○斎藤佑	●中林、村山、田中宏、松尾拓
392	・5・31	神宮	○	6－5	●	○福井、松下、大石	●小室、田中宏
393	・10・31	神宮	●	2－11	○	●斎藤佑、松下、楠田、福井、大野	○中林
394	・11・1	神宮	●	4－7	○	●大石、福井、松下、斎藤佑	○小室、松尾拓
395	2010・5・29	神宮	●	1－2	○	●斎藤佑	○竹内大、福谷
396	・5・30	神宮	○	4－2	●	○福井優、大石	●福谷、山形、田中
397	・5・31	神宮	●	4－6	○	●斎藤佑、福井優、大石、大野健	○竹内大、福谷、田中宏
398	・10・31	神宮	●	0－2	○	●斎藤佑、大石	○竹内大、福谷
399	・11・1	神宮	●	1－7	○	●福井優、大石、大野健、池下	○福谷
＊	・11・3	神宮	○	10－5	●	○斎藤佑、大石	●竹内大、田中宏、福谷、山形、金子、正木
400	2011・5・28	神宮	●	1－6	○	●大野健、有原	竹内大、○山形、福谷
401	・5・30	神宮	●	3－4	○	●横山、高梨、大野健、有原、高橋哉	○竹内大、福谷

試合	年・月・日	場所	早大	スコア	慶大	早大投手	慶大投手
402	2011・10・29	神宮	○	6－2	●	○高梨、有原	●竹内大、山形、菊池
403	・10・30	神宮	○	4－2	●	大野健、丸山、○有原	福谷、●山形、竹内大、菊池、只野
404	2012・6・2	神宮	●	3－5	○	吉永、安達公、丸山、内田、●有原	福谷、○竹内大
405	・6・3	神宮	○	11－4	●	○高梨、丸山	●山形、只野、竹林、竹内大、福谷
406	・6・4	神宮	●	2－4	○	●高梨、吉永、内田、有原	○竹内大、福谷
407	・10・27	神宮	○	7－4	●	有原、○内田、横山	●白村、只野、仲井、福谷
408	・10・28	神宮	○	6－3	●	○吉永、高梨、横山	●竹内大、只野、山田、福谷
409	2013・6・1	神宮	○	8－4	●	○有原、内田	●白村、小原、山形、菊池
410	・6・2	神宮	○	9－0	●	○吉永、内田	●山田、加嶋、菊池、小原、明
411	・11・2	神宮	○	2－0	●	○有原	●白村、小原、山田、加藤
412	・11・3	神宮	○	9－2	●	内田、吉野和、○吉永	●加嶋、加藤、三宮、鈴木貢、白村
413	2014・5・31	神宮	●	1－2	○	●有原、内田	○加藤拓
414	・6・1	神宮	●	6－8	○	竹内、吉野和、大竹、高梨、●内田、有原	三宮、瀧本、石崎、○明、加藤拓
415	・11・2	神宮	○	4－3	●	大竹、竹内、○有原	●加藤拓、三宮
416	・11・3	神宮	●	4－5	○	●大竹、竹内、有原	○三宮、明、加藤拓
417	・11・4	神宮	○	9－0	●	○竹内、黄本、安達公、鈴木健	●加嶋、佐伯、亀井、明、加藤拓、三宮
418	2015・5・30	神宮	○	4－0	●	○大竹	●加藤拓、三宮、小原大
419	・5・31	神宮	○	7－2	●	○小島、吉野和	●加嶋、小原大、亀井、三宮、加藤拓
420	・10・31	神宮	○	2－1	●	○小島、吉野和	●三宮、加藤拓、加嶋
421	・11・1	神宮	○	2－0	●	○大竹	●加嶋、加藤拓、三宮
422	2016・5・28	神宮	●	4－9	○	●大竹、黒岩佑、柳澤、北濱、吉野和	○加藤拓
423	・5・29	神宮	○	7－3	●	○竹内	高橋佑、●清水洋、小原大、亀井
424	・5・30	神宮	○	4－2	●	○小島	●加藤拓、高橋佑
425	・10・29	神宮	●	1－3	○	●小島、柳澤	○加藤拓
426	・10・30	神宮	○	2－1	●	○竹内	●小原大、菊地、高橋佑
427	・10・31	神宮	●	0－1	○	●二山、北濱、小島	○加藤拓
428	2017・5・27	神宮	●	5－8	○	小島、柳澤、●早川、北濱、二山	高橋佑、菊地、○高橋亮
429	・5・28	神宮	○	12－6	●	柳澤、二山、○北濱、小島	菊地、高橋佑、●高橋亮、関根
430	・5・29	神宮	●	3－4	○	●早川、大竹、小島、柳澤	○菊地、津留崎、高橋佑
431	・10・28	神宮	●	1－2	○	●小島、大竹	○関根、佐藤
432	・10・30	神宮	●	2－7	○	●柳澤、今西、大竹、早川、小島、北濱	○佐藤、石井
433	2018・6・2	神宮	●	1－3	○	●小島	○高橋亮、高橋佑
434	・6・3	神宮	○	9－0	●	○小島、今西、徳山	●菊地、高橋佑、田中裕、関根、木澤、石井
435	・6・4	神宮	○	1－0	●	徳山、○西垣	高橋亮、●石井
436	・10・27	神宮	●	1－3	○	●小島、早川	○高橋佑
437	・10・28	神宮	○	6－5	●	西垣、早川、柴田、藤井寛、○今西	木澤、●津留崎、高橋亮、前田、菊地
438	・10・29	神宮	○	5－4	●	西垣、増田、早川、小島、○今西	●高橋佑、菊地、津留崎
439	2019・6・1	神宮	○	3－2	●	早川、○今西、徳山	高橋佑、津留崎、●高橋亮
440	・6・2	神宮	●	1－5	○	●西垣、上條、藤井寛、田中星、柴田	○木澤、佐藤
441	・6・3	神宮	●	0－2	○	●早川、西垣、柴田	○高橋佑

＊=優勝決定戦

早慶戦勝利投手ベスト 10

①	末吉　俊信	（早大）	10 勝5敗
②	安藤　元博	（早大）	9 勝7敗
③	若原　正蔵	（早大）	8 勝5敗
	木村　　保	（早大）	8 勝5敗
⑤	石黒　久三	（早大）	7 勝6敗
	石井　連蔵	（早大）	7 勝6敗
	志村　　亮	（慶大）	7 勝4敗
⑧	宮武　三郎	（慶大）	6 勝1敗
	平古場昭二	（慶大）	6 勝7敗
	巽　　　一	（慶大）	6 勝7敗
	渡辺　泰輔	（慶大）	6 勝3敗
	小宮山　悟	（早大）	6 勝2敗
	三澤　興一	（早大）	6 勝2敗
	山本　省吾	（慶大）	6 勝0敗
	宮本　　賢	（早大）	6 勝1敗
	加藤　幹典	（慶大）	6 勝4敗
	斎藤　佑樹	（早大）	6 勝5敗
	竹内　大助	（慶大）	6 勝3敗

応援部早慶戦MEMO

早慶戦に負けると、応援団長は相手の応援席に出向いて、「勝利」のお祝いを述べることが決まりになっている。

校友 64 万人の早大校友会代表幹事を 2018 年に退任するまで 10 年間つとめた福田秋秀（2019 年現在 79 歳）は、1963 年度の応援部キャプテンだ。

「春も秋も敗戦。内野グラウンドを横切って三塁側の慶大応援席へ行き、壇上で心から祝賀を申し上げました。辛いよね。そうしたら慶大の学生が早稲田の校歌を斉唱してくれてね。感動したよ」

愛媛県松山北高校から１浪して商学部へ。テロテロの学生服を着て、下駄履き。応援部へ誘われたのは、貧乏学生の格好からと思っている。

「応援部というと右翼とみられるが、当時早稲田の応援部は左翼だった。忘れられないのは、２年生の時、大隈講堂であったロバート・ケネディ米法務長官の講演会（1962 年２月６日）。演説が始まると、凄まじい野次と怒号。大混乱だった。収拾つかなくなった時、応援部の４年生がとっさに壇上に上がって『早稲田大学、校〜歌』ってやったんだ。校歌の威力をこの時ほど感じたことはないな」

福田は、町工場だったプレス工場を１部上場会社（エフテック）にした、いわばカリスマ経営者。早稲田祭には毎年一等賞品としてホンダの乗用車を提供、創立 125 周年事業で新築の 11 号館９階には「福田秋秀記念教室」が設置されている。

2019(令和元)年春の早慶戦に向けて

「早稲田スポーツ」が、新聞の制作・印刷を 2019（平成 31）年４月から東日印刷（江東区越中島、スポーツニッポン新聞社と同じビルにある）に移した。

「慶應スポーツ」は 1978（昭和 53）年の創刊以来、東日印刷で制作・印刷をしている。奇しくも早慶両学生スポーツ新聞が同じ制作現場で顔を合わせることになったのだ。

春の早慶戦特集号では、初戦を控えた降版日に、慶スポの女性編集長川下侑美さん（商３年）、早スポ編集長小松純也クン（政経３年）ら双方の編集部員ざっと 50 人が入り乱れて紙面づくりに励んだ。６月１〜３日神宮球場で１部 100 円で売られた紙面は——。

第3章

早慶戦ここに始まる――

早慶戦あれこれ

慶應義塾體育會創立 125 年の記念展に飾られた早慶戦の応援グッズ。慶應義塾にとっては「慶早戦」である
＝2017 年 12 月慶應義塾三田キャンパスで＝

安部磯雄

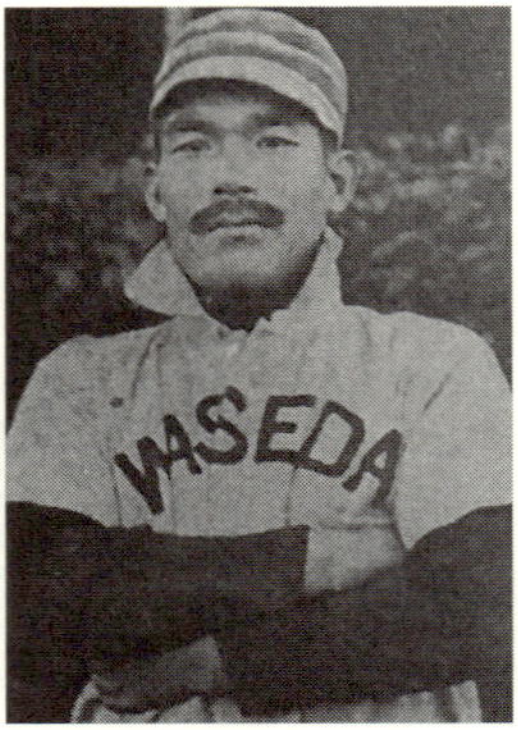

橋戸頑鉄

弓館小鰐

「学生野球の父」安部磯雄と、頑鉄、小鰐

「早慶戦は、第1回からすべて見ている」

こう自慢していたのは、元毎日新聞記者の弓館小鰐（本名・芳夫、1958［昭和33］年没、74歳）だった。「野球専門記者の元祖」（木村毅著『都の西北―早慶野球戦史を中心に』）である。

第1回早慶戦のときの早大野球部のマネジャー。第2代キャプテン橋戸頑鉄（本名・信）と一緒に下宿していたことがある。頑鉄も都市対抗野球大会を創設するために毎日新聞記者になっているから、有楽町の社屋にともに通っていた。

頑鉄と小鰐の2人は、20世紀が始まった1901（明治34）年、早稲田大学の前身東京専門学校に入学した。翌年の大学昇格を前に、新たに発足した高等予科（修業年限1年半）に入学したのは449人。東京・芝のお寺に生まれた頑鉄は哲学科、盛岡中学（現盛岡一高）出身の小鰐は英文科だった。

野球部は、その年に発足する。小鰐はメンバーのひとりだったが、頑鉄は野球部には入らなかった。青山学院時代、投手として「一高を

2回連敗せしめた」（「私の野球生活回顧」上『野球界』1924［大正13］年1月号）一流のプレーヤーだったにもかかわらずだ。初代キャプテン大橋武太郎（郁文館）とソリが合わなかったといわれる。

頑鉄は、野球部長安部磯雄とダブルスのペアを組み、軟式テニスの試合に出ていた。翌1902（明治35）年春、キャプテン大橋武太郎が家庭の都合で退部、頑鉄は安部部長の勧めで入部して第2代キャプテンとなる。

この年の10月19日、早稲田大学の開校式と創立20周年の記念式典が行われた。野球部は「新成のグラウンドに創立記念大会を催した」（『早稲田大学野球部百年史』）。

新成のグラウンドとは、4500坪の戸塚球場（後の安部球場、現中央図書館）である。安部が大隈重信に直訴して実現した。野球部の正式発足が前年の11月だから、1年経っていない。その秋から「新興早稲田の猛練習」が始まった。

翌1903（明治36）年11月、第1回早慶戦。これには敗れたものの、翌年は学習院、一高、慶應、横浜外人チームを撃破、さらに復讐戦を挑んできた学習院を返り討ちにし、秋の早慶戦も勝利した。「チームを整う僅かに三歳、日本野球界の覇者の権は、完全に我が掌中に収められた」（『早稲田大学野球部百年史』）。

そして1905（明治38）年の初のアメリカ遠征となる。日露戦争のさなかだった。

頑鉄は、この遠征にキャプテンとして参加、帰国後『最近野球術』（同年11月博文堂刊）を出版する。

この『最近野球術』が日本の野球界に及ぼした影響は計り知れない。慶應野球部が発足した頃の選手・平沼亮三（野球殿堂入り）は、《「ヒット・エンド・ラン」だの、「クロス・ファイヤー」等といふことを覚えた。洋行帰りの投手がワインド・アップするのを見て気障だと評したのもこの時分のことである》（『スポーツ生活六十年』慶應出版社昭和18年）と書いている。

小鰐は、その春に卒業して、安部磯雄の紹介で黒岩涙香の「萬朝報」に入社して新聞記者になった。アメリカ遠征を横浜港で見送り、帰国の際には出迎えている。

「（アメリカ遠征の）戦績は7勝19敗ではなはだ振るわなかったが、本場の野球に接して持ち帰ったいろいろの土産――スローボール、ワインドアップ、ウォームアップ、短打法、バント、スクイズプレー、二塁走者の交互牽制、いろいろのトリック、スパイクシューズ、その他の用具等々――は、日本の野球に開眼の新知識をあたえ、その功まことに偉大といわねばならぬ」

そしてこう続ける。「たゞ一つ、帰朝直後の早慶第1戦にスパイクシューズで揚々出場したところ、あえなく負けてしまったので第2戦は元の足袋はだしに帰り、かえって勝ちを得たことをお笑い草に書き残して置こう」（『日本の歩み五十年』1951［昭和26］年早川書房刊にある小鰐の「野球五十年」）

早慶戦第4戦1905年3月27日壮行試合　●早大0－1慶大○

帰国後の第1戦　10月18日　●早大0－5慶大○

第2戦　11月8日　○早大1－0慶大●

第3戦決勝戦　11月12日　○早大3－2慶大●（延長11回）

3試合制は、早稲田がアメリカから持ち帰った。

翌1906（明治39）年は――。

第1戦　●早大1－2慶大○

この試合の球審は三島彌彦。日本が五輪に初参加した1912（明治45）年の第5回ストックホルム五輪で陸上短距離に出場した。東大に進学する前の学習院時代、キャプテンで投手だった。

第2戦　○早大3－0慶大●

そして決勝の第3戦が、両校応援団の過熱で「中止」になる。以降、1925（大正14）年秋に復活するまで19年間、早慶戦は行われなかった。

頑鉄はこの2試合にも3番二塁手で出場した。「7月に業を了え、研究科に籍を置いて」と部史にある。キャプテンは第3代押川清（野球殿堂入り）だった。

◇

『最近野球術』は、明治期、野球名著選集としてベースボール・マガジン社から復刻されている。その解説で神田順治（元東大教授・野球部監督）は、「科学的野球」移入の先駆をなした貴重な著書と評価している。アメリカ帰りの早大のユニフォーム姿はハイカラで、霜降りのユニフォームに胸にえび茶でWASEDAの縫い取り、アンダーシャツを着込んでいる。全員がスパイクシューズを履き、二本の線の入った帽子……。

頑鉄は、その年末に単身再渡米する。《初めオレンジの摘み取り、材木の伐採などコツコツと稼いだらしいが、宵越しの金を持たぬ江戸ッ子気性が、いつか穂を出して、バッバッ使ってしまい、流れ流れて加州の南端、海水浴場で有名なロングビーチに落ちついた》と、頑鉄と手紙のやりとりをしていた小鰐が綴っている（月刊『文藝春秋』1950［昭和25］年12月号「日本野球創生期の豪傑—わが校友帖その二—」）。

アメリカで大実業家の夢は破れた。帰国して身を寄せたのは、小鰐のいる「萬朝報」だった。

『最近野球術』第6版（1907年刊）

頑鉄は、全国中等学校優勝野球大会が始まった1915（大正4）年秋、主催の大阪朝日新聞社にヘッドハンティングされる。大会史によると、第1回大会を始めたとき「野球規則の完全なものがなかった」というのだ。そこで野球ルールに詳しい頑鉄に白羽の矢が立ったわけだ。

それから10年後、今度は毎日新聞から声がかかる。新築される神宮外苑球場に相応しい野球大会の創設。それを「大正日日新聞」に転社していた頑鉄に頼んだのだ。

都市対抗野球大会は1927（昭和2）年に始まるが、頑鉄は1936（昭和11）年の第10回大会を前に肝臓がんで亡くなった。58歳だった。最高殊勲選手賞「橋戸賞」は、10回大会に新設された。

小鰐は「噫、さびしあの禿頭」と社報に追悼文を寄せた。葬儀には里見弴、久米正雄、大佛次郎、廣津和郎、水谷八重子、藤原義江ら1千人余が参列した。

早慶戦がリーグ戦の最後に試合をすることになったのは、頑鉄の提案による。六大学野球の2強がリーグ戦の途中で戦うより「リーグ戦の興味を最後まで持ち越すように、特別扱いして後回しにしてもらいたい」と訴えた（1929［昭和4］年11月3日付東京日日新聞夕刊）。

1932（昭和7）年秋から最終週となり、1シーズン制で一時崩れたが、1935（昭和10）年秋から固定した。

◇

小鰐は1918（大正7）年に毎日新聞に移って、1920（大正9）年2月東京日日新聞の社会部運動課長。その後、校正部長、写真部長、運動部長を歴任。定年後も顧問・嘱託として野球記者を続けた。

1926（大正15）年1月26日から5月27日まで、東京日日新聞夕刊に「西遊記」を連載した。それまで

「イノシシ」と訳されていた「猪八戒」を初めて「ブタ」と表現した。今読んでもとても面白いと評価が高く、「スマートなギャグはまことに秀逸」と作家の筒井康隆がベタ褒めしている。

もうひとつ、小鰐が盛岡中学の同級生自慢をしたことがあった。「銭形平次」の作家野村胡堂、言語学者で三省堂『明解国語辞典』の金田一京助、海軍大臣及川古志郎、衆議院議長田子一民、久留米医科大学学長小野寺直助、三菱重工業社長郷古潔……。石川啄木は2年後輩だという。

早大の初のアメリカ遠征には、盛岡中学の後輩小原益遠、獅子内謹一郎が参加している。

◇

早大野球部史を改めて読み返して思うことは、安部磯雄の偉大さである。飛田穂洲が書いた『早稲田大学野球部五十年史』の巻頭に、小鰐は序に代えて「安部精神の体得」を寄せた。

《要するに安部先生は、早稲田大学野球部の根幹であり、われ等はそれに族生した枝や葉なのである。……未来永劫この根幹の精神を把持して進まねばならぬ》と。

安部は、毎日の練習はむろん、夏や冬の合宿練習にも必ず行動をともにした。《野球が面白いのだ》《野球が最大の道楽であった》と、「野球と共に三十年」（『青年と理想』1936［昭和11］年刊）に書いている。

《スポーツで人格の修養をやろうなどという考えは毛頭なかった》

《試合に負けて悔し涙を流すということは醜態だ。それ程負けるのが嫌なら野球を止めるのがよろしい》

そしてこの野球好きの社会主義者は、「スポーツマンシップ＝フェアプレーの精神にある」と説いた。

安部は「学生野球の父」として、早大ＯＢの頑鉄、押川清や久慈次郎、慶大ＯＢの小野三千麿ら9人とともに、1959（昭和34）年最初の野球殿堂入りに選ばれた。

早稲田の挑戦を受けた上田中の先輩
――宮原実主将、エース桜井弥一郎

清水　岳志（早稲田スポーツ第27代編集長）

まず、私事の内容であることをお許しいただきたい。

私が高校まで生まれ育ったのは長野県上田市である。小学生のころ、高校野球で強かったのは隣の丸子町（後に上田市に合併）にあった丸子実業。江川世代で４番を打っていたのは堀場秀孝さん（前長野県議）。当時、弱小県の長野県だったが、丸子実業は甲子園で勝利を挙げてテレビに夢中になった。堀場さんは実家も近く同じ小学校、中学校の卒業でもあった。堀場さんは勉強もできたが、甲子園に行きたいからと丸子実業を選ばれた、と聞いた。

堀場さんは浪人をして慶大法学部に進んだ。１年生春の開幕から４年の最後の試合まで全試合でレギュラーとして出場。４年では主将を務めた。

また、同じく小中学校が一緒で、中学では野球部の一つ上の先輩に堀内仁志さんがいた。上田高校の野球部では４番だった。その堀内さんも浪人をして慶大経済学部に進んだ。リーグ戦の出場は多くなかったと思うが、新人戦では４番を打っておられた。というように郷里の身近な先輩は慶大に進んでおられる。

上田高校の野球部のＯＢというと、明治に進んで主将・エースとして優勝もした丸山清光さんがおられる。丸山さんが上田高校の２０１７（平成29）年同窓会報に寄稿したエッセイを読んで、慶應野球部草創期の偉大な野球人のことを知った。それが宮原実さんと桜井弥一郎さんだった。

１１５年の歴史を重ねてきた野球の早慶戦。１９０３（明治36）年11月21日、最初の早慶戦にお二人が出場しているのだ。

宮原さんが4番セカンド、桜井さんは7番投手で初の勝ち投手という栄誉に輝いている。

宮原さんは1882（明治15）年12月4日、長野県小県郡田沢村（現青木村）に生まれる。長野県中学上田支校（現上田高）在学中の1896（明治29）年、同校野球クラブ設立に参加したというから、上田高校の野球部の起源に関わっている。桜井弥一郎、依田英一、清水長之助らがメンバーで県下最強のチームだったという。

翌年慶應義塾普通部5年生に転入し、同校野球部創立者の前島繁太に誘われ野球部に入部。1903（明治36）年、主将となり前出の桜井、依田、清水を勧誘し野球部を強化し、早慶戦第1戦で勝利する。

大学卒業後は大阪の藤田組に入社。のち肥料製造の神島化学工業を設立し社長に就任。阪急、鐘ケ淵紡績、千代田生命などでも重役となり実業界で活躍する。その傍らアマチュア野球の振興に貢献、日本学生野球協会副会長、全国中等学校選抜野球大会（今の春のセンバツ）の選考委員長を務めた。学生野球の他に日本社会人野球協会の設立にも尽力し、1949（昭和24）年、初代会長と

宮原実（下）と桜井弥一郎（第1回早慶戦の記念写真から）

なる。都市対抗野球大会には私財を投じてその健全育成に努めた。アジア野球連盟会長を務めるなど、野球の国際的な発展に寄与した。

1963（昭和38）年10月16日、80歳で死去。翌年、特別表彰で野球殿堂入りした。

桜井弥一郎（櫻井彌一郎）さんは1883（明治16）年12月2日、長野県の現・佐久市の生まれ。上田中学から1902（明治35）年、慶大入学。「一高に入りたかったが鷲沢、清水と三人で慶大に入学し、宮原先輩が主将をしていたので野球部に入部した」と慶應部誌に寄稿している。

翌年に当時最強の一高と対戦して敗れるが、その年の秋に始まった早慶戦では記念すべき勝ち投手になった。剛球投手の絶対的エースだったが、投手以外ではセカンドを守った。そしてついに04年6月2日、一高を破る。9回裏走者一人を置いてサヨナラ2ランを放って、野球の歴史を変える立役者になった。1905、1906年は慶大の主将。

卒業後の1911（明治44）年、慶應初の米国遠征を行う。慶應義塾野球部史によると、監督が「塾生で最初に野球を試みた」村尾次郎と桜井の2人。菅瀬一馬―福田子之助のバッテリーで52戦29勝20敗、1分、1中止の成績をあげた。慶大卒業後は古河合名会社に入社。のち三田倶楽部会長も務め、社会人野球発展にも貢献した。

1959（昭和34）年、74歳で死去、翌年、特別表彰で野球殿堂入りした。

アメリカ遠征の3年前の1908（明治41）年にハワイ遠征が行われている。海外遠征としては、こちらが最初になる。この時の監督が桜井と同時期に入部した前出の上田中出身、鷲沢与四二さん。遠征チームはこのハワイから日系二世の腰本寿さんを連れ帰っている。13歳だった腰本さんは普通部に入学する。

腰本さんは現役の野球部員だった1916（大正5）年、夏の第2回中等学校選手権で慶應普通部を率い優勝した。毎日新聞（大阪）の記者をしていたが、請われて大学の監督を1926（大正

都市対抗野球大会で始球式をする宮原日本社会人野球連盟（現日本野球連盟）会長＝1955年８月後楽園球場で

愛児と桜井弥一郎さん（アサヒスポーツ 1930 年 11 月 15 日号から）

15）年から10年務める。「エンジョイベースボール」を唱え、1928（昭和3）年秋のリーグ戦で10戦10勝。ブルー・レッド・アンド・ブルーのストッキングに白線を入れた。

このように多くの偉大な野球人が母校の先輩というのは、この上なく誇らしいものだ。それは早稲田でも慶應でも、まったく構わない。これからも後輩たちの活躍を神宮で見たい。

ちなみに上田高校から早大野球部に進んだのは桜井堅一朗（1993［平成5］年入部）と小林正則（1997［平成9］年入部）の2人の後輩がいる＝『稲門倶楽部百年』（2009［平成21］年刊）の名簿から。

早スポ初代会長を務められた清原健司先生も旧制上田中学の出身だ。分厚い同窓会員名簿を引っ張り出してみたが、お名前がない。早大高等学院に編入学したからか。

早スポ2代編集長の西川先輩に聞いたら、ご実家が今の中軽井沢にあって、信濃追分の別荘で早スポ初の合宿をしたのだという。縁は不思議と、改めて思う。

しみずたけし
1989（平成元）年早大第二文学部東洋文化専修卒
「早稲田スポーツ」第27代編集長
早稲田スポーツ新聞ＯＢＯＧ倶楽部副会長
ベースボール・マガジン社を経て独立。
スポーツを中心にフリーライター歴28年。各誌各webに寄稿中。

ヒゲの応援団長吉岡信敬と天狗倶楽部

１９０６（明治39）年、早慶戦が中止になったのは、両校の応援団の過熱だった。その中心人物は、ヒゲのやじ将軍吉岡信敬である。吉岡は１８８５（明治18）年生まれだから21歳。早大政治科の学生だった。

吉岡は「虎髯将軍」と呼ばれた。「髯」は、頬のヒゲのことである。

歌人の窪田空穂が記している。《吉岡信敬という人は、一と口にいうと一種の才人で、実に魅力の多い存在であった。その才分を発揮したのは早大野球部の応援団長としてであって、早慶野球戦における彼の活躍ぶりは、観衆全部を魅了し去る不思議な力をもっていた。選手にも影響するところが少なくなかったろう。吉岡君の存在はその一事をとおしてだけのものであったが、いつの間にか彼の存在は、学生野球戦の早大野球部応援団長という枠を超えて、社会的存在となって来、吉岡やじ将軍というと、その名も、その顔も、学生界以外の広範囲の人々に知られて来たのであった》（「野球談議―やじ将軍吉岡信敬君のこと」）

応援団長吉岡信敬

吉岡は早大入学前から8歳年上の空穂の家に出入りして、早慶戦が中止になる１９０６（明治39）年に発刊した『運動界之裏面』（中興館刊）は運動術士著となっているが、空穂と吉岡の共著だった、とも空穂が書いている。

吉岡は早稲田中学時代、野球部でセンターを守っていた。同級生に早大第4代キャプテンの山脇正治がいる。飛田穂洲は次の第5代キャプテンである。

吉岡が応援のリーダーとなったのは、前年秋の早慶戦だった。慶大応援隊が「黒の上衣を脱ぎ、白のＫＯの人文字をつくって、観衆をアッといわせた」。その対抗策として、「アメリカからお土産にもらったエビ茶にＷＵと染め抜いたカレッジフラッグ」を使うことになった。その指揮を吉岡が任されたのだ。

早大は、３回戦を延長11回３－２でものにして優勝した。敗れた慶大。《（明治）38年秋の壮烈な早慶戦。血を絞り涙に土をうるませて敗北の恨みを喫した慶大は、その雪辱のためあらゆる苦心をした。冬は始業前にグラウンドに出て、霜や氷のカチカチしたところで練習をする有様》（『野球部史』）と雪辱を誓う。

そうして迎えた１９０６（明治39）年の早慶戦。10月28日の初戦は戸塚球場で行われ、慶大が２－１でものにした。勝利に酔った慶大応援隊は、大隈重信邸前で「万歳」を三唱した。

慶大応援隊長・谷井一作（のち東京海上火災保険社長）が『慶應義塾野球部史』に書いている。《皆で万歳を唱えたのがそもそも事件の発端だった。このような場所で、しかも慶大が勝ったあと万歳を三唱することは、敗けた早大側を刺激するのに充分であったに違いない。しかし、私達としては、慶大の勝利に陶酔しての、心からの万歳にほかならなかったのである》

第2戦（11月3日）は、慶大の三田綱町のグラウンドで行われた。この試合は、早大が３－０で雪辱した。１５００人とも２０００人ともいわれる早大の応援隊が、福澤諭吉邸前で「早稲田万歳、万歳」を繰り返した。前日の仕返しである。

そして11月11日に決勝の第3戦が行われることになった。場所は三田綱町グラウンド。応援団の数（席）をめぐって、早慶応援隊の事前交渉がまとまらない。出来るだけ数を多く要求する吉岡らの早大側に、それを拒む慶大側。話し合いはまとまらず、野球部長安部磯雄が慶大に出向いて、「応援は拍手だけに制限する」と決定したが、それも覆る。

結局、試合前日に慶大の鎌田栄吉塾長が早大創設者の大隈重信（初代総長就任は1907［明治40］年）を訪ね、不測の事態を防止するため中止を決める。

慶大野球部のマネジャーは鷲沢与四二だった。鷲沢は慶大の体育会会長だった時事新報社長福澤捨次郎（諭吉の二男）に中止を説き、鎌田塾長を動かした。

《決勝戦の当日には、早稲田は芝園橋の原に集合し、吉岡弥次将軍が馬に乗って乗りこむのだという報告まで入ってきた》と、谷井の文章にある。

吉岡将軍が馬上で指揮をして、早稲田の学生をグランドに引き連れるという情報である。吉岡一流のはったりと思われるが、双方応援隊の激突は必至とみられたのだ。

早慶戦中止の経緯は、横田順彌著『早慶戦の謎—空白の十九年』（ベースボール・マガジン社1991［平成3］年刊）に詳しいが、吉岡は早大を中退、志願兵として麻布第一連隊に入営。そのあと読売新聞などに勤めた。1940（昭和15）年没、55歳。

横田は吉岡を《早稲田大学の応援隊の創始者で隊長の肩書はあるものの、他にこれといった業績を残したわけではない。しかしながら、その生涯のすべてが、イコール「天狗倶楽部」だったといっても過言でないほどの名物男として、当時、日本中にその名を知られていた》と紹介している＝『［天狗倶楽部］快傑伝』（朝日ソノラマ1993年刊）。

2019（令和元）年のNHK大河ドラマ「いだてん」第1回で「天狗倶楽部」のユニフォームを着た選

手たちが舞台回し役で登場する。応援団長、吉岡も頻繁に顔を出す。

早慶戦と直接関係ないが、「天狗倶楽部」に触れておく。

小鰐はこう紹介している。《明治の終わりから大正にかけて、天狗倶楽部と称するスポーツ同好の集まりがあった。頭領株は冒険小説で当時の青年の血を沸かした押川春浪と、電気工学者たる一方、文芸評論家でもあった中沢臨川の両氏で、メンバーは早大野球部出身者が主体だったが、外に慶大、帝大、学習院などの出身、美術家、文士、弁護士、柔道家、飛行家、教授、記者等々、来るものは拒まず、去る者は追わず、実に種々雑多な面々がいた》（『ベースボールマガジン』連載「球友列伝」1951［昭和26］年8月号）

「天狗倶楽部」の天狗とはテングになる、の天狗である。自惚れの強い、ハナタカ集団である。

春浪が創刊した雑誌『武侠世界』に総勢100人の会員名簿（大正4年4月号）が載っている。早大野球部出身者は――。弓館小鰐（初代マネジャー）＝1901（明治34）年入部▽橋戸頑鉄（第2代主将）▽押川清（第3代主将）▽泉谷祐勝＝02年入部▽河野安通志▽獅子内謹一郎▽森本繁雄＝03年入部▽山脇正治（第4代主将）＝04年入部▽西尾守一（マネジャー）＝05年入部▽小川重吉▽長尾正志＝06年入部▽飛田穂洲（第5代主将）▽赤堀秀雄▽伊勢田剛▽松田捨吉＝07年入部▽大井斉（第6代主将）▽野々村納▽三神吾郎＝08年入部▽増田稲三郎（第7代主将）▽八幡恭助＝09年入部▽福永光蔵▽山本為治▽山本正雄＝1910（明治43）年入部。

キャプテンが6人、野球殿堂入りが頑鉄、押川清、河野安通志、飛田穂洲の4人。

慶應OBでは、元毎日新聞社長の高石真五郎（1901［明治34］年卒）▽鷲沢与四二（08年卒）▽佐々木勝麿（泉谷祐勝の実弟。慶應第7代主将、13年卒）▽日下輝（毎日新聞記者、15年卒）。

三島彌彦は、在桑港（サンフランシスコ）、正金銀行支店員、吉岡信敬は読売新聞記者の肩書で載っている。

天狗倶楽部が2チームに分かれて最初に野球試合を行ったのは、１９０９（明治42）年5月だった。場所は、羽田沖合の干拓地に完成したばかりの羽田運動場。観客席のついた本格的な野球場だった。

投手は、小鰐と鷲沢。押川春浪の弟清、飛田穂洲らも出場した。他に春浪、中川臨川はむろん、水谷竹紫（雑誌『運動世界』を創刊、初代水谷八重子の義兄）、太田四州（茂、中央新聞記者、野球殿堂入り）ら。当然のことながら、ヒゲの応援団長吉岡信敬は会場にいた。

天狗倶楽部は、野球以外にも、テニス、ボート、競走、相撲、柔道などスポーツ競技はなんでもやった。東京朝日新聞の「野球と其害毒」に反対して、演説会も開いた。

１９１４（大正３）年には満鉄から試合を申し込まれて、遠征した。そのときのメンバーを小鰐が記録している。

投手　獅子内謹一郎（満鉄、早大）
捕手　島田厚之助（早大野球部、現役）
一塁　押川　清（武侠世界、早大）
二塁　飛田　忠順（報知新聞、早大）
三塁　日下　輝（東京日日、慶大）
遊撃　橋戸　信（大阪朝日、早大）
外野　西尾　守一（大阪毎日、早大）
　　　赤堀　秀雄（奈良新聞、早大）

大村　幹（読売新聞、東大）
弓館　芳夫（萬朝報、早大）
補欠
針重　敬喜（武侠世界、早大）
倉田　白羊（画家、東京美術学校）
阿武　天風（冒険世界、海兵）

橋戸頑鉄は、この時は小鰐とともに「萬朝報」にいたはずだ。飛田穂洲は早大在学中から「報知新聞」に記事を書いていた。報知新聞は、現在「スポーツ報知」に題字を残しているが、当時は福澤諭吉の「時事新報」、徳富蘇峰の「国民新聞」とともに首都東京の三大紙のひとつだった。穂洲は、早大を卒業すると、押川春浪が創刊した『武侠世界』の編集者となった。その後、１９２０（大正９）年創刊のスポーツ雑誌『運動界』の編集長も務めた。

頑鉄、小鰐とは酒飲み仲間。同時にスポーツジャーナリズムの先輩・後輩でもあった。

天狗倶楽部に画家の小杉未醒（放庵）もいた。頑鉄に頼まれて、都市対抗野球大会の優勝旗「黒獅子旗」をデザインした。

天狗倶楽部のユニフォーム

天狗倶楽部のユニフォームは、大村一蔵（鳥取中─五高─東大）の遺品だ。大村は相撲好きで、四股名「花和尚」をペンネームとした。東大相撲部の創設者。写真は吉澤野球博物館（後述、２０１４［平成26］年閉館）で撮影した。吉澤野球博物館の展示物などは船橋市に引き継がれ、船橋アリーナ（総合体育館）に「吉澤野球博物館資料展示室」がつくられた。

応援歌「若き血」と「紺碧の空」

１９２５（大正14）年秋　○早稲田11－0慶應●
１９２６（大正15）年春　○早稲田7－1慶應●
　○早稲田2－0慶應●
　○早稲田3－2慶應●
秋　○早稲田6－4慶應●
　●早稲田0－2慶應○
　○早稲田3－2慶應●
１９２７（昭和2）年春　早稲田が第5回アメリカ遠征

早慶戦が復活して以来、勝ち点を奪えず、3連敗の慶應。「早稲田に勝つために、『都の西北』を打ち負かす歌が出来ないか」と誕生したのが、堀内敬三作詞・作曲の応援歌「若き血」である。

堀内は、ラジオ放送が始まったばかりの愛宕山の東京中央放送局（現ＮＨＫ）で音楽放送を担当していた。そこで慶大出身の野村光一氏（日本音楽コンクールの初代審査委員長）から応援歌の作成を頼まれた。１９２７（昭和２）年の秋のことだった。堀内は、アメリカ留学６年、マサチューセッツ工科大学大学院を修了しており、アメリカの大学応援歌を参考に「活動的で元気の出るメロディー」を考えた。
「『都の西北』は音域が９度だから、こっちは６度。ケイオー、ケイオーのところだけオクターブにした。長い歌詞はいらない、１番だけでよい。フシができてからコトバに取りかかった」
完成したのが10月20日。11月６日の早慶戦まで２週間余。学内で歌唱指導したのが、慶應普通部（中学）３年生の増永丈夫（のちの藤山一郎）だった。

１９２７（昭和２）年秋　●早稲田　０－６慶應○
●早稲田　０－３慶應○
１９２８（昭和３）年春　慶大が第３次米国遠征
秋　●早稲田　０－２慶應○
●早稲田　０－４慶應○
（慶應は10戦10勝の全勝優勝。記念にブルー・レッド＆ブルーのストッキングに白線を入れた）

一方の早稲田。「若き血」に対抗できる歌を全校から募集。高等師範部３年住治男の「紺碧の空」が選ばれ、21歳の古関裕而が作曲した。

1931（昭和6）年春

●早稲田 1－2 慶應○
○早稲田 6－3 慶應●
○早稲田 5－4 慶應●
○早稲田 2－1 慶應●

秋

●早稲田 1－2 慶應○
○早稲田 10－2 慶應●

元気のよい応援歌は、選手を勢いづけたのか。

（野球文化學會論叢『ベースボーロジー』12号（2018［平成30］年6月刊）掲載、池井優慶大名誉教授の基調講演「古関裕而と応援歌」を参考にした）

陸の王者

作詞・作曲 堀内敬三

若き血に燃ゆる者
光輝充てる我等

紺碧の空

作詞 住 治男
作曲 古関裕而

紺碧の空 仰ぐ日輪

希望の明星
　仰ぎて茲に
勝利に進む我が力
　常に新らし
見よ精鋭の
　集ふところ
烈日の意気高らかに
　遮る雲なきを
慶應　慶應
　陸の王者　慶應

光輝あまねき伝統のもと
すぐりし精鋭斗志は燃えて
理想の王座を
占むる者われ等
早稲田　早稲田
覇者　覇者　早稲田

リンゴ事件の真相

リンゴ事件の起きた１９３３（昭和８）年10月22日早慶３回戦の試合前、超満員に膨れ上がった神宮球場の写真が残っている。

読売新聞の夕刊１面に掲載された航空写真である。６万観衆と写真説明にある。

この年は１シーズン制で、春１試合、秋２試合、計15試合で順位を決めた。春の早慶戦は、慶大が５－１

で早大を破った。前日行われた2回戦は、早大が9－1で、春の雪辱を果たした。そしてこの日の3回戦。シーソーゲームだった。先にスコアを掲載する。

早大	0	1	2	0	0	3	0	2	0	8
慶大	0	4	1	0	0	0	1	1	2x	9

9回表、慶大水原茂（元読売巨人軍監督）が三塁の守備につくと、三塁側早大応援席からリンゴなどが投げ込まれた。これを水原が早大応援席に投げ返したとされる。

試合は9回裏に慶大が逆転して9－8でサヨナラ勝ちとなった。試合終了と同時に早大学生がグラウンドになだれ込み、慶大応援団の指揮棒を奪うなどの大騒動となったのだ。

そのきっかけは、8回裏、慶大の二塁盗塁がアウトと宣告されたのを、三塁コーチボックスにいた水原が「ノータッチ」と執拗に抗議したことから。水原は、前日の早慶戦に先発してKOされ、この日は三塁コーチをしていた。次の9回に、交代して三塁の守備についた水原に、早大応援席から激しいヤジとともに、モノが投げ込まれたのだ。

リンゴ事件当日の神宮球場
読売新聞1933年10月22日夕刊

水原茂

小島利男

この試合を早大の三塁側応援席で観戦・応援していた吉澤善吉（２０１６［平成28］年没、１０２歳）の証言を、筆者は聞いている。吉澤は１９７９（昭和54）年に私財を投じて吉澤野球博物館を開館、ずっと館長をつとめていた。展示物は２０１５（平成27）年に船橋市に引き継がれている。

吉澤のいうリンゴ事件の真相――。当時は現在のように一塁側早稲田、三塁側慶應と応援席が決まっていなかった。この日は、三塁側が早稲田の学生席だった。

「リンゴ事件のきっかけは早稲田の二塁手・小島利男がつくったのです。あのプレーがなければ、リンゴ事件は起きなかった」と吉澤はいった。

その小島のプレーとは。8回裏、慶大は1点を返して1点差で二死1塁。1塁走者岡泰蔵が二盗を試みた。捕手からの送球を二塁手・小島が受けて、審判の判定はタッチアウト。ところが三塁コーチ水原は「ノータッチ、セーフだ」と塁審の斎藤達雄（立大ＯＢ）のところに駆け寄った。ランナーの岡らとともに、執拗に抗議をした。判定は覆らなかった。

吉澤は「小島はタッチをする振りをしましたが、まったくのノータッチ。斎藤塁審の位置が悪く、タイミングでアウトを宣したんですね。三塁コーチの水原が正しかったのです」と証言するのだ。

小島は、首位打者を2回獲得するなど、六大学のスタープレーヤー。松竹歌劇団（ＳＫＤ）の小倉みね子と結婚した。その長男小島征男（早大野球部ＯＢ）が高校・大学を通じての筆者の友人で、リンゴ事件につながった二塁塁上のプレーについて、オヤジさんから話を聞いていた。

「タッチしていない、ノータッチだった。塁審をごまかしたプレーだった」

余談ながら、水原夫人は、松竹蒲田の女優松井潤子。六大学のスタープレーヤーはモテたのである。

◇

このリンゴ事件のあと、神宮球場の学生席は一塁側早稲田、三塁側慶應に固定されたといわれる。神宮球場のネット裏の主だった元毎日新聞記者松尾俊治が『早慶戦１１０年史』（ベースボール・マガジン社２０１３［平成25］年刊）のコラムに書いている。

《昭和10年代の資料を見ると、早大（一塁側）、慶大（三塁側）が多い》《私が入学したころ（１９４３［昭和18］年慶大入学）は慶大が三塁側。最後の早慶戦のときもそうだった》

だが、《いつからそうなったかという確証がない。（東京六大学野球）連盟の記録にも残っていない》と。

戦後、応援席にデコレーションがつくられるようになった。それが応援席の固定につながった、と筆者は勝手に思っているが、どうだろうか。

（後列左から）別当，臼倉、久保木、伊藤、村上、高松、大島、吉江、河内、石井、金光、吉江、南里、山村、磯野、片山、山県、柴野、高橋、松沢、岡本、桜内、加藤、壷井、矢野、松尾
（中列背広姿左から）島田、平井、浅井、山本、外岡、片山
（前列左から）富樫、鶴田、森、笠原、阪井、穎川、増山、永谷、池上、中村、片桐、近藤、長尾、竹形、小川、伴、岡野、松本

最後の早慶戦——1943・10・16戸塚球場

「海行かば」球場を圧す

「最後の早慶戦」を報じる毎日新聞の見出しである。

《両校学徒には勝敗はすでに問題ではない。早大笠原、慶大阪井両主将は歩みあつて「しっかりやりませう」と戦場での再会を誓ひ合ふ。早大応援団から湧く「頑張れ頑張れ慶應」の声援、慶大側でも早大学徒の前途を祝して拍手を送る。どこからともなく歌はれる「海行かば」の厳粛な歌声、それがやがて球場を圧する大合唱と変わつた。更に軍歌が秋空に流れて早稲田の杜をどよもす。いまは敵も味方もない。すべて戦友である。慶大生と早大生仲よく肩を組んで明日の敢闘を誓ふのであつた》

1943（昭和18）年10月16日、戸塚球場である。文科系学生の徴兵延期が中止となって、学徒出陣壮行の早慶戦が、慶大側から持ち掛けられた。「小泉信三塾長の発意で、飛田穂洲を介して早大野球部に試合を申し込んだ」（今村武雄著『小泉信三伝』）。

しかし、早大の大学当局は全くの及び腰だった。飛田は、早大野球部の50年史（『早稲田大学野球部百年史』上巻として1950〔昭和25〕年復刻）で厳しく批判している。《慶大の立派な意義ある申出に、早大当局は応じ切れなかったのである。即ち当時の社会情勢は、野球に対して、徐々に弾圧を加えつつあったので、この世論を押し切って迄、試合を実現するだけの肚がなかった。軍部や文部省のご機嫌とりにばかり意をそそいで居たのである》

試合は、早大当局の許可が下りないまま実施された。来場した小泉塾長を特別席へ案内しようとすると、「私は学生と一緒の方が楽しい」といって学生席に座った。

飛田は、こうも書いている。《試合は早大の勝利となったが、大学当局の仕打ち、学生の観戦態度、すべて慶大に一籌（ちゅう）を輸（ゆ）した。慶大の学徒は、下敷きにしていた新聞紙を全部屑籠に納め、グラウンドを去るなど、実に敬服にあたいするものがあった》

試合結果と出場選手は以下である。主審は天知俊一（明大ＯＢ、野球殿堂入り）だった。

慶　應	０１０	０００	０００	1
早稲田	１０４	２００	３０×	10

【慶應】		打数	安打
⑦	矢野鴻次	4	1
④	山県将泰	3	1
◎②	阪井盛一	3	1
⑧	別当　薫	4	0
⑨	大島信雄	3	1
③	長尾芳夫	4	1
①	久保木清	1	1
1	高松利夫	1	0
PH	加藤　進	1	1
⑥	河内卓司	3	0
⑤	増山桂一郎	4	0
	計	31	7

【早稲田】		打数	安打
④	森　武雄	2	2
②	伴　勇資	3	2
▲⑦	近藤　清	3	2
◎③	笠原和夫	4	2
▲⑧	吉江一行	2	0
①	岡本忠之	5	1
⑤	鶴田鉦二郎	3	1
⑨	伊藤利夫	3	1
▲⑥	永谷利幸	4	1
	計	29	12

注：◎はキャプテン、▲は戦死者

両校の野球部史によると、早稲田の戦死者は34人、慶應が20人にのぼる。

◇

記念撮影の後列右隅に、元毎日新聞記者松尾俊治がいる。灘中学から慶大に入学、1年生で控えの捕手だった。

松尾俊治

卒業して慶應の先輩が経営していた「スポーツ画報社」で雑誌『野球世界』の編集発行人を務めた。その後、毎日新聞に移り、アマチュア野球一筋。東京六大学、甲子園の高校野球の著書多数。映画化された「ラストゲーム最後の早慶戦」（2008［平成20］年）は、早大の笠原キャプテンとの共著『学徒出陣最後の早慶戦：還らざる英霊に捧げる』（恒文社1980［昭和55］年）

を基にしたものだった。
この『早慶戦全記録』は、ベースボール・マガジン社が２０１３（平成25）年に発行したムック『早慶戦１１０年史』を参考にさせてもらったが、松尾１人で16ページも埋めている。むろん「最後の早慶戦」も書いている。２０１６（平成28）年没、91歳だった。

早慶戦の「戦犯」と前田祐吉元慶大監督

東京六大学野球リーグ戦で早慶が同率1位となって、優勝決定戦に持ち込まれたのが5回ある。このうち4回は早大が優勝している。

１９３９（昭和14）年春　○早大５－４慶大●　勝利投手石黒、敗戦投手高木
　　　　　　　　同年秋　●早大０－２慶大○　勝利投手高木、敗戦投手石黒
１９５１（昭和26）年春　○早大３－２慶大●　勝利投手末吉、敗戦投手山本
１９６０（昭和35）年秋　△早大１－１慶大△　早大安藤　慶大角谷
　　　　　　　　　　　　△早大０－０慶大△　早大安藤　慶大角谷、清沢
　　　　　　　　　　　　○早大３－１慶大●　勝利投手安藤、敗戦投手角谷
２０１０（平成22）年秋　○早大10－５慶大●　勝利投手斎藤（佑）、敗戦投手竹内大

『早稲田大学野球部百年史』上巻は、飛田穂洲執筆の50年史を再刊したものだが、１９３９（昭和14）年に、

「文部省学生野球改革案を提示」、「神前に銃後の誓い」の記事がある。

文部省は、六大学野球人気がシャクなのか、試合は1時間半程度にしろとか、日祭日は3試合行って、リーグ戦の期間を短縮せよなどと要求した。

リーグ戦が始まる前に明治神宮に、理事長以下役員と各大学の選手150人が「皇軍の戦勝祈願を行い、銃後のフェアプレーを誓った」とある。

1939（昭和14）年のリーグ戦は春秋とも各校2試合の総当たり制。最終週の早慶戦は春秋とも1勝1敗で、早慶が同率で並んだ。春は早大がダブルスチールで決勝点、秋は慶大の高木投手が1安打ピッチング、百万ドルの内野陣、一塁飯島滋弥、二塁宮崎要、三塁宇野光雄、遊撃大館盈六が盛り立て、13シーズンぶりの優勝を決めた。

1951（昭和26）年の優勝決定戦は、前田祐吉が自ら「戦犯」という試合だ。

2－2で迎えた延長11回裏、慶大は一死満塁のサヨナラのチャンスをつかんだ。代打前田。ところがスクイズ失敗で併殺となった。

「いまでも末吉さんのタマを覚えています。それまではゆっくり投げていたのに、セットからすぐ投げてきた。構えが遅れて、スクイズは一塁フライに終わった。次の12回、広岡（達朗）君に打たれて負けました」

これは1993（平成5）年に毎日新聞の連載で筆者がインタビューしたときに、本人から直接聞いた話である。

そのインタビューで一番記憶に残っているのは「18年間慶應の監督をやって私が唯一自慢できるのは、学校を卒業できなかった野球部員が1人もいなかったことです」。

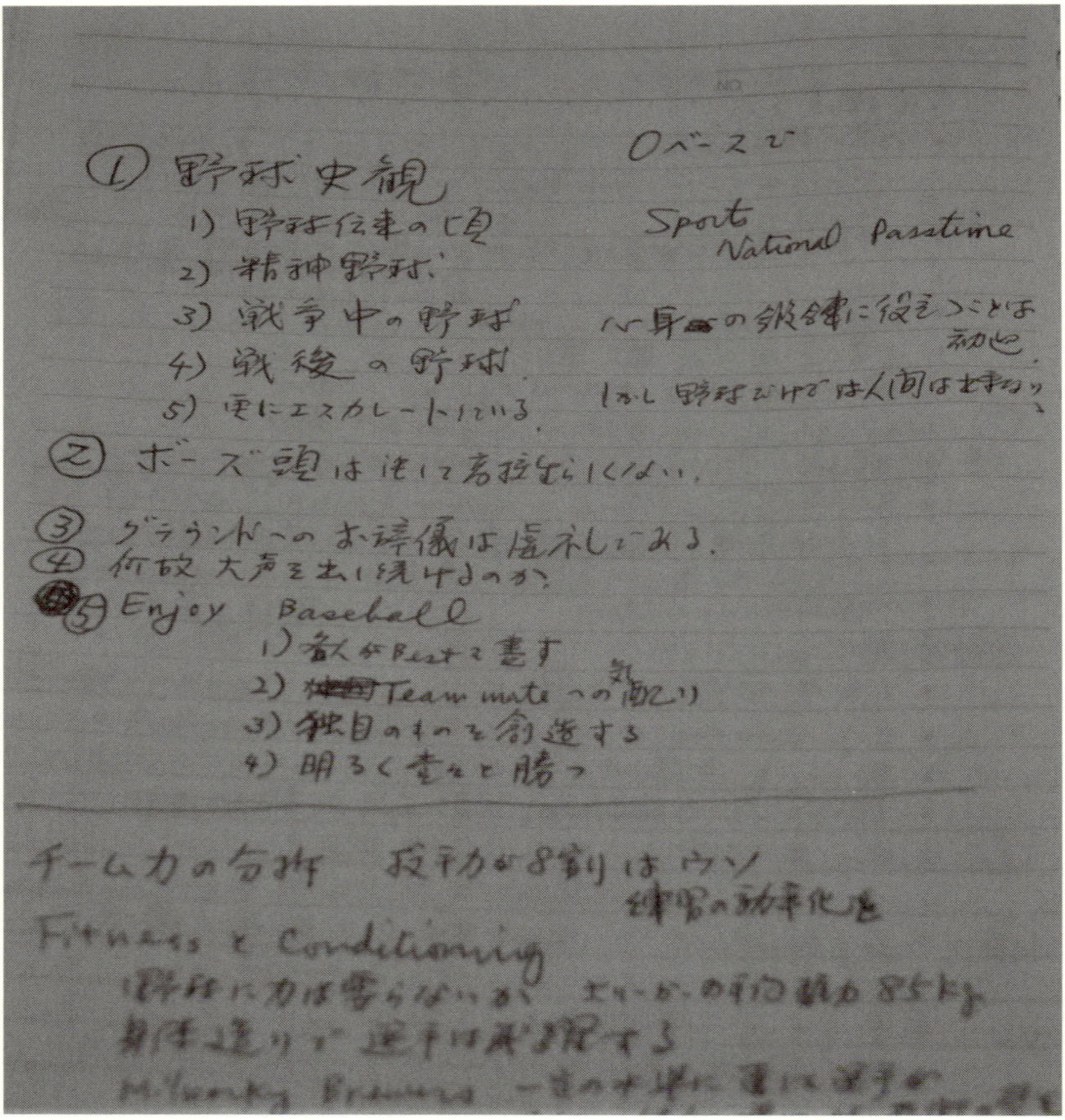

① 野球史観　0ベースで
1) 野球伝来の頃
2) 精神野球
3) 戦争中の野球
4) 戦後の野球
5) 更にエスカレートしている。
Sport National Passtime
心身の鍛錬に役立つことは勿論
しかし野球だけでは人間は出来ない
② ボーズ頭は決して高校生らしくない。
④ 何故大声を出し続けるのか。
⑤ Enjoy Baseball
1) 各人がBestを尽す
2) Team mateへの気配り
3) 独自のものを創造する
4) 明るく堂々と勝つ
チーム力の分析　投手力が8割はウソ
練習の効率化を
Fitness & Conditioning

前田祐吉ノート

前田は2016（平成27）年に85歳で亡くなった。その葬儀で、後藤寿彦元慶應監督は「前田監督と神宮で試合を見ましたが、ノーアウトでランナーが出るとすぐバント。それが3回続いたとき、こんな試合見ていられないと帰ってしまった」と弔辞で述べた。

勝つことだけを目的にした戦術を嫌った。

2017（平成28）年、慶應義塾體育會創立125年記念展「近代日本と慶應スポーツ」に前田祐吉ノートが公開されていた。そこには、

「・ボーズ頭は決して高校生らしくない
・グラウンドへのお辞儀は虚礼である
・何故大声を出し続けるのか」
その下にEnjoy　Baseballとあって
「①各人がBestを尽くす
②Team mateへの気配り
③独自のものを創造する
④明るく堂々と勝つ」
との記述が見られる。

石井連蔵vs前田祐吉

早大石井連蔵、慶大前田祐吉とも、2度にわたって母校の監督をつとめている。

石井は、1958（昭和33）年春〜63（昭和38）年秋までと、88（昭和63）年春〜94（平成6）年秋まで。

監督時代の成績は337試合、172勝、145敗、20引き分け、勝率5割4分3厘。優勝4回。

前田は、1960（昭和35）年春〜65（昭和40）年秋までと、82（昭和57）年春〜93（平成5）年秋まで。

監督時代の成績は453試合、268勝、166敗、19引き分け、勝率6割1分8厘。優勝8回。

では、2人の直接対決、早慶戦の戦績はどうだったのか。○●を早稲田側から見ると。

1960年春●●　優勝法大、早大②、慶大③
　　　秋○●○　優勝決定戦△△○　優勝早大、慶大②
1961年春●●　優勝明大、慶大②、早大④
　　　秋●○●　優勝法大、慶大③、早大④
1962年春●●　優勝法大、慶大③、早大④
　　　秋●○●　優勝慶大、早大⑤
1063年春●○●　優勝慶大、早大⑤
　　　秋●●　優勝法大、慶大②、早大⑤

この年で石井監督は退任する。前田監督も2年後に退任するが、前田監督は1982年、石井監督は1988年に再度監督に就任した。

1988年春●●　優勝法大、慶大②、早大③
　　　秋●○●　優勝法大、慶大②、早大③
1989年春○●○　優勝法大、早大②、慶大④
　　　秋○●○　優勝立大、早大③、慶大④
1990年春○●○　優勝早大、慶大③
　　　秋○●●　優勝法大、慶大③、早大④
1991年春●●　優勝慶大、早大④
　　　秋●●　優勝慶大、早大④

57年ぶりに全勝優勝して胴上げされる前田監督（慶應義塾野球部史下巻から）

早慶6連戦で優勝の胴上げをされる石井監督

1992年春○○　優勝明大、早大③、慶大⑤
　　　　秋●○●　優勝慶大、早大②
1993年春○○　優勝明大、早大②、慶大④
　　　　秋△○○　優勝早大、慶大④

この年で前田監督は退任、石井監督も1年後に退任した。2人が直接対決した早慶戦の○●を合計すると、早稲田21勝、慶應30勝、引分け3という成績だ。

前田「エンジョイ・ベースボール」が石井「精神野球」を凌駕したことになる。リーグ戦で優勝して天皇杯を獲得したのは、前田監督が18年間で8回、石井監督は13年間で4回だ。

もっとも現役時代の石井連蔵は、飛田穂洲から「戦後の六大学野球NO1プレーヤー」と激賞されたスーパースターだった。2年生の秋は優勝投手。キャプテンだった1954（昭和29）年秋は4番打者として打率3割7分5厘で首位打者に輝き、天皇杯を受けている。

エンジョイ・ベースボールは、戦前の名監督腰本寿が唱え、1928（昭和3）年秋に10戦10勝の全勝優勝。その記念としてストッキングに白線を入れた。２本目の１９８５（昭和60）年秋の全勝優勝（引分け１）は監督が前田だった。

エンジョイ・ベースボールについて、前田が『野球と私』（青蛙房２０１０［平成22］年）に書いている。《この言葉は単にワイワイとたのしもうというのではなく①チーム全員がベストを尽くす②仲間への気配りを忘れない。これはチームワークと言い換えてもよい③自ら工夫し、自発的に努力する、という３つの条件を満たして、はじめて本当に野球を楽しむことが出来るし、楽しんでこそ上達するのだという考え方である》

野球部員を大人として扱い、自主性を重んじる。ごく当たり前のことをいっているのだが、高校時代に、監督絶対の「野球道」を叩き込まれた選手たちの方がとまどった。

２０１０（平成22）年春に監督に就任した江藤省三は、現役時代、前田「エンジョイ・ベースボール」の薫陶を受け、キャプテンもつとめた。

しかし、監督就任直後「エンジョイ・ベースボールを封印」という報道が流れた。

「エンジョイを選手が勝手に解釈して、誤解している。遊びのつもりでやって勝てるはずはない」と江藤。小泉信三の「練習は不可能を可能にす」を使って、選手たちに「勝つために苦しい練習に耐えるのだ」と諭した。

江藤は２０１０（平成22）年春から２０１４（平成26）年春までの9シーズンで天皇杯を3度受けている。

早大の長髪はいつから？

長髪の慶大はスマート、丸刈りの早大は野暮――。

いつ早大の選手が丸刈りから解放されたのか。1987（昭和62）年卒の鳩貝順一キャプテン（2019［令和元］年現在55歳、現東京ガス、国学院久我山）のときと分かった。

前年3月にハワイ遠征があり、その際、飯田修監督が「坊主に学ランではまずいのではないか」と話したのがきっかけだった。

長船騏郎東京六大学野球連盟事務局長（早大OB、2007［平成19］年没、83歳。野球殿堂入り）と早大教授・正田健一郎野球部長の了承を得て、坊主を廃止した。坊主は法政だけになり、立教と明治は学ランを廃止しブレザーを着用していた。

角帽を被る選手がほとんどいなくなった。「早稲田は色気づいたな」と言われないよう必死に練習したが、その年はBクラス（春4位、秋5位）で終わった（鳩貝主将）。

では、伝統の坊主頭はいつから始まったのか。

『白球の絆―稲門倶楽部の100年』（早稲田大学野球部稲門倶楽部2010［平成22］年）の著者で野球部OBの生原伸久＝元産経新聞記者、1963（昭和38）年卒、アイク生原（野球殿堂入り、1992［平成4］年没、55歳）の弟＝に尋ねると「伝統の丸刈りがいつからか、実ははっきりしないのですが、創部当時からのようです」。回答の要旨は、以下である。

①1901（明治34）年11月の早稲田大学野球部創立当時から丸刈りだったらしい。

創立メンバーのユニフォーム写真には一部長髪もいるが、別に全員丸刈りの私服写真もある。

②1905（明治38）年第1回アメリカ遠征は全員長髪。その後もアメリカ遠征だけは長髪だが、帰国後

早大　50年ぶり決戦制す

野球

東京六大学　優勝決定戦　3日

「持っている」斎藤　本領

ハイライト

7回まで無安打無失点

いずれも朝日新聞のスポーツ面

は丸刈りだったらしい。

③1943（昭和18）年「最後の早慶戦」（戸塚球場）では全員丸刈り。

④早大野球部には正式な記録としての「部則」はない。初代野球部長・安部磯雄の「フェアプレー精神」に基づく教えを、初代監督・飛田穂洲（1907〔明治40〕年入部）が1939（昭和14）年創刊の稲門倶楽部報『稲門』に「建部精神」として書いた。

現在も野球部に残されている「野球部愛」「練習常善」「部員親和」「品位尊重」「質素剛健」「他人迷惑無用」6箇条の「部訓」は、この「建部精神」の心を要約したものといっていい。従ってこの「部訓」も、いつ、誰が書き残したかは定かでない。

「持ってる男」斎藤佑樹

早大　50年ぶり決戦制す

「持ってる」斎藤　本領／7回まで無安打無失点

早慶6連戦以来の早慶による50年ぶりの優勝決定戦だった。それを10―5で楽勝し、明治神宮大会でも優勝して日本一になってしまった。

リーグ戦と明治神宮大会の優勝祝賀会で鏡開きをする斎藤キャプテン（左から４人目）。その左は奥島総長。

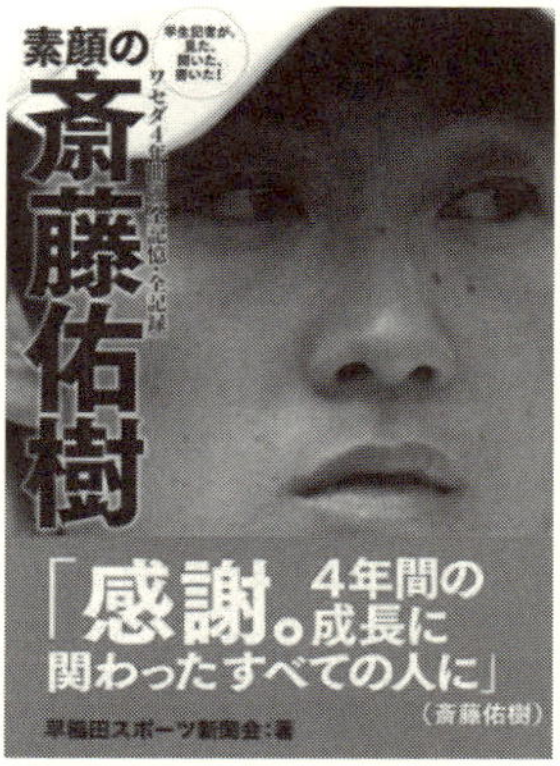

早稲田スポーツ新聞会:著『素顔の斎藤佑樹』

ハンカチ王子斎藤佑樹投手が、早大野球部の第100代主将として達成したものだ。強運な男である。

▽優勝決定戦（2010［平成22］年11月3日）

早稲田	300	012	103	10
慶　応	000	000	050	5

リーグ戦最終週の早慶戦で1勝すれば優勝だった。それが1回戦0－2（斎藤負投手）、2回戦1－7で連敗。慶應と同率首位となって、優勝決定戦にもつれ込んだのだ。

タラレバでいえば、第4週の東大1回戦で、35連敗中の東大に敗れなければ、早慶戦前に優勝が決まっていたのだ。

朝日新聞の記事に、慶應の江藤省三監督の話が載っている。「彼は日本シリーズの第7戦に出てきて勝つ。そういう強さを持っている」

余談ながら、東大に1敗して優勝するのは珍しいと思って調べてみると、東大に連敗、勝ち点を落として優勝した例があった。1975（昭和50）年秋の明大である。

明大は春のシーズンに優勝し、東大とは秋のシーズンに第1週で対戦した。●明大1－3東大○、●明大3－4x東大○。2試合とも逆転負けだった。

明大の監督は御大島岡吉郎だった。選手全員を丸坊主にしたうえ、グラウンド20周の懲罰ランニング。そのカツが効いたのか、明大は残り4校から勝ち点をあげ、春秋連続優勝を果たした。

本題に戻って、春の早慶戦も優勝がかかっていた。勝点をあげたチームが天皇杯を手にする。斎藤は第1戦を完投したが、1－2で敗戦。2回戦は早大が4－2でものにして1勝1敗。第3戦は、むろんキャプテン斎藤投手が先発した。ところが3回2失点で降板した。自身最短のKOだった。試合も4－6で負けた。よほど口惜しかったのか、記者会見の席に姿を現さなかった。

ハンカチ王子が早大に入学して、女性ファンが神宮球場に押し寄せた。早稲田スポーツ新聞会も、佑ちゃん本を出版した。

『素顔の斎藤佑樹』。副題に――学生記者が見た、聞いた、書いた！ワセダ4年間の「全記憶・全記録」。

《早稲田大学4年間の野球生活で目覚ましい成績と、「不死鳥伝説」と謳われる強い感動を残した斎藤佑樹君。初々しい入学時から主将としてチームをまとめた4年生時までのインタビュー、大学公式全試合レポート、学生担当記者が聞いた本音、貴重なスナップショット、キャンパス周辺での横顔など、強い共感でまとめる決定版「斎藤佑樹君ＢＯＯＫ」です》と内容紹介にあった。

小井土桂第22代ケイスポ編集長

川崎彩乃投手

小林由佳マネ

先駆けの女性5人――野球部マネ、選手、編集長、チアリーダー、リーダー第1号

2018（平成30）年慶應義塾野球部に女性マネジャーが初めて生まれた。法学部4年の小林由佳。春のシーズンに神宮球場のネット裏下通路で、自販機で飲み物を買う彼女にばったり。「写真を撮らせていただけますか」と声をかけると、すんなりOKしてくれた。素直で、気分がよい。小・中白百合→慶應女子高というから当然か。

小林がベンチ入りした春のシーズンは優勝。秋は早慶戦で勝ち点をあげれば、秋春秋と、3連覇だったが、初戦勝利の後、2連敗。まさかの敗戦だった。悔し涙を流したはずだ。

ケイスポ（慶應スポーツ）のHPにこうあった。《高校時代から名をはせたスターがいるわけではない。エースは甲子園の土すら踏んでいない。大学日本代表に選ばれた選手はいない。4年の選手36人全員が（卒業後）野球を続けない》。大久保秀昭監督、河合大樹主将（関西学院）の下で血のにじむような努力を重ねた雑草集団、それを支えたのが小林だった。

「カッセワセダ!」と指揮をとる木暮リーダー

高山藍子バトントワラー初登場

慶大初の女性部員だったのが、2016(平成28)年卒の川崎彩乃投手(駒沢学園女子高)。横尾俊建キャプテン(日大三高、現北海道日本ハムファイターズ)時代だ。身長157センチの右腕からMAX110キロを投げた。残念ながらベンチ入りはできず、始球式で憧れの神宮球場のマウンドに立った。

川崎が入部したのは、大久保監督の前任江藤省三監督時代。江藤監督は「塾の精神から、これは断ってはいけないでしょう」と同席の野球部長からいわれたという。

1978(昭和53)年創刊の「慶應スポーツ」に初の女性編集長が誕生したのは2000(平成12)年だった。法学部3年の小井土桂(当時21歳)。第22代編集長。毎日新聞夕刊の「ひと模様」で紹介されたが、3年部員は7人で、4対3で女性上位だった。「コワいけど根はやさしい!?」と。

女性編集長は、その後2014(平成26)年の第36代杉本理沙、2019年の第41代川上侑美の計3人。

ケイスポより19年先輩の1959(昭和34)年創刊「早稲田スポーツ」には、まだ女性編集長は生まれていない。

60年安保の年の秋の早慶戦(早慶6連戦)で、慶大の応援席にバトントワラーが初登場した。高山藍子。当時慶應女子高生。

慶應応援指導部の大塚欽司団長が『慶應義塾 野球部史』に書いている。

《女子高にバトンの上手な子がいるのを知り、秘密練習を開始した。女子による応援のリードなど考えても見なかった時代。当日、彼女がメーン台に上がった。伝統ある六大学リーグ戦史上初の女子リーダー登場の瞬間であった》

《満員のスタンドは一瞬シーンとなった。そして「若き血」に合わせて軽やかなチアーリーディングをはじめると、嵐のような拍手が湧きおこった。塾生は支持してくれたのである。翌日、すべての新聞が高山藍子を写真入りで紹介し、この新しい応援の始まりを伝えた》

早稲田の応援団というと、やじ将軍・ヒゲの吉岡信敬（1885〔明治18〕～1940〔昭和15〕）＝バンカラのイメージだが、2013（平成25）年に女性リーダーが初めて登場した。当時法学部3年の木暮美季（当時21歳）。早大本庄高等学院の出身で、早慶戦でセンターリーダーもつとめた。

競技スポーツセンターのHPによると、2018（平成30）年の応援部員は男子48人、女子122人で女性上位。1977（昭和52）年にバトントワラーが登場し、1989（平成元）年にチアリーダーに変わったとある。

神宮球場で娘さんと観戦の大道。都市対抗野球で始球式。大昭和製紙の遊撃手として活躍
（左から、2018 年春、2009 年8月、1949 年8月）

100歳長寿の野球人生

２０１９（令和元）年に１００歳を迎える早大野球部ＯＢがいる。戦前の早慶戦に出場した大道信敏（旧姓中島）である。今でも毎シーズン、神宮球場で母校の試合を見続けている。

大道は佐賀県出身。佐賀師範付属小学校から佐賀商、１９３７（昭和12）年に早大に入学、野球部に入った。小学校の時、全国大会で上京したが初戦で敗れた。佐賀商では１９３５（昭和10）年の夏の甲子園大会に初出場。２番セカンドで出場したものの、これも初戦で早実に敗れた。

早慶戦の記録を調べると、大道は１９４０（昭和15）年春から遊撃手として先発出場している。翌春も出場した。その年の9月に繰り上げ卒業、八幡製鉄に就職したが、召集で10月1日に陸軍の大刀洗飛行場（福岡県）の高射砲部隊に入隊した。従って１９４３（昭和）18年10月16日の学徒出陣壮行早慶戦（最後の早慶戦）には出場していない。

スター選手だった松井栄造（岐阜商）、辻井弘（平安中）ら同期の５人が戦死している。

戦後、八幡製鉄に復職。１９４６（昭和21）年末に退職、同じ野球部に

慶應義塾大学新聞の早慶戦特集号（慶大田浦正昭、早大鈴木悳夫両キャプテン）

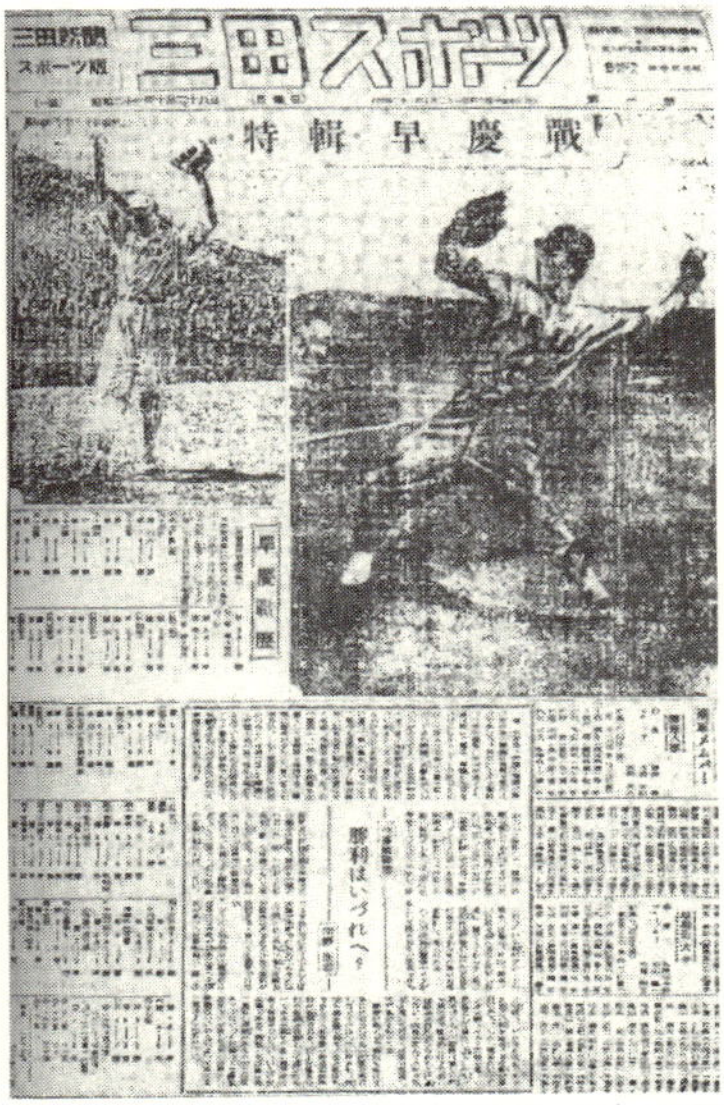
三田新聞
スポーツ版
三田スポーツ
特輯早慶戰

三田新聞スポーツ版「三田スポーツ」の早慶戦特集（1946年10月28日付）

いた投手末吉俊信（小倉中）を連れて上京、早大に入学させたという。

横浜金港クラブで野球を続けていたが、大昭和製紙の野球部結成に参加。1949（昭和24）年の都市対抗野球に出場し、1番遊撃手で大活躍。決勝で別府星野組に敗れたが、この大会のMVP荒巻淳投手から左翼席にホームランを放ち、久慈賞（敢闘賞）を受けた。

大昭和製紙は定年まで勤めあげたが、野球人生は今でも続き、2009（平成21）年には80回を迎えた都市対抗野球大会で、孫とバッテリーを組んで始球式を行っている。

早大野球部生みの親の安部磯雄（野球殿堂入り）を今でも尊敬していて、「先生は、スポーツマンは心に一点のシミをつくるべからず。白球のごとくあれ」といわれた。

「一球入魂ではなく、一吟入魂で、毎朝富士山に向かって、『日本棒球の父安部磯雄を讃ふ』という漢詩を吟じています。健康法でもあります」と語っている。

早慶戦特集号のさきがけは「三田スポーツ」

「早稲田スポーツ」（早スポ）は、「明大スポーツ」を倣った、と書いてきた。では、学生スポーツ紙のさきがけはというと、慶應義塾なのである。

「三田新聞」が戦後間もない1946（昭和21）年10月28日付けで「三田新聞スポーツ版」第1号を発行して、野球の早慶戦を特集しているのだ。

慶大大島信雄、早大岡本忠之両エースの写真を大々的に扱い、記事は3本。両軍メンバーと、1925（大正14）年に早慶戦が復活して以来の勝敗表、それに読売新聞運動部長宇野庄治（京大ラグビー部OB）の予想である。

翌1947（昭和22）年春から「三田新聞」と「早稲田大学新聞」合同編集で早慶戦特集号が発行されるようになった。

その後、1949（昭和24）年6月30日付けで「三田スポーツ」創刊号が発行された。タブロイド版4ページ、1部5円。編集発行人は田中知三郎（1986［昭和61］年没、70歳）だった。長男の正己は元慶大ラグビー部。1971（昭和46）年の早慶戦でフランカーとして出場、2トライの活躍をしている。

「三田新聞」は1917（大正6）年創刊の大学新聞のさきがけで、戦時中休刊に追い込まれたが、戦後復刊して、復員した田中が「まず福澤諭吉より始めよ」と論説を書いた。福澤諭吉は慶應義塾創設の際、運動場をつくって塾生にスポーツを勧めた。その精神を田中が汲んで、学内スポーツ新聞をつくったと思われるが、「三田スポーツ」の題字で第2号が発行された形跡がない。「慶應スポーツ」（慶スポ）とは別媒体である。もうひとつ、「慶應義塾大学新聞」が週刊誌スタイルの早慶戦特集号を出していた。1962（昭和37）年春発行の特集号の編集後記に「これまで11号」とあるので、逆算すると、1956（昭和31）年秋から早慶戦特集号を発行していたのか。

残念ながら「三田新聞」「早稲田大学新聞」「慶應義塾大学新聞」とも、現在は発行されていない。春秋の早慶戦で1部100円で売られているのは、早スポと慶スポである。

大隈重信

福澤諭吉

福澤諭吉と大隈重信

慶應義塾の創設者福澤諭吉と、早稲田大学の創設者大隈重信の関係を見ておきたい。ふたりは3歳違い。以下は大隈の証言である。

《吾輩が福澤先生を始めて知つたのは、明治四年の暮か、五年の初めで、廃藩置県の実施された時であつたと思ふ。一度知り合つてからは、非常に懇意になつて、先生が吾輩の處へ来ると、家内共まで懇意になつて居るから、一緒に晩飯を食べる事もあつたが、先生は酒が強く食事が長いから、且つ喰い且つ話して、夜も更ける處で、膳を片附けようとすると、未だ未だと云ふ風で家内を相手に酒を飲んで、却々（なかなか）良く話し込んで居つたのである。殊に政治上の秘密談は此家の奥にある一室で、他人を入れないで、家内が酌をしながら話をするやうな事が多かつた》（高橋義雄著『福澤先生を語る――諸名士の直話』箒庵高橋義雄編、岩波書店1934［昭和9］年刊）

諭吉が綾子夫人のお酌を受け、くつろいでいる姿を彷彿させる。毎日新聞社のある竹橋から九段下へ向かって左側に「大隈重信侯　雉子橋邸跡」の記念碑がある。早稲田に移る1884（明治17）年まで大隈邸はここにあった。この邸でのことだろう。

大隈は別のところで、福澤邸でご馳走になったことを話している。

2人は開明派で、「日本の近代化には、まず鉄道建設」という考えも共通していた。諭吉はヨーロッパで初めて鉄道に乗り、「蒸汽車」を初めて日本に紹介した。大隈は、伊藤博文らとともに鉄道建設を進めた。

《福澤先生は、深切で且つ注意深い人で、吾輩などのような、乱暴な遣り口を非常に危険がつて、度々忠告をされた事があります。併しながら明治14年の国会開設計画に就いては、非常なる勇気で賛成されました》

参議大隈は、伊藤博文、井上馨らと国会開設を図り、福澤諭吉には新聞を発行して世論喚起を頼んだ。ところが、《吾輩が福澤と謀叛を企てたと云ふ噂が立ち》、御前会議で唐突に大隈は参議を罷免される。1881（明治14）年10月11日だった。「明治14年の政変」である。

大隈43歳、福澤46歳だった。

参議・大蔵卿の大隈は、その年の5月末に統計院を創設、国勢調査の重要性を訴えるが、福澤諭吉の推薦で慶應義塾の人材を迎え入れていた。矢野龍渓（本名・文雄）、牛場卓蔵、中上川彦次郎、尾崎行雄、犬養毅ら。

小野梓の東大系「鴎渡会」グループ、高田早苗、天野為之、市島鎌吉らに、慶應義塾系が加わって、立憲改進党を結成（翌1982年4月16日）し、一方で早大の前身東京専門学校を開校する（同年10月21日）。その開校式に福澤は出席している。

一方、福澤は、それより前の同年3月1日、独自に日刊紙「時事新報」を創刊する。

◇

福澤諭吉は、1901（明治34）年2月3日、66歳で亡くなった。従って早慶戦の始まりを知らない。

2017（平成29）年秋、慶應義塾體育會創立125年記念特別展「近代日本と慶應スポーツ」が三田キャンパスで開かれた。その副題は「体育の目的を忘る丶勿れ」。1893（明治26）年3月23日の「時事新報」社説からで、執筆者は諭吉である。

《人間の教育は知識の一方のみに偏すべからず、身体を運動して筋骨を発達せしむること甚だ大切なり》スポーツの勧めである。会場には諭吉の書「身体健康精神活溌」も展示されていた。「健康」という言葉を最初に使ったのは諭吉だという。幼稚舎に「先ず獣身を成して後に人心を養え」という諭吉の教えがあり、ラグビー部もあるのだ。「塾生皆泳」でもある。

大隈も、スポーツには理解があった。野球部長安部磯雄の陳情に応えて、野球部創部2年目に戸塚球場（のち安部球場）をつくり、運動場は総面積5千坪のうち、3千坪を野球部に、2千坪を庭球部に充てた。日露戦争が始まっているのに、野球部のアメリカ遠征に5千円を出した。

日本で最初に始球式を行ったのは、大隈だ。それもタマがあらぬ方向に転がって、打者が空振りをする現在のスタイルにつながった。

ＮＨＫの人気番組「チコちゃんに叱られる！」２０１９（平成31）年4月19日放送で紹介された。１９０８（明治41）年11月22日、早大戸塚球場で行われた早大対米大リーグ選抜「リーチ・オール・アメリカン」戦。大隈の投げたタマは一塁側へ転がり、打席の早大一番打者キャプテンの山脇正治がとっさに空振りをしたのだ。大隈は69歳だった。

《人の元気を持続する方法は種々あるけども、身体の強壮を計るのが第一である》

《まず体育を根本として人の人たる形体を完全にし、而して後、道徳訓ふべく、知識導くべきのみ》

大隈の訓話からの引用だが、諭吉と同じことをいっているのである。

第4章

プレーバック「早慶6連戦」

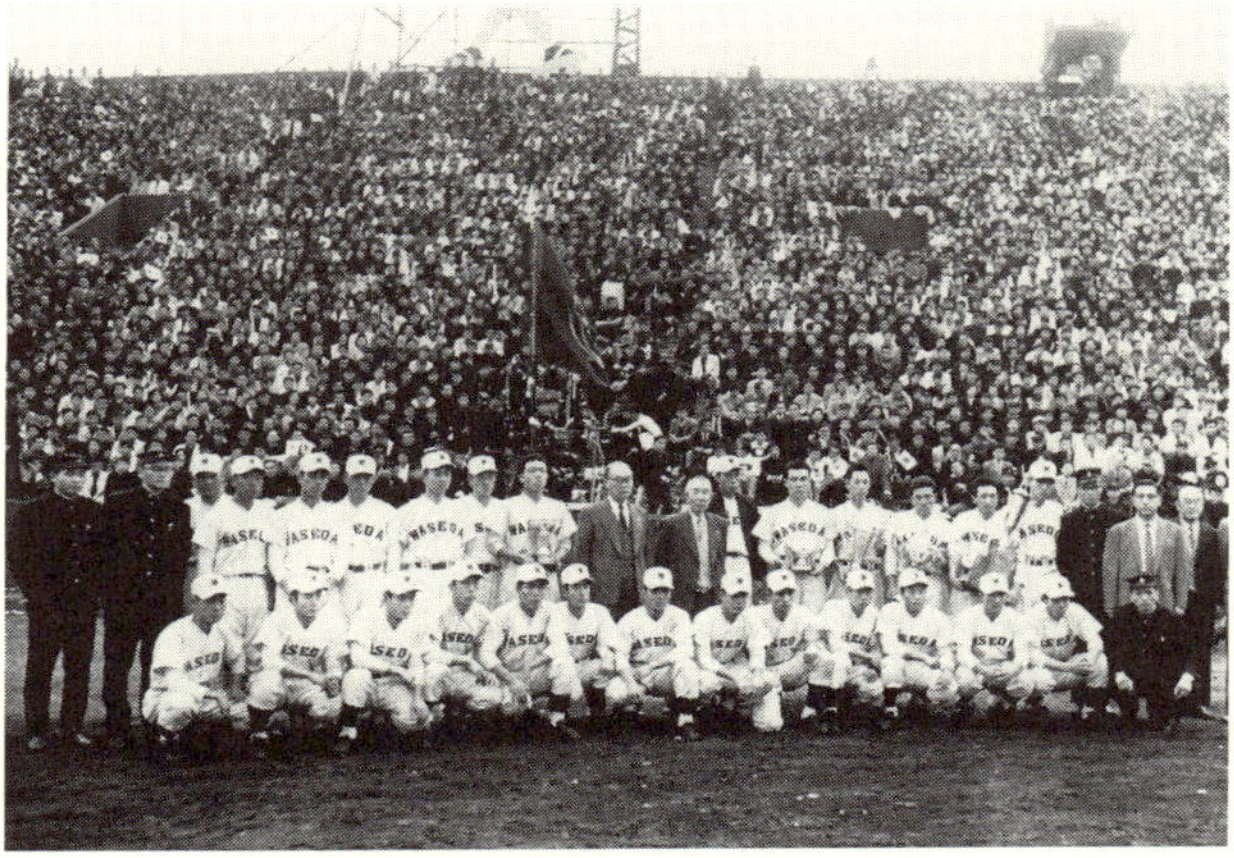

早慶6連戦に勝利して天皇杯を受け、記念撮影する早大ナイン（中央背広姿が外岡茂十郎野球部長、その右に飛田穂洲、石井連蔵監督、天皇杯を手に徳武キャプテン）＝1960（昭和35）年11月12日神宮外苑球場

早大3年・後藤譲のスコアブック

1960（昭和35）年安保の年の秋だった。リーグ戦最終週の早慶戦で早大は2勝1敗で勝ち点をあげて慶大と同率に並び、優勝決定戦に持ち込んだ。その優勝決定戦は、延長11回1－1、再試合も延長11回0－0、再々試合で早大が勝利して、優勝を決めた。

球史に輝く鉄腕安藤元博／驚異！　5試合完投564球

翌日のスポーツ紙の見出しである。3年生のエース安藤は、第2戦を除く5試合49イニングスを投げ抜いた。投球数は564球にのぼった。現在の野球では考えられない連投だった。

第3戦に、第2の「リンゴ事件」と思われる緊張した場面があった。本塁突入のキャプテン徳武定之が、慶大の大橋勲捕手に猛烈なスライディングをかましたのだ。タイミングは完全にアウト。しかし、捕手の落球で早大が得点をした。危険なプレーに、両軍選手が本塁上に集結して、乱闘が始まりそうになった。3塁側慶大応援席からモノが投げ込まれる。慶大の前田監督が三塁コーチボックスに立って、試合が再開された。

明治神宮野球場は、連日6万観衆で埋まった。入場券を買うために徹夜組が出た。法学部1年の武部勤（元衆議院議員、自民党幹事長）は、切符が売り出されるまでの間に、仲間に誘われて野球場隣のボウリング場（元東京ボウリングセンター、「近代ボウリング発祥の地」の碑が建つ）で初めて投げた。北海道斜里高校出身の道産子がボウリングにはまった。1964（昭和39）年に卒業するときは、ボウリング同好会のマネジャーだった。そして現在は公益財団法人全日本ボウリング協会会長である。

法学部3年の後藤譲（沼津東高）は、早稲田の学生席で全6試合スコアブックを付けた。この本に掲載したスコアブックは、後藤からお借りしたコピーである。

後藤は、現在もネット裏で早稲田の試合のスコアを付け続けている。

出版物では、『神宮の森の伝説―六〇年秋、早慶六連戦―』（長尾三郎著、文藝春秋１９９２〔平成４〕年刊）に続いて、『死闘早慶6連戦の深層―38万大観衆を熱狂させた男たちの証言』（中里浩章著、ベースボール・マガジン社２０１５〔平成27〕年刊）が刊行された。早大ＯＢの俳優・側見民雄が舞台で語っていた「嗚呼！華の早慶6連戦」は、今でも続いているのだろうか。

早稲田大学

部長：外岡茂十郎（法学部教授）
監督：石井連蔵（1955年商卒）
マネージャー：黒須陸男（文４、浦和高）

背番号	位置	氏名	学部	出身校
12	投手	金沢　宏	商４	岩国高
11		安藤　元博	教３	坂出商
15		坂本　周三	政３	市岡高
14		公文　博孝	政２	土佐高
22		矢島　邦英	商３	桐生高
26		田中　公男	法３	文京高
27		三井　健司	商１	市岡高
34		吉田　冨保	政１	川越高
6	捕手	野村　徹	政４	北野高
4		荒川　悌二	政３	水戸一高
8		鈴木　悳夫	教２	清水東高
7	一塁手	好田　稔	商４	滑川高
29		加藤　道春	政４	福島高
23		村上唯三郎	教１	西条高
2	二塁手	村瀬　栄治	教４	岐阜商
25		曽根　衛	商３	桐生高
◎10	三塁手	徳武　定之	商４	早実高
5		松岡　勝彦	文４	高松一高
9		岩本　光弘	政４	湘南高
28		岡田　紀明	教１	高松商
1	遊撃手	末次　義久	商２	済々黌高
8		角田　稔	文２	水戸一高
19	外野手	所　正美	教４	岐阜商
18		松葉　壮一	法４	芦屋高
13		奥村　孝弘	商４	岐阜高
17		前田　光雄	政４	堀川高
20		石黒　行彦	政３	仙台一高
16		伊田　保生	政３	明星高
21		鈴木　勝夫	商３	戸畑高
24		住沢　幸治	政２	日大二高
35		大井　道夫	商１	宇都宮工

慶応大学

部長：山本登（経済学部教授）
監督：前田祐吉（1953年経済卒）
マネージャー：田代元則（政４、慶応高）

背番号	位置	氏名	学部	出身校
1	投手	三浦　清	政３	秋田商
2		丹羽　弘	法３	北野高
3		清沢　忠彦	政３	岐阜商
4		角谷　隆	文３	宇治山田
5		藤　五郎	文２	芦屋高
7	捕手	田中　勝芳	商４	沼津東高
8		夏目　操	経４	慶応高
9		大橋　勲	経２	土佐高
6		稲垣　孝	文２	岡崎高
11	一塁手	村木　博	文４	湘南高
12		福岡　啓助	商３	土佐高
13		平島　太助	政２	八女高
14	二塁手	近藤　良輔	商４	慶応高
15		島田誠次郎	経４	岸和田高
19		宮田　邦夫	文４	水戸一高
16	三塁手	村橋　哲夫	文４	岐阜高
17		田浦　正昭	商２	熊本高
18		津田　昌吾	文２	姫路南高
28	遊撃手	石丸　元旦	文４	豊多摩高
20		安藤　統夫	政３	土浦一高
27		北野　昭也	文２	川越高
29		石黒　和弘	法１	中京商
◎10	外野手	渡海　昇二	商４	芦屋高
22		山田　忠司	政４	慶応高
21		小島　郁夫	文４	岡崎高
23		山本　順三	文４	山城高
24		中山　隆之	商３	小倉高
25		島津　行高	文３	仙台二高
26		榎本　博明	文２	海南高
31		北川　公一	政１	甲陽学院

◎印は主将

私たち早稲田スポーツ新聞会も余慶にあずかった。早慶戦特集号が完売して、創刊から1年で背負い続けてきた借金を返済し、水面上に顔を出すことができたのである。

あれからほぼ60年――。鉄腕安藤投手は1996（平成8）年に56歳で亡くなった。早大石井連蔵、慶大前田祐吉両監督も、2015（平成27）年秋から2016年初めに相次いで逝去された。83歳と85歳だった。慶大のキャプテン渡海昇二も2016年に78歳で。

神宮球場のスタンドでよくお見かけするのは、慶大の清沢忠彦、早大の金沢宏両投手に、早大キャプテンの徳武定之、早大監督もつとめた野村徹らである。

では、6連載がどう展開されたのか、後藤のスコアとともになぞってみよう。

▽1回戦（1960〔昭和35〕年11月6日）

早稲田	000	010	100	2
慶　應	000	000	001	1

（早）○安藤－野村

（慶）●清沢、角谷、丹羽－大橋

スポーツ紙は連日フロント面を埋めて報道した。一般紙の「宅配」と違い、当時は駅の売店での「即売」がすべてだったスポーツ紙。紙面の出来栄えが売れ行きに影響した。コンビニがなかった時代である。

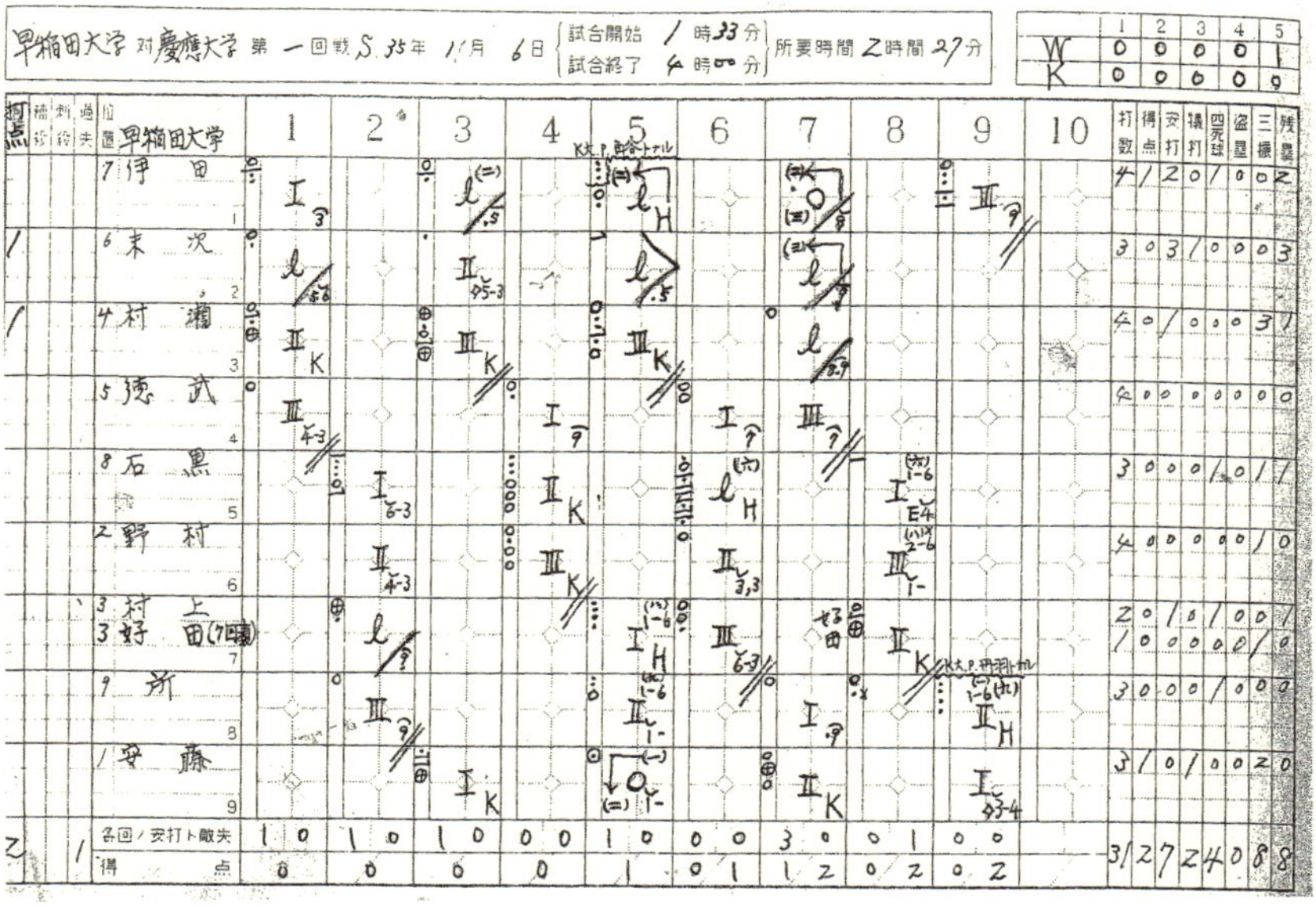

1960（昭和 35）年秋の早慶戦１回戦スコア［上＝先攻・早大、下＝後攻・慶大］

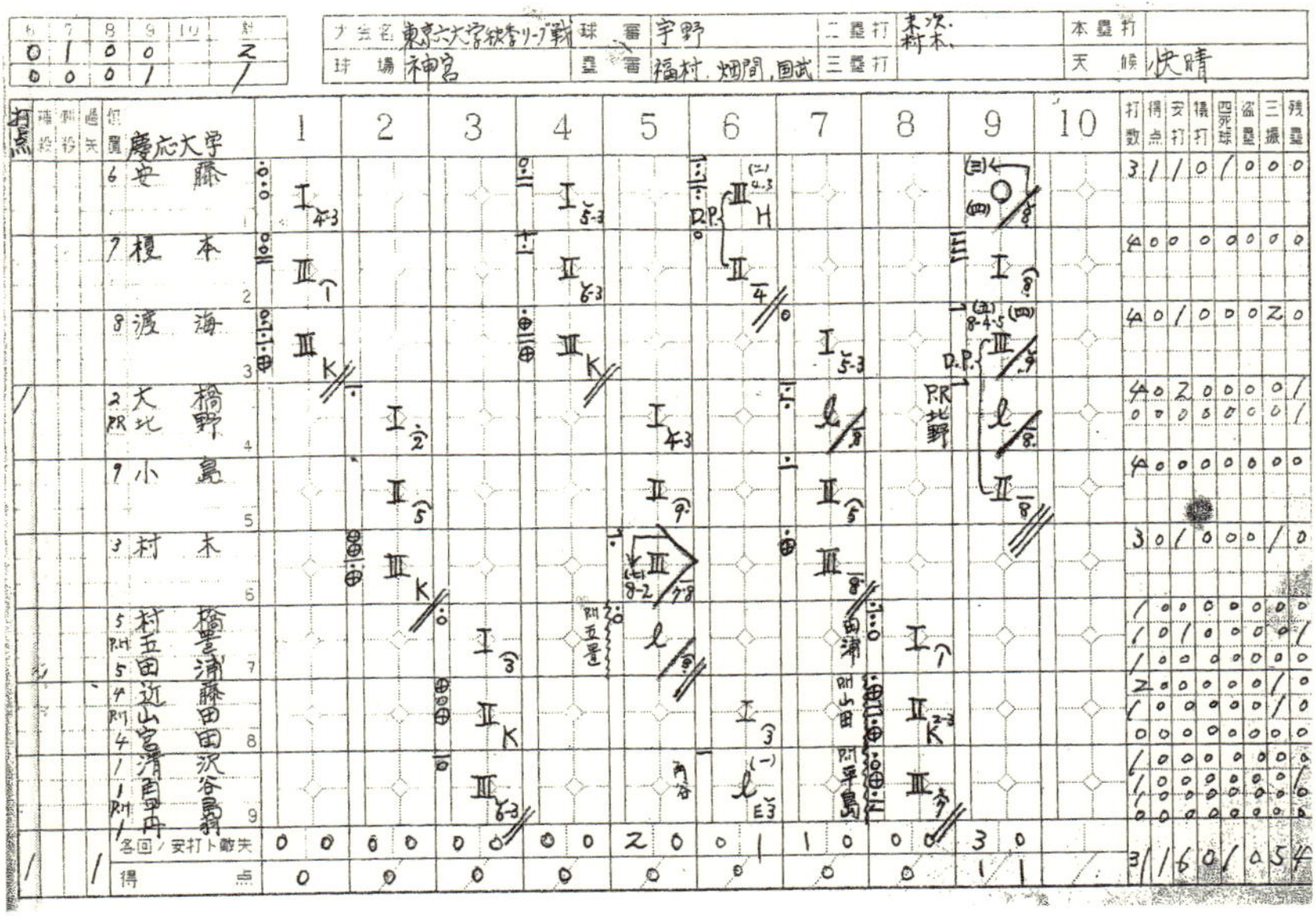

安藤好投・末次が先制打
早稲田、きょう勝てば優勝
清沢、角谷を痛撃
終回慶大の猛追も暴走でやむ

これはスポーツニッポン紙（以下スポニチ）の見出しだ。

この試合が始まる前のリーグ戦順位は①慶大8勝2敗、勝点4②早大7勝3敗、勝点3。慶大は勝点をあげれば8シーズン振りの優勝。早大は2連勝で3シーズン振りの優勝、2勝1敗だと、慶大と同率となって優勝決定戦——。

早慶戦の予想は「慶大有利」だった。早大は、直前の明大戦に敗れて勝点を失った。明大はこのシーズン、東大にも連敗して最下位に終わっている。その明大に敗れたのだから、評価を下げてもやむを得ない。

安藤・清沢の先発で始まったこの試合、先制したのは早大だった。五回先頭の村上が四球で出塁、所、安藤がバントを失敗して、一塁走者が二封された。2死一塁、トップ打者伊田のカウントが0－3となって、慶大は投手を清沢から角谷に替えた。伊田四球のあと、末次が三塁線を破る二塁打を放って安藤が生還した。

慶大はその裏、2死から村木が左中間へ二塁打。村橋の代打・玉置が中前安打、村木は本塁突入したが、センター石黒からの好返球でタッチアウトとなった。

早大は七回、2死から伊田、末次の連打で一・三塁のチャンスに、村瀬が中前打を放って伊田が生還。2点目をあげた。

慶大は最終回、先頭の安藤が二塁内野安打で出塁、1死後渡海が右前安打して、1死一・三塁。大橋の中前打で安藤が生還。さらに1死一・二塁、5番小島の打球はセンター後方へライナー。これを石黒が好捕して三塁へ送球。タッチアップして三塁へ走った渡海がタッチアウトとなって、ゲームセット。早大は優勝へ王手をかけた。

（注）試合経過は、東京六大学野球連盟発行の『野球年鑑』昭和35年版による。

▽2回戦（11月7日）

慶　應	120	000	001	4
早稲田	001	000	000	1

（慶）三浦、○角谷－大橋

（早）●金沢－野村

角谷、雪辱の好救援

慶大、きょう勝てば優勝

徳武、好機に三振

早大、1安打で涙のむ

立ち上がりの慶大の攻撃が見事だった。一回表、1死から榎本が四球で出塁して、すかさず二盗。2死後、打者大橋の時、榎本が三盗、あわてた捕手野村が三塁へ悪送球した。榎本は本塁へ走り、野村のタッチをかいくぐってホームイン。

二回は、小島の安打、村木の右翼線二塁打、田浦四球で無死満塁。近藤遊飛で1死後、慶大前田監督は先発の三浦に代打を送った。その玉置の初球が捕逸となって、小島が生還。玉置の一塁ゴロを村上が満塁と勘違いして本塁に送球して野選となり、さらに1死満塁。安藤は四球を選んで、村木が押し出しの生還だ。

追う早大は、三回1死後、所が左中間三塁打、金沢のライトフライが犠飛となって所が生還した。しかし、早大のヒットは、この1本だけ。《角谷のドロップが打てなかった》(スポニチ)。

殊勲者角谷隆、179センチ、67キロ。《きょうは正面から向かっていくピッチングをしようと思った。自分としては3回か4回投げられればいいと思っていた。ウチは投手が4人いますから(清沢忠彦、三浦清、丹羽弘と合わせ「四天王」と呼ばれた)》。

前半は直球勝負。長身からの速球はうなりを生じ、回が深まるとドロップとカーブを多投した。

榎本博明、身長163センチ、58キロと小柄だが、俊足だ。《1回の二盗はヒットエンドランのサインが出ていたので走ったが、三盗の方は単独で走った。ノーサインだったが、十分三塁を盗れる自信があったのだが、うまくいって何よりだ》

▽3回戦(11月8日)

榎本は翌1961(昭和36)年春のリーグ戦で5割1分7厘の驚異的高打率で首位打者になった。

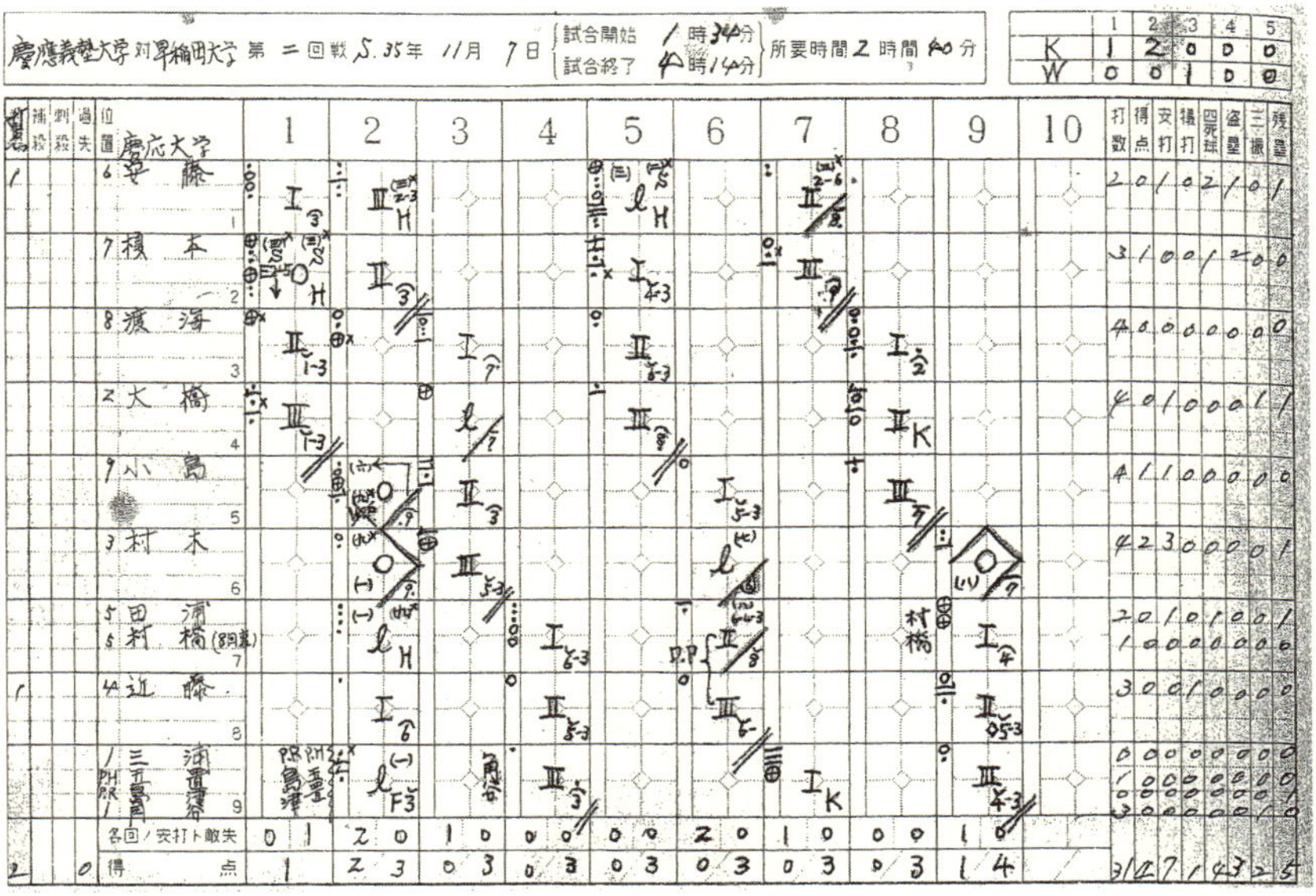

1960（昭和35）年秋の早慶戦2回戦スコア［上＝先攻・慶大、下＝後攻・早大］

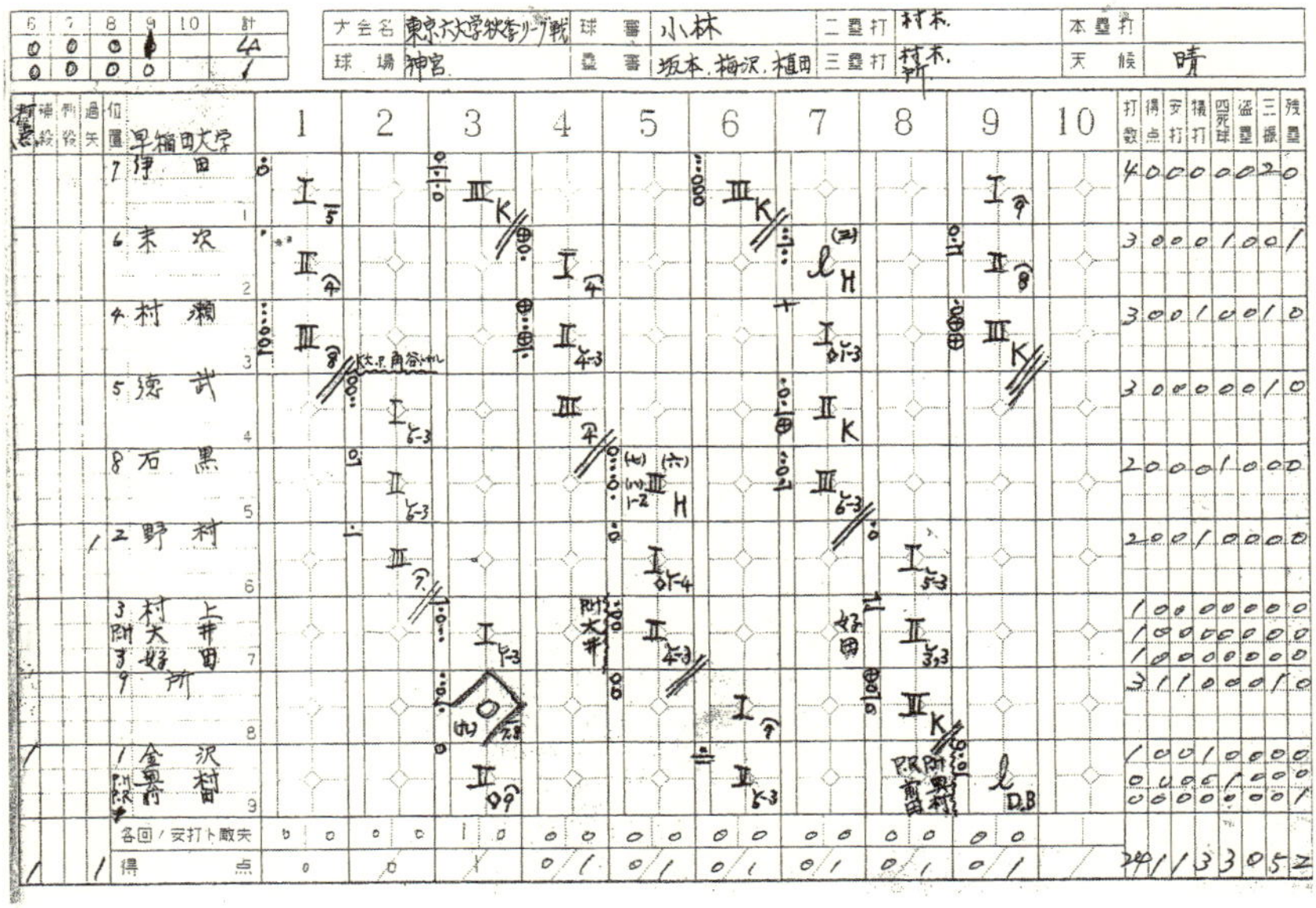

早稲田	100	000	011	3
慶　應	000	000	000	0

（早）○安藤－野村
（慶）●清沢、丹羽－大橋

殺気立つ早慶決勝戦
早大2勝きょう天皇杯かけて激突
あわや〝第二のリンゴ事件〟

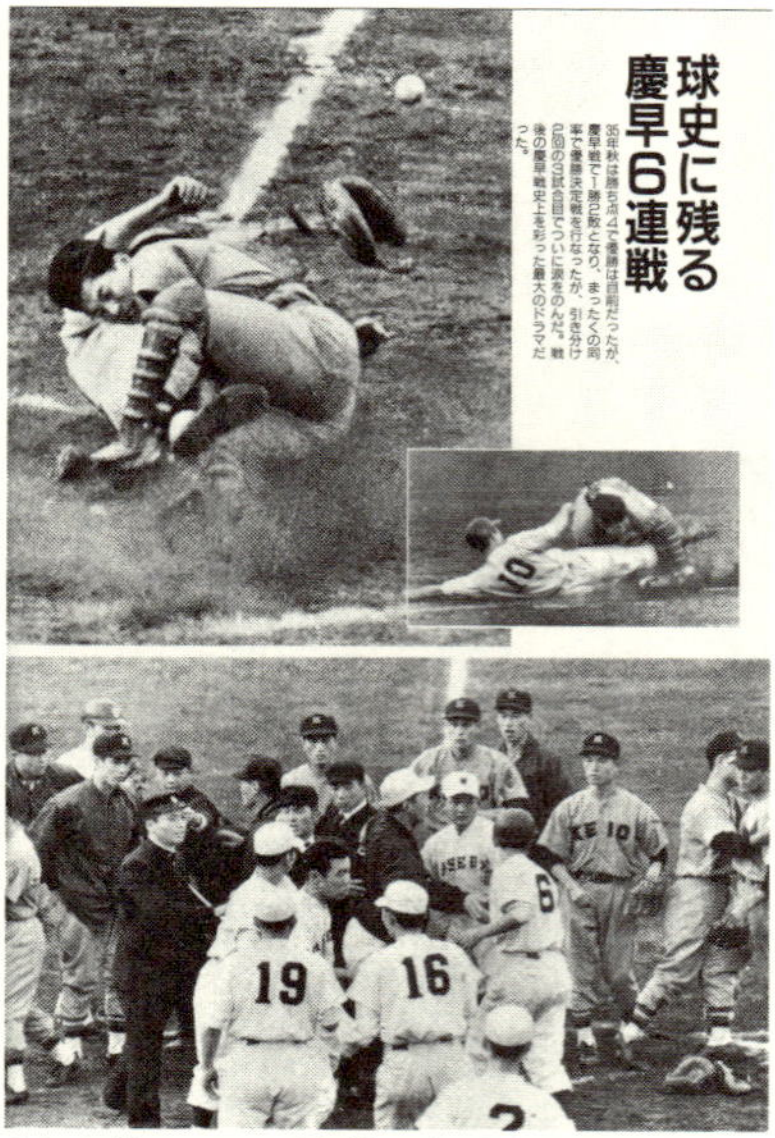

あわや第2のリンゴ事件。徳武主将の本塁投入
『慶應義塾野球部史』から）

徳武、猛烈な走塁
〝乱暴だ〟応援団が果物投げる

騒ぎは九回表に起きた。1死三塁から野村の遊ゴロで、三塁走者徳武がホームを突いた。《タイミングからいえば完全なアウトであったが、足からスライディングした徳武に大橋はタッチしたボールを飛ばされた》（スポニチ）。

3－0。徳武は足を高くあげて、大橋捕手に激

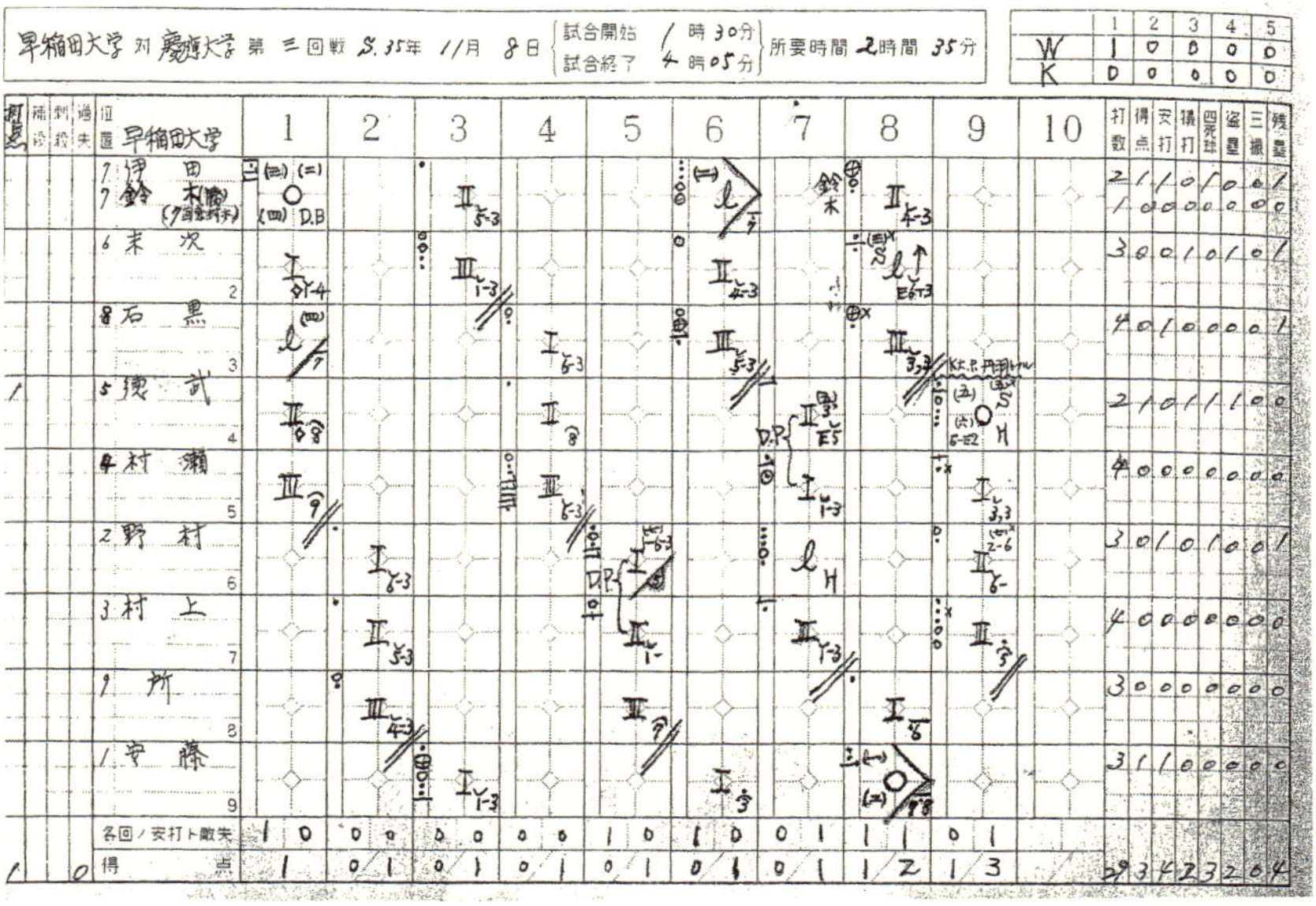

1960（昭和 35）年秋の早慶戦３回戦スコア［上＝先攻・早大、下＝後攻・慶大］

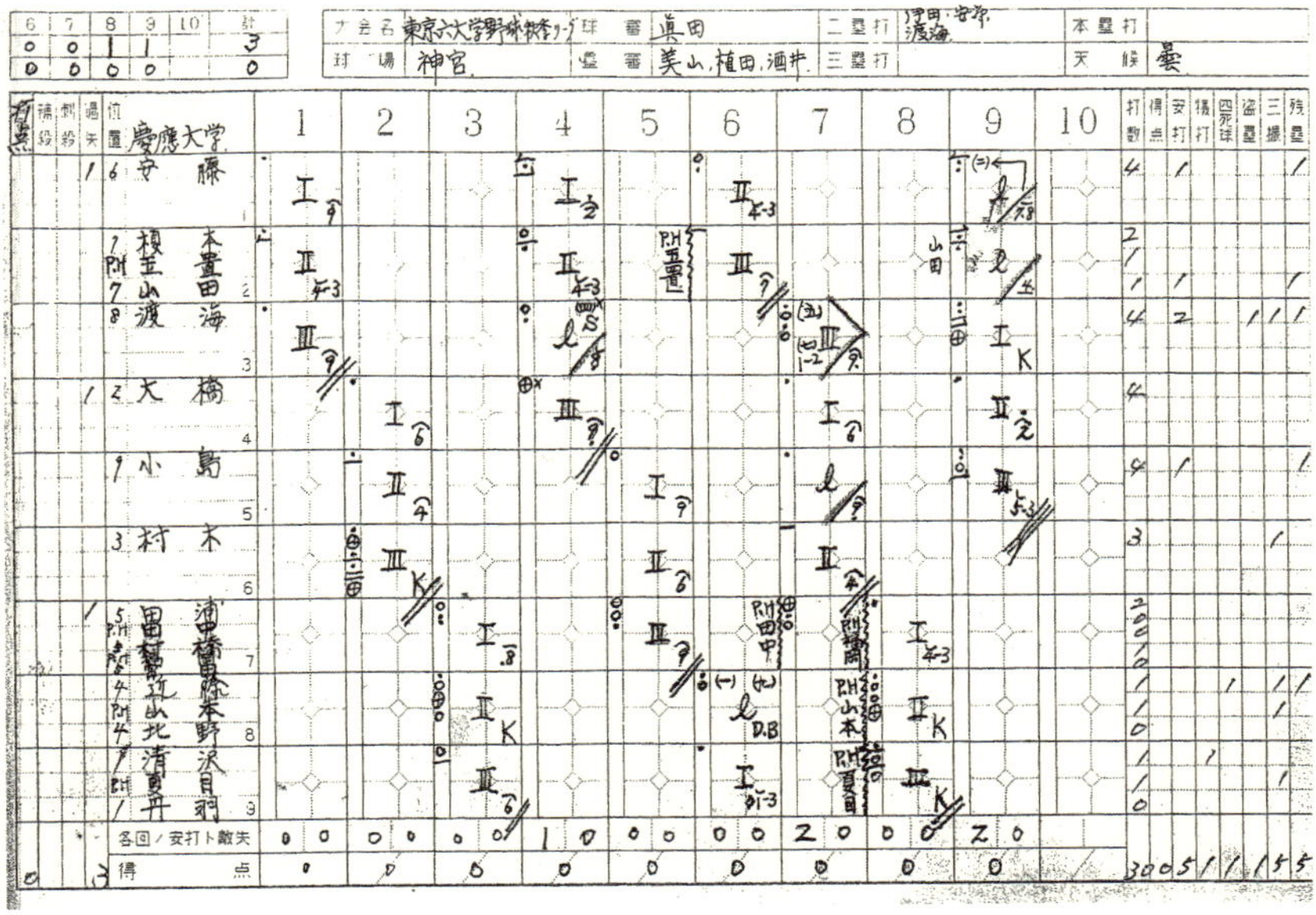

突した。ミットとボールが飛んでいるのが、映像に記録されている。

ラフプレーだ。慶大のキャプテン渡海はセンターからすっ飛んできた。本塁ベース上でもみあう早慶ナイン。早大石井、慶大前田の両監督が割って入るが、慶大応援席が収まらない。ミカン、リンゴなどがグラウンドに投げ込まれた。

その裏、徳武が三塁の守備につくと、またも慶大応援席からミカンやリンゴが投げ込まれ、早大ナインは一時ベンチに引き揚げた。

試合は6分ほど中断された。慶大前田監督は三塁コーチボックスに立って、両手をあげて、応援席の学生を制止した。ようやく試合は再開された。

安藤、慶大を完封
早慶三度目の優勝決定戦

早大が2勝1敗で勝点をあげた。この結果、早慶両校は9勝4敗、勝点4で並んだ。1939（昭和14）年秋以来の早慶2校による優勝決定戦に持ち込まれた。

▽優勝決定戦（11月9日）

早稲田	000	000	001	00	1
慶　應	010	000	000	00	1

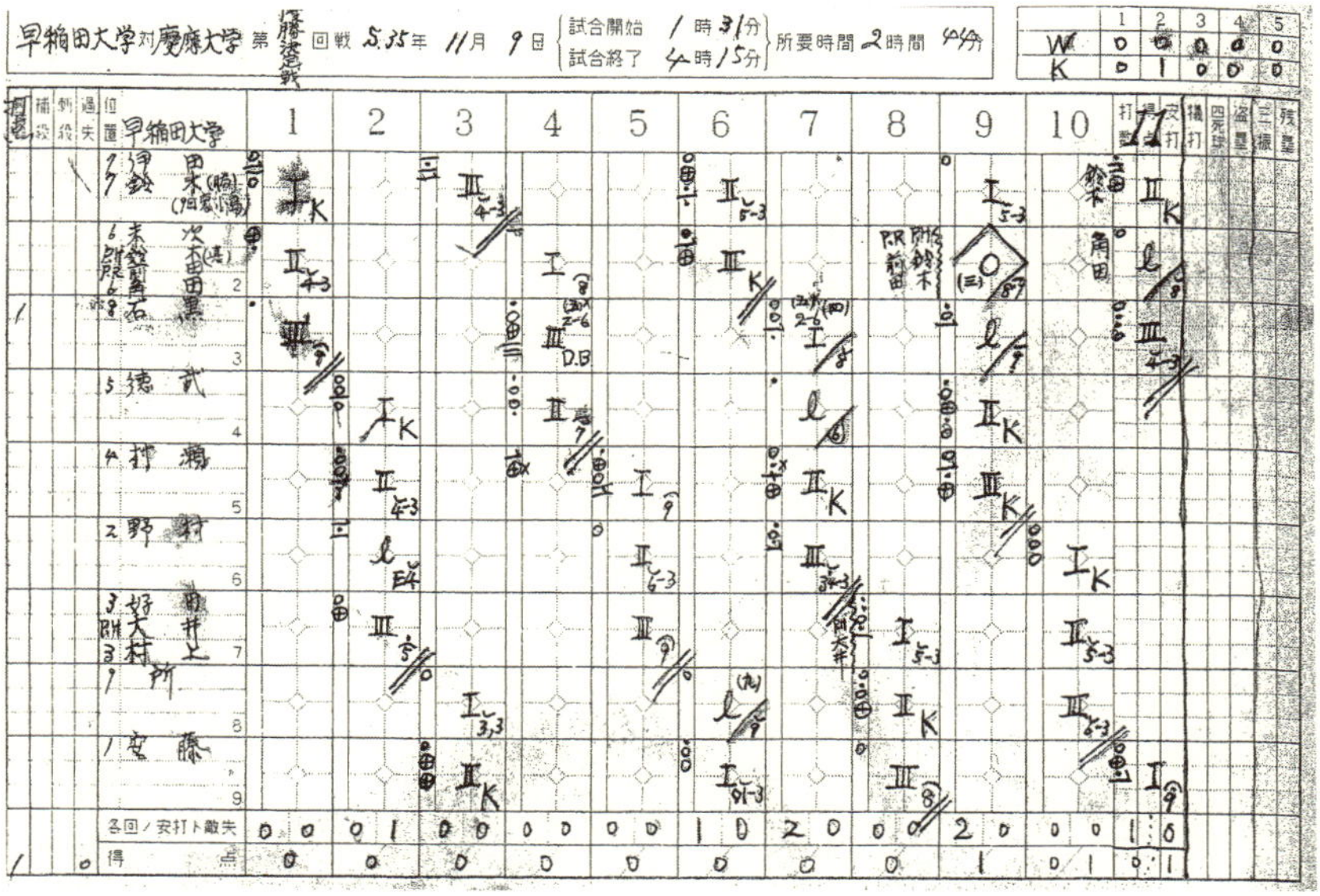

1960（昭和 35）年秋の早慶戦優勝決定戦スコア［上 = 先攻・早大、下 = 後攻・慶大］

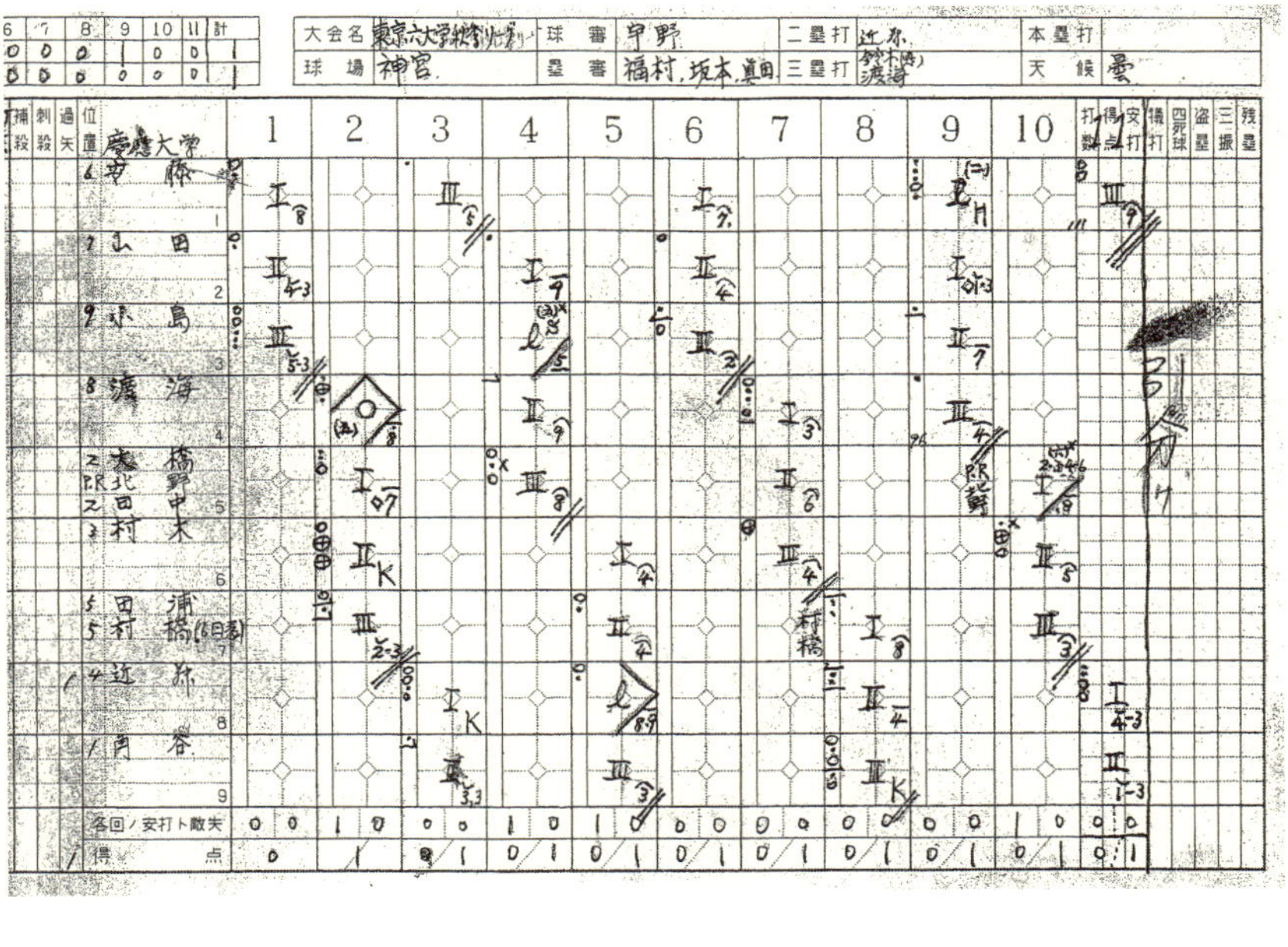

（延長11回引き分け）

（早）安藤－野村

（慶）角谷－大橋

早慶引分く

死闘11回で日没

安藤・角谷、腕も折れよと力投

鈴木悳　九回に一発

11日に再度優勝決定戦

慶大は二回裏、先頭の渡海がセンターオーバーの三塁打を放ち、大橋のレフトフライで先制のホームを踏んだ。

慶大角谷に1安打に抑えられていた早大は、七回石黒の中前打、徳武のショート内野安打で無死一・二塁のチャンスをつかんだ。打者村瀬のとき、捕手大橋の牽制で石黒が二塁でタッチアウトとなった。

しかし、九回、1死後、末次の代打鈴木悳夫が初球のカーブを右中間に三塁打。続く石黒は2ストライク1ボールと追い込まれながら、外角カーブを合わせて右前安打。代走の前田が還って、同点に追いついた。

延長十回、十一回、ともにゼロ。神宮球場には夜間照明の設備がなかった。十一回終了と共に、主審・宇野秀幸（法大ＯＢ）が石井、前田の両監督を呼びよせて協議した結果、日没引き分け、再試合となった。

《どちらも負かしたくない》《引き分けに終わりホッとした空気がスタンドに流れた》とスポニチにあるが、スタンドも緊迫した試合の緊張感から開放され、両チームの健闘をたたえあう大歓声が上がった。

殊勲の鈴木悳夫（清水東、2年、捕手、176センチ、74キロ、2007［平成19］年没、66歳）。《「好球は最初から打つつもりでした。手ごたえは十分でしたが、三塁打になるとは思わなかった。どうして三塁まで行ったのか覚えていません」》

▽優勝決定戦再試合（11月11日）

早稲田	000	000	000	00	0
慶　應	000	000	000	00	0

（延長11回引き分け）

（早）安藤－野村
（慶）角谷、清沢－大橋

早慶の死闘また引分け
きょう三たび優勝決定戦
安藤、不死身の三連投
延長11回、無死満塁も脱す

0－0。延長十一回裏、慶大はトップの安藤が四球で出塁、榎本とのヒットエンドランが決まって（右前安打）無死一・三塁。ここで早大は、レフト伊田とライト鈴木勝の守備位置を入れ替えた。肩が弱い伊田をライトに回した。慶大の3、4番を迎え、打球はレフトに飛ぶ確率が高いと読んだのだ。

投手安藤は、小島を敬遠して、満塁策をとった。打者は4番キャプテン渡海。初球を狙った渡海の打球は浅いライトフライ。タッチアップする三塁走者・安藤。早大ファンは誰もがサヨナラ負けを思った。ところが伊田のバックホームは野村のミットにワンバウンドで収まり、俊足安藤がタッチアウト。

なお2死二・三塁で一打サヨナラの場面。大橋を敬遠して再び塁を埋め、村木の代打田中を三振にし止めた。早慶6連戦史上最もドラマティックな場面だった。

慶大教授で、体育会理事をつとめた池井優著『陸の王者　慶應』（慶應通信社1995［平成7］年刊）に、こんな記述がある。

《早稲田は刻々と深まる夕闇を計算したかのように、次々と伝令を出して時間を稼ぐ。早大は、なんとか引き分けに持ち込もうとしていたのか。連日いま一歩のところで勝利を取り逃がしていた慶應は、翌日第六戦はついに精魂尽きて、早稲田の軍門に下り、連投の安藤に名をなさしめた》

朝日新聞は、夕刊最終版に「日没引き分け」を入れた。試合終了が午後4時38分。そこで輪転機を止めて、見出しを差し替え、十一回裏に「0」を打ち込んで、印刷を再開した。配達部数はわずかである。しかし、縮刷版に残る。それだけ「早慶6連戦」は世間の注目を集めたということである。

現在は新聞各社で降版協定を結んでいるから、夕刊に紙面化されるのは午後1時半ごろまでに起きた出来事である。

ちなみに、神宮球場の入場料は、学生券30円、一般内野券100円、外野券50円だった。

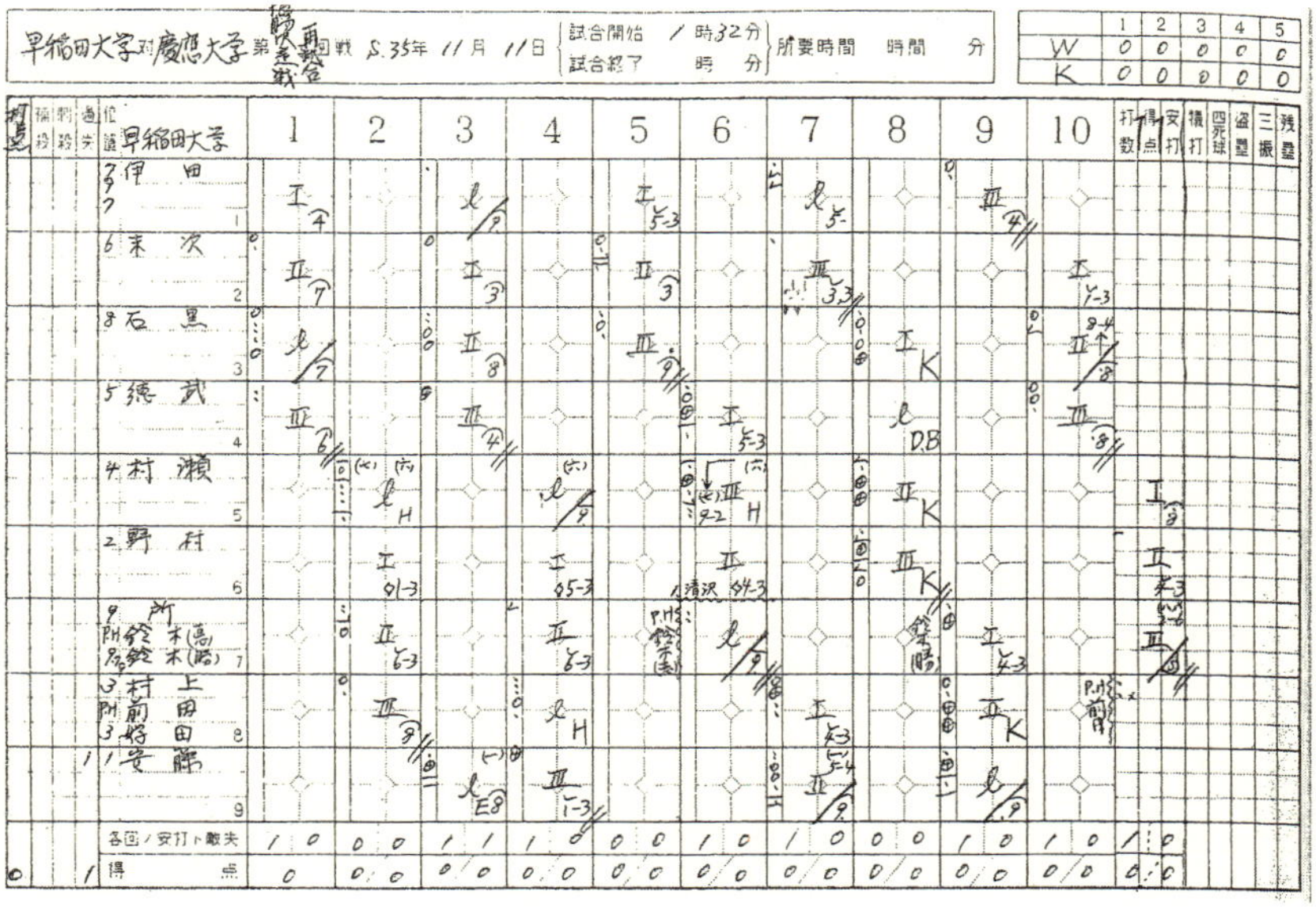

1960（昭和 35）年秋の早慶戦優勝決定戦再試合スコア［上＝先攻・早大、下＝後攻・慶大］

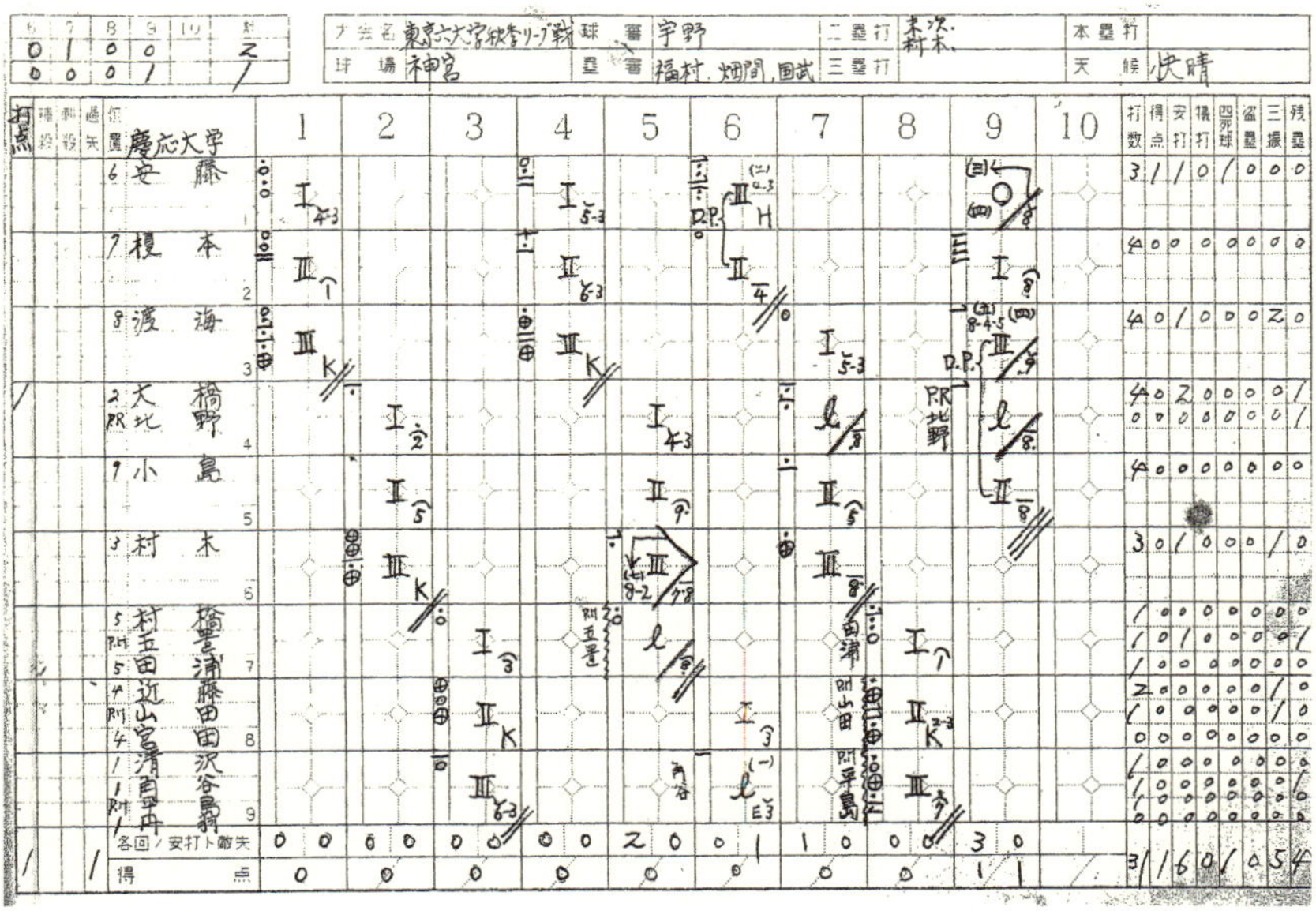

▽優勝決定戦再々試合（11月12日）

早稲田	020	010	000	3
慶　應	000	010	000	1

（早）○安藤－野村
（慶）●角谷、清沢、三浦、丹羽－大橋

胴上げされる安藤元博投手

声を限りに〝都の西北〟
空前の激戦、早稲田に栄冠
秋空に舞う紙吹雪
両校の健闘たたえ歓声やまず
近藤（慶大）二回に痛恨の落球
所、先制の三塁打
驚異！5試合完投
球史に輝く鉄腕　安藤元博
人波をわけて〝天皇杯〟
〝えび茶〟一色の戸塚の町

早慶6連戦MEMO

右翼の応援団の最前列に、運動各部の１年生がいた。応援用具の販売に駆り出され、ノルマ分を売り切ると、外野応援席の最前列に案内され、弁当が振舞われた。

「６連戦を全部見ました。応援部のリーダーの指揮で、校歌を歌い、得点が入ると『紺碧の空』。ピンチの場面は『頑張れワセダ』を繰り返した。早稲田に入学してよかったと思いました」と、スキー部の寺田武（東奥義塾高、第40代キャプテン、78歳）。

「試合では、野球部の戦術・戦略を学びました。それと６連戦を全部見たことがその後の人生にどれだけ役立ったか。社会人になって痛感しました」と続ける。

スキー部は２０２０年に創部１００年を迎える。盛大な１００年祭が計画されている。

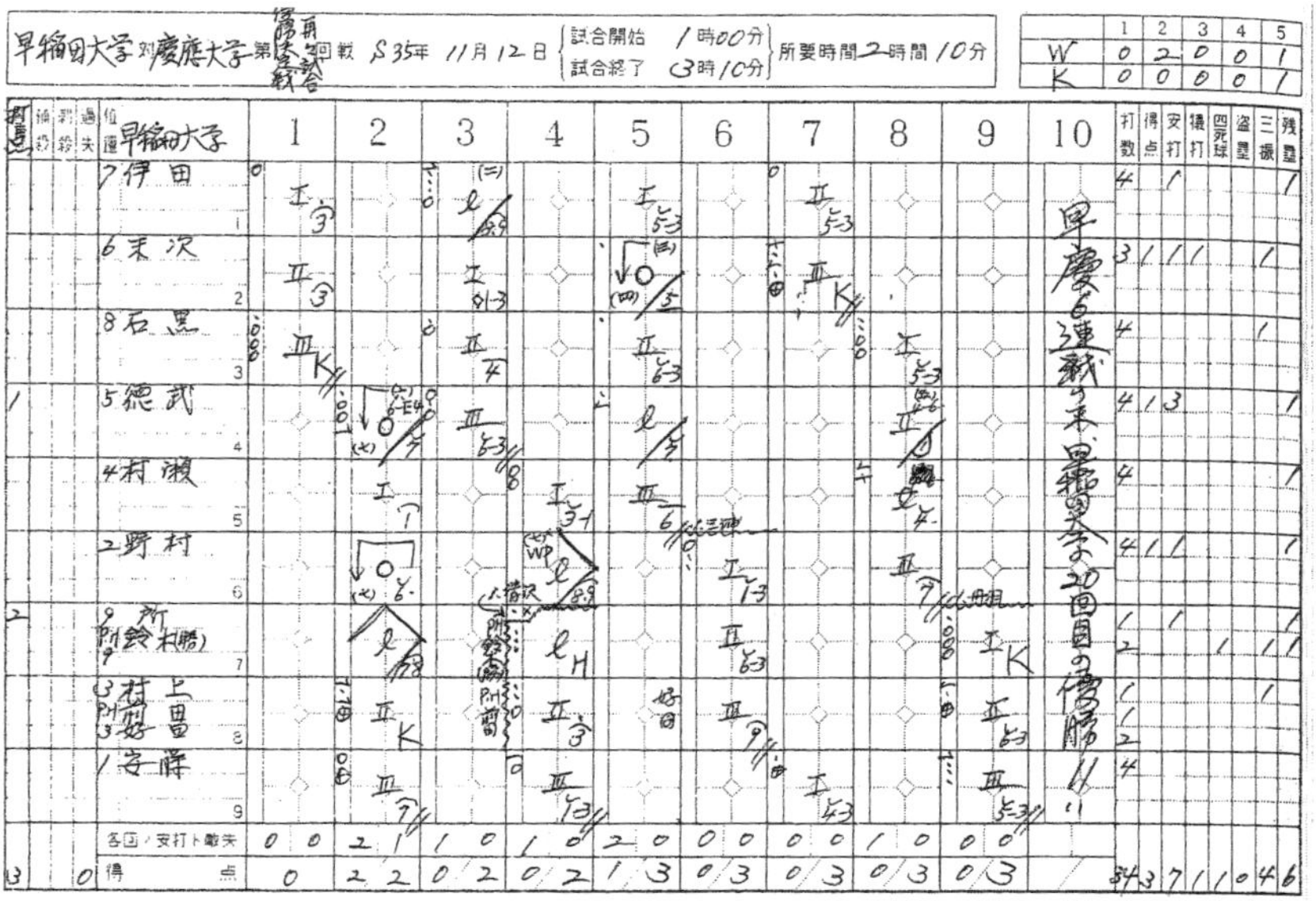

1960（昭和35）年秋の早慶戦優勝決定戦再々試合スコア［上＝先攻・早大、下＝後攻・慶大］

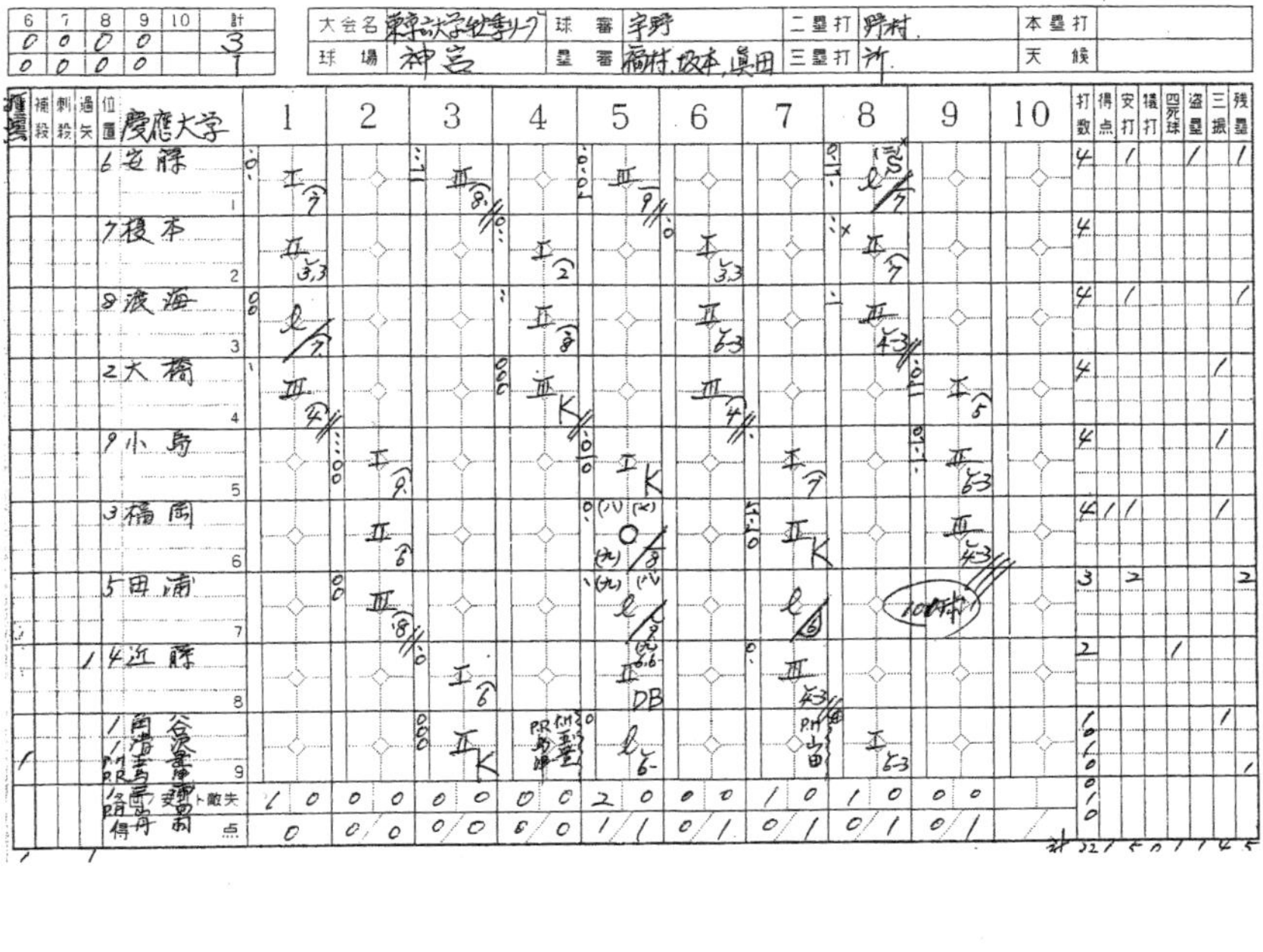

早慶6連戦に勝利して友田応援部主将と握手をする徳武主将
（1960年11月12日神宮球場で）

早大は二回に2点を先制、試合を有利に進めた。この回、先頭の徳武が三遊間安打、村瀬のバントは投飛で1死、次の野村は遊ゴロ。ショート安藤から渡ったボールを二塁手近藤良輔が落球、2人の走者を生かした。併殺ならこの回は終了していた。そのあと所の左越三塁打が出て、徳武と野村が生還したのだ。

五回、キャプテン徳武の適時打で早大は1点を加え、鉄腕安藤投手が慶大の反撃を1点に抑えた。

3シーズン振り20回目の優勝。早大応援席は紙吹雪に覆われ、石井連蔵監督が宙に舞った。キャプテン徳武のひと声で安藤が胴上げされた。5試合49イニング、564球を投げ抜いた。報道陣に囲まれ「本当に奇跡ですよ。きのうの十一回のピンチを切り抜けられたということは、僕の力ではない。神が僕に味方してくれたのでしょう」。

早大石井連蔵監督「安藤がよく投げた。このチームは徳武を中心に人の和がとれており、これが最後の最後まで戦い抜き、優勝を勝ち取ったといえる」

前田祐吉慶大監督「選手はみんなよくやってくれた。安藤を打てなかったことに尽きる。私なりに安藤の打ち方を考えてみたのだが、うまくいかなかった。私の指導力の不足といえる」

第5章

早稲田スポーツ創刊の頃

西川昌衛

「早稲田学報」2006年２月号「集り散じて」で紹介された早スポ創刊メンバー（左から中野邦観、宇野英雄、西川昌衛、松井盈、創刊2年目入学の堤哲、堀健雄、山崎英夫）。下は早スポ記者章

にしかわまさえ
「早稲田スポーツ」創刊メンバー、
第2代編集長
1963年教育学部国文科卒。獨協高。
日本信販（現三菱UFJニコス）元専務。

(1) 創刊号　早稲田スポーツ　昭和34年11月17日（火）

早大指定 制服 テーラークボタ

早稲田スポーツ

SPORTS GOODS セプター

春秋慶応を連破！ー早慶戦ー

惜しくも二連覇逸す

学園ナインの健闘空し

秋の六大学野球

発刊によせて

私学とスポーツ

寄稿 学生と熱情

優勝決定戦

祝 創刊号 KY商店 (34) 3490

時の人 野球部主将 木次文夫

秋のシーズン勝敗表

野球部新役員

発刊の言葉 早稲田スポーツ新聞会

アウトライン

祝 創刊号 永田運動具店

生活緊張の心理学

社会医学

疾病の予防と治療

前野書店

玉沢スキーの魅力！

北海道の優良材 価格が安い 責任保証

スキー・スケート売出し

株式会社 玉沢

スキーシーズン来る！

学割（早大生）サービス

スキー・スケート用品 ノザ

早稲田大学御用

スポーツ用品 オリンパス

スキー・スケート用品

山の用品全般

「早スポ」創刊号1959年 11 月 17 日

「早スポ」60年を支えたワセダ人脈

第2代「早稲田スポーツ」（「早スポ」と略）編集長・西川昌衛（２０１９［令和元］年現在80歳、１９６３［昭和38］年卒）に、「早スポ創刊の頃」を書き残して欲しいと頼んだら、４００字詰め原稿用紙で６００枚分も書いてくれた。24万字である。それを通読して一番感じるのは、「早稲田スポーツ」新聞が、いかにワセダの幅広い運動部人脈に支えられてきたかという事実である。たった6人で創刊した学生スポーツ紙が、60年経って部員が１００人を超す大所帯になっている。早スポを育ててくれたすべてのワセダマンに心からお礼を伝えたい。

大西鐵之祐、日比野弘……歴代会長

まず初めに、ラグビーの大西鐵之祐。創刊号の一面に、大浜信泉総長が「発刊によせて」を書いているが、西川が総長に面会を申し込んだとき、斡旋してくれたのが大西秘書課長だった。《「早稲田スポーツか、ウ〜ン」と言ってから、「すぐに会わせてやるよ」。大西さんはスケジュール調整をしてくれて、確か3日後のアポイントメントが取れた。「総長室はこの奥だ、時間には遅れるな」と釘を刺された。陰に体育館事務所の田古島浩（１９５４［昭和29］年度応援部主将）の助言があったことは間違いない。

実はこの後、大西鐵之祐さんとは大変長い付き合いをすることになる。「早稲田スポーツ」初代会長の清

日比野弘第３代会長

大西鐵之祐第２代会長

赤松保羅体育局長

大浜信泉総長

原健司教授（１９７７［昭和52］年没、59歳）の推薦で、後任会長にお願いしたのが大西教授だったのである》

大西教授が「早スポ」2代目会長に就任したのは、１９７３（昭和48）年4月。創刊15年目に入ろうとした時期だが、同年10月の第一次オイルショックの直撃を受け、広告収入がガタ減りした。「頼みは大西マジックだった」と、のちに朝日新聞経済部で活躍する伊藤政彦（１９７７［昭和52］年卒）。

大西教授は「よーし、ここに行ってみろ」と名刺を5、6枚取り出し、裏にさらさらと書きつけてくれたという。広告と購読者の拡張で、紹介先の1人が、日本ラグビーフットボール協会の前名誉会長で、２０２０東京五輪・パラリンピック組織委会長の森喜朗元首相だった。

森は、1年生のときラグビー部員。大西監督の頼みを断るわけにはいかない。国会議員ら40人ほどを紹介してくれたうえ、財布を取り出して「この中の半分をあげるよ」と、5万円を早スポ部員に手渡したという。

70歳で定年を迎えた大西は、１９８７（昭和62）年1月17日に大隈講堂で最終講義。「早スポ」第3代会長を愛弟子の日比野弘教授にバトンタッチした。

最終講義に合わせ発刊した「早スポ」第２０４号に「ワセダ・スポーツの躍進を」という見出しの署名記事が載っている。

《（人間科学部の創設で）今年からはワセダ・スポーツの大躍進が期待され

る時である。この時に当たって早稲田スポーツ新聞会は学生スポーツの先導役として、一つはチャンピオン・スポーツの修行者としての振興と、学生生活に浸透する真のクラブスポーツの育成と振興に尽力し、ワセダ・スポーツの第二期黄金時代を目指して躍進される様、心から念願して愛する会を去る言葉としたい。　大西鐵之祐》

3代目会長の日比野は、大西の「展開・接近・連続」を継承、早稲田ラグビーが弱体化すると監督に担ぎ出された。その度に早稲田ラグビーは息を吹き返し「魔法のヤカン」と呼ばれた。

日比野会長就任の挨拶が「早スポ」に載っている。

《人間科学部創設の年にあたり、更なる努力により日本スポーツ界のリーダーの地位を取り戻したいものだ。私は大学スポーツの理想的あり方として各部に次の三項を求めたい。

一、大学チャンピオンになること

二、スポーツと学業を両立させること

三、早大生から愛されること》

2005（平成17）年3月で退任したが、70歳を超えて取り組んだ『早稲田ラグビー史の研究』、『日本ラグビー全史』は、大労作だ。

第4代会長は宮内孝知教授。宮内教授は、競技スポーツセンター所長もつとめ、運動部を総括する責任者になったが、入学当初「早スポ」の部員だった。「バイトが忙しくて1年余しか続きませんでした」と詫びている。現在、全日本大学準硬式野球連盟の会長。

笹倉和幸現第５代会長

「早稲田学生文化賞」を受賞して。
左から佐藤裕樹第55代編集長、宮内孝知第４代会長、
井上雄太主務（2015年3月19日）

そして現在の第5代会長は、２０１５（平成27）年に就任した笹倉和幸政治経済学術院教授（執筆当時59歳）。前任の学生部長時代、「校歌の歌えない早大生は本当の早大生とは言えない。校歌を三番まで歌詞を見ないで歌えるように！」と学生たちに訴えた。

学生時代は、空手同好会に打ち込んでいたという。

「早スポ」は、会長に恵まれた。真の早稲田マンばかりである。空手といえば、創刊時の大浜総長は、空手部が創部された１９３１（昭和６）年以来空手部長をつとめた。沖縄育ちで、学校の正課で空手を履修、「ハマリ役」と自ら称していた。

２０１８（平成30）年に就任した田中愛治総長は、現役時代空手部員で、総長になって退任するまで空手部長をつとめた。

軟式庭球部監督・板野寿夫氏

創刊時のドタバタを見てみよう。

「早スポ」創刊号は、昭和34年11月17日付だ。トップ記事は、「春秋慶應を連破！―早慶戦」の凸版見出し。早慶戦の結果報道だった。

「早稲田大学新聞」と慶應の「三田新聞」は、合同で早慶戦特集号を発行していたし、「慶應義塾新聞」は、週刊誌スタイルの早慶戦特集号を、神宮球場で発売していた。早慶の学生新聞にとって、年に2回の稼ぎ時なのだ。早スポは何故、早慶戦特集号で創刊しなかったのか。

《早慶戦の前に発行することはどう計算しても無理だった。比較的早い時期に早慶戦の前に出すことは諦め、早慶戦が終わった後に「早稲田スポーツ」創刊号を出す計画は固まっていたと言ってよい》

「やむを得ない」とはいえ、ビジネスチャンスをみすみす逃した創刊だった。

初代編集長の松井盈（横浜緑ケ丘高）をはじめ、創刊メンバー6人は、いずれも教育学部国文科1年C組の学生だった。新聞づくりは、全員未経験である。

《英語の授業で近場に席をとっていた者ばかり。松井、西川（獨協高）に加え、東京出身の山崎茂（志村高）、神奈川の原田貞雄（横浜日大高）、福岡の福山龍介（三池高）、福井の本多統（丸岡高）の6人である》

クラス分けが機械的だった。A組から五十音順にはめこみ、C組は「に」以降だった。従って、創刊メンバーは五十音の後ろの方の姓である。それはともかく松井が「早稲田にスポーツ新聞をつくりたい」と言い出した。

《彼が言うには「明治にスポーツ専門の学生新聞がある。先輩格の早稲田にスポーツ関係の新聞がないのは不思議だ」》

《高校の軟式庭球部で一緒だった女性（海老塚敬子）が「明大スポーツ新聞」に入った。彼女によると「明大スポーツ」の活動が実に面白い。毎日学生スポーツを取材し、記事を書いて新聞を作っている、という》

春5月か6月の話だった。それから創刊までの苦闘が始まる。

松井盈、別名「ナポレ松井」。「余の辞書に不可能という文字はない」のナポレオンからきている。その行動力で、しゃにむに突っ走った。

必修の体育実技で軟式テニスを受講した。そこで講師をしていた軟式庭球部監督の板野寿夫（当時59歳）と出会い、創刊号の資金援助を頼む。

松井は、高校時代軟式テニス部のキャプテン。神奈川県大会で準優勝しているが、大学の練習を見てレベルの違いを感じ、軟式庭球部には入らなかった。

板野は目黒の高級住宅地に住み、ウララネオン社長だった。本社は神田小川町にあった。

《私たちの話に熱心に耳を傾けていた板野さんは「分かった、君らの情熱にかけていくらか貸す、借用書を書け」と言う。会って間もない学生に金を貸すという、それこそ驚いた。確か2万円だった》

そのお礼か。創刊号の二面、監督紹介の第1回に軟式庭球部の板野監督を取り上げている。筆者は初代編集長松井盈に違いない。

その借金は、翌1960（昭和35）年秋の早慶6連戦の新聞の売り上げで返済した、と西川は記している。

松井は、板野に会長就任を要請する。板野は、これを断り、体育局教務副主任をつとめていた清原健司文学部教授（心理学）を推薦した。

《赤松保羅体育局長からも推薦されていたので、初代会長は清原先生に決まった。旧制上田中→早大高等学院出身で、「自分は運動部出身ではないよ」といわれた。先生にはスポーツ心理学的な連載「勝負心理学」

清原健司初代会長

監督紹介

軟式庭球部 板野寿夫

「早スポ」創刊号第2面掲載

をお願いした。もちろん原稿料はなかった》

軽井沢出身の清原先生は、追分に別荘を持っていた。

《「君たちが合宿でもやるなら使っていいよ」の言葉に甘えて、翌年夏の追分合宿となった。浅間山がパノラマ状に聳え、周囲は緑に覆われていた。隣が由緒ある浅間神社。別荘には清原先生夫婦と２人のお嬢さん（絵里ちゃんと音里ちゃん）、それに夫人の母親（グランマ）の５人が避暑に来ていた。同じ敷地内の茅葺の一軒家がわれわれの合宿所となった》

《参加は、創刊時のメンバーに加え、４月入部の１年生堤哲（早大学院）堀健雄（板橋高）山崎英夫（春日部高）に、４年生の韮澤元康さん（室蘭栄高）ら途中入部組を合わせ総勢12人ほどだったか。新聞製作について経験豊富な人間がいるわけでもなく、みんなで新聞を勉強する会だった。「新聞記事の書き方」、「割付の仕方」、「効果的な取材」など、それぞれが勉強したことを発表して質疑応答する方法で進めた。現役新聞記者のレクチャーは財政的に無理だった》

競走部OB河野洋平登場

現稲門体育会会長の河野洋平（執筆当時82歳）は、早スポ第3号（1960［昭和35］1月20日付）に登場する。

「学園伴走車は毎年おなじみの排気管を上に向けたジープで前マネージャー河野洋平氏（丸紅飯田KK勤務）らが乗って『イチニイチニ』と選手を先導する」

九たび中大の優勝
関東大学対抗箱根駅伝
学園上位進出成らず（第五位）
学園チームを追って

早スポ第３号の箱根駅伝報道

父親の政治家、河野一郎は、1920（大正9）年の第1回箱根駅伝から連続4回、叔父の河野謙三元参議院議長も出場しているが、その思い出を稲門体育会長の肩書で、創刊号に寄せている。この寄稿文の依頼に、河野洋平の勤務先・丸紅飯田本社を訪ねたのが西川だった。

《河野洋平さんは、米スタンフォード大学に留学、帰国後、父親が設立した配合飼料会社「日本糧穀」（のちニチリョウ）の社長に就任する。早稲田から多くの社員を採用し、海外展開までする会社へと成長していった。この会社に、我が友松井盈も入社することになる》

《松井が大隈会館で結婚式を挙げたときの媒酌人が河野さ

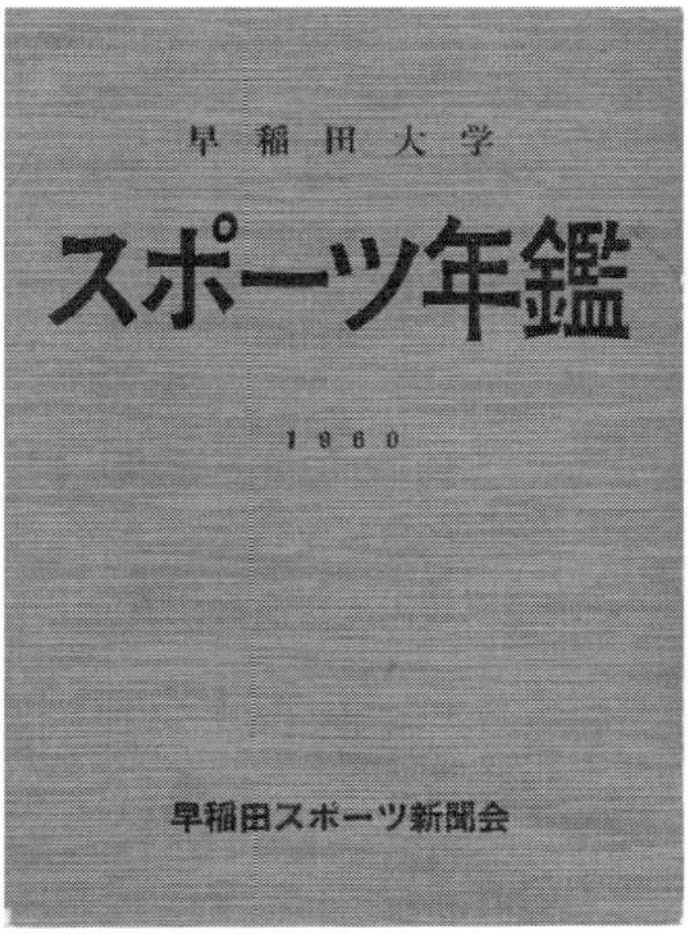

スポーツ年鑑創刊号（1961年7月刊行）

山登りで一休み。中央ナポレ松井初代編集長。その右に西川第2代編集長、中津海光夫第4代編集長。松井の左は、「早スポ」女性記者第1号の上（旧姓逸見）素子。

ん夫妻だった。私が司会をつとめた》

「ナポレ」松井はモーレッツ社員として実績を挙げた。海外駐在員としてバンコク、ニューヨークに派遣された。

その後、三井物産系の東邦物産にスカウトされ、専務取締役になった。

早スポがなんとか軌道に乗った2年目に、資金的な裏付けが全くないのに、全員の反対を押し切って『早稲田スポーツ年鑑』1960年版を創刊したことにある。広告目次に75社と賛助2社が載っている。20人足らずの部員が運動部の先輩を頼りに広告取りに歩いた。

スポーツ年鑑は、現在競技スポーツセンターに引き継がれ、毎年、全運動部の記録を収めている。この『早慶戦全記録』も記録のチェックに活用した。松井は2007（平成19）年4月に肺気腫で亡くなった。66歳だった。

実は、年鑑発行も「明大スポーツ」が編集した『体育会誌』（明大体育会発行）をそっくり真似たものだった。その3号1959（昭和34）年版に、明スポ主務の尼子武史（芦屋高がこんなことを記している。

《夏季休暇の明けた9月早々、早大の学生が本紙を訪れ、「今度、早大スポーツ新聞を発刊する事になった」と相談にやってきた。本学と並んで学生スポーツの名門、早稲田にスポーツ紙発行のニュースは我々にとっても非常な喜びであった。学生スポーツのあり方に批判の多い今日、我々の責務にも大なるものがある。心より早大スポーツの誕生を祝い、今後の発展を願っている》

当時の「明スポ」鈴木宏編集長（立川高）が早稲田に出向いて、新聞づくりのイロハをレクチャーしてくれた。明スポは体育会の機関紙。鈴木編集長は、「機関紙だと、どうしても大学や体育会当局の意向に逆らえない。書きたいことを書くには、自主独立路線を貫くべきだ」ともアドバイスをした。もっとも新聞づくり未経験の1年生がつくる「早スポ」に、体育局が機関紙として予算をつけるハズもなかった。

鈴木編集長は、２００９（平成21）年11月にリーガロイヤルホテル東京で開いた早スポ創刊50周年記念のパーティーにお祝いに来てくれた。

真ん中は元明スポ編集長鈴木宏、右は早スポ２代編集長西川昌衛、左は３代編集長堤哲（2009年11月14日早スポ創刊50周年パーティーで）

早スポ創刊号は、明スポのコピーといっていいほどレイアウトが似ている。

それから60年――。２０１９（平成31）年度発行の新入生歓迎号は、早スポが５５５号、１９５３（昭和28）年創刊の明スポが４９３号である。発行回数で早スポが明スポを超えている。

安井俊雄教授（新聞学）の自宅講義

《創刊号を出してホッとする間もなく、突然、新聞学の安井俊雄教授から呼び出しがあった。教育学部の事務所前の掲示板に、「早稲田スポーツ」の責任者は安井教授の研究室へ来るように、との貼り紙だった》

《安井教授の名前すら知らなかった。一体、何ごとか。指定の日時に松井盈と2人で研究室へ行くと、いきなり「君たちは新聞製作の経験があるのか」。「君たちの新聞は全くなっとらん。あんなものを出されては早稲田の恥だ」と声を荒げた》

安井は、新聞学の教授。元朝日新聞の整理記者。1930（昭和5）年11月、浜口雄幸首相が東京駅で狙撃されたときの整理部デスクで、号外を発行したという。

そんなベテラン記者には、早スポ創刊号の拙さを許せなかった。安井は、水泳部の部長で赤松保羅教授のあとに体育局長となり、早スポの常連寄稿者となる。創刊50号記念（1965［昭和40］年6月10日号）の座談会で「松井、西川両君を呼びつけて、どなりつけた」と思い出を語っている。

《「どうだ今度、わが家に来ないか。徹底的に新聞とは何かを教えてやる」と言い出した。自ら紙に鉛筆で自宅の住所と略図を書いて「明日から一週間ほどやるか。最低でも一週間、あるいは十日は必要だ」》

《翌週から松井と二人揃って吉祥寺の安井家に通った。こじんまりとした、

安井俊雄体育局長

和洋折衷の家だった。さすが大学の教授の家だけあって部屋は本で埋まっていた。

安井さんと向かい合わせになって座卓を囲んだ。緊張するなと言っても無理な話で、安井さんが話している間、殆ど正座でかしこまっていた。

ちょうど、1時間ぐらい経った頃「オーイ」と安井さんは奥に向かって叫んだ。奥さんが運んできた料理が並べられ、先ず酒だ。安井さんは酒が好きらしい。こちら2人はあまり酒が飲めない方だった。ここでまたお説教だった。「酒ぐらい飲めなくてどうする。これから社会に出たら世の中は酒ばかりだぞ」と今度は新聞の話とは一転して社会学になった。

《私たちは、毎晩、大学から吉祥寺の安井家に通った。いつも酒と食事つきの贅沢な講義だった。この連続講義こそ、その後の「早稲田スポーツ」の発展・充実にどれほど役立ったか計り知れない。安井さん自身、スポーツが大好きな人間で早稲田のスポーツは強くなければいけない、と正直に自説を吐露した。この時、はっきり分かったのは、安井さんが「早稲田スポーツ」の誕生を喜んでいた一人だったということである》

早大創立80周年、早稲田体育60年を記念して1962年10月発刊。

《4年生になったばかりの頃、再び安井さんから呼ばれた。「君たちは新聞発行の実務を下級生に渡したそうだな。ヒマで困るだろうから仕事をやる」と突然言い放った。その仕事が早稲田大学の運動部誕生60年を記念する出版で、経費と部屋は大学が用意した》

『輝く早稲田スポーツ　60年のグラフィック』は、1962（昭和37）年10月に発刊した。発行人安井俊雄、編集人村田光敏（体育局主事）、編集責任者は創刊メンバーの山崎茂（教育学部、志村高）。

編集委員として松井、西川の他、遅れ入部の4年生宇野英雄（理工学部、挙母高）、中野邦観（政経学部、日大三高）の名前が載っている。中野は、読売新聞政治部記者となり、「読売新聞憲法改正試案」をまとめた。

新聞販売の椅子に座った滝口宏学生部長

《創刊号が出来上がった。１９５９（昭和34）年11月17日の天気は良かった。当日は、朝早くから6人全員が横浜市中区の神奈川新聞社に集合した。創刊号３０００部を手分けして大学まで運ぶのだ。いくつかに分けられた梱包を、６人全員がそれぞれ担いで桜木町駅まで歩き、品川乗り換えで高田馬場まで。

神奈川新聞社で式井、戸塚両氏から受け取った創刊号は、強烈なインクの匂いだった。新聞の大きさはブランケット版のモノクロ、つまり朝日や毎日・読売など一般紙と同じ大きさで4ページ建てだった》

《まず体育館事務所に新聞を降ろした。事務所の一角を部室代わりに使わせてもらっていた。事務所の村田光敏主事（最初の学士関取、早大卒の「笠置山」の甥っ子）、田古島浩、五十嵐一幸、センちゃん（いつまでも愛称で呼んでいた。苗字を岩田といったか）に手渡した。「良く頑張った」と喜んでくれた。村田さんが「いきなりこんな大きな新聞にしたのか」と驚いていたことを覚えている。その足で記念会堂横の体育局に行った》

《「早稲田スポーツ」を学内で販売するには、学生部の許可を得なければならない。当時の学生部長は滝口宏教授（教育学部・考古学）だった。滝口さんは応援部とフェンシング部の部長を務め、「早スポ」に早くから興味と期待を示してくれていた1人であった。

学内は60年安保で騒然としていた。大隈さんの銅像は、各学部自治会、各セクトの立看で埋まっていた。滝口学生部長もその対応に気の休まる暇がない時期だったと思う。

大学正面のメーンストリートの一角に机を出して「早スポ」の販売を始めた。1部10円。「早稲田スポーツ」創刊！　大学のスポーツなら何でも載っている、とのうたい文句を書いてタテ看としたが、全学連のタテ看に完全に圧倒された。文字の大きさも、訴える言葉の迫力が全く違うのだ。そのうえスピーカーからの演説。

ある日、滝口さんが私たちの新聞販売拠点に寄った。「早スポ」の現状を説明すると、「新聞づくりは楽しいだろう。早稲田スポーツの創刊を大学としても喜んでいる。ぜひ、長く続けてほしい」と激励してくれた。その時、先生は何と販売用の椅子に腰を下ろし、私たちと一緒に「早スポ」の販売に立ち会ってくれたのであった。連日過激な活動家たちと対峙していた滝口さんにとって新聞販売は平和な時間だったのだろう。この光景を部員の誰かがカメラに収めていたが、いつのまにか紛失してしまったのは残念だった》

《余談を少し。滝口さんの長女が私たちと同じ教育学部国文科B組にいた。滝口さんの専門は考古学で、千葉県の加曾利古墳の発掘調査をやっていた。時折、新聞の千葉版にその発掘調査に関連して滝口さんの名前が登場した。

滝口宏学生部長

私が40余年も勤めた会社（西川はニコスカードの元日本信販専務）に入ったばかりの頃、直属の上司から「君は滝口教授を知っているか」と聞かれた。即座に学生時代の滝口さんとの関係を話すと「良い先生だろう。ボクの学院時代のクラス担任だ」と笑いながら言った。在学中、学生運動に明け暮れていて、滝口さんにずいぶん世話になったと言うのだ。この上司は社内でも有名な「怖い人」で、満足に口もきけない人が社内に多かった》

《1年後輩の応援部キャプテン越智秋秀クンは、卒業して飛島土木（現飛島建設）に入社した。応援部長滝口先生から縁談を持ち掛けられ結婚、福田姓に変わった。本田技研の部品などを製作する町工場を、東証一部上場「エフテック」に成長させたのだ。

福田氏は、社長・会長として陣頭指揮をする一方、64万会員の校友会「稲門会」の代表幹事を10年も務めたほか、早大の理事、商議員、評議員などを長く歴任した。滝口先生の慧眼に感服する》

黒須陸男

主将を語る

（早大マネージャー）

「早スポ」第6号 1960 年春早慶戦特集号

黒須陸男（野球部マネ）、山中毅、川淵三郎……

《野球部マネジャー黒須陸男さん（浦和高）。「早スポ」野球担当が神宮球場のネット裏の記者席に自由に入れるようにしてくれた人である。いつも角帽を被り、黒の学生服で身を固めていた。これぞ「早稲田の運動部の学生」というスタイルだった。

早慶6連戦の優勝記念撮影に、キャプテン徳武定之（早実）らナインとともに収まっているが、3年生マネの駒井鉄治（関東学院）、2年生マネの杉浦康之（岡崎商）も制服制帽だ。
慶應のマネジャーにもお世話になった。大渓幸男（慶應志木高）、田代元則（慶應高）、品川宗弘（慶應志木高）さんらである。この場でお礼をいいたい》
《黒須さんの娘さん（次女朋子）は、2019年から野球部の指揮をとる小宮山悟監督夫人である》
《当時の神宮球場には、早稲田のOBがゴロゴロしていた。明治神宮外苑長が伊丹安廣、東京六大学野球連盟の事務局長が長船騏郎、記者席に行くと、ネット裏の中央に朝日新聞の飛田穂洲、毎日新聞の小川正太郎、末吉俊信、読売新聞は中島治康、市岡忠男。審判に相田暢一の各氏。末吉さんを除いて全員野球殿堂入りしている。NTVの赤木孝男アナにも色々教えてもらった。慶應では報知の上野精三、毎日の松尾俊治、スポニチの有本義明氏ら》

「早スポ」第7号の1面（伊藤カメラマン撮影）

《もうひとり、谷澤健一（習志野高）。4年の時、教育実習を母校の千葉県柏中学で2週間行った。そのクラスに谷澤がいた。当時は投手。早稲田に入って1年生から外野手で出場した。谷澤や荒川尭は神宮のスターで、揃って立教の長嶋茂雄が持つホームラン記録を塗り替えた。中日ドラゴンズ時代、名古屋のホテルでばったり会い、奇遇を喜び合ったこともある》

◇

《当時一番のスーパースターは、水泳部山中毅（輪島高）だろう。創刊2年目、1960（昭和35）年はローマ五輪があり、山中の写真が毎号のように掲載された。その写真は、写真部から遅れ入部の伊藤昌俊さん（浪

商高）が撮った。「プールサイドのコンクリートが真夏の太陽を浴びて熱くてねぇ」と撮影の苦労を話していた》

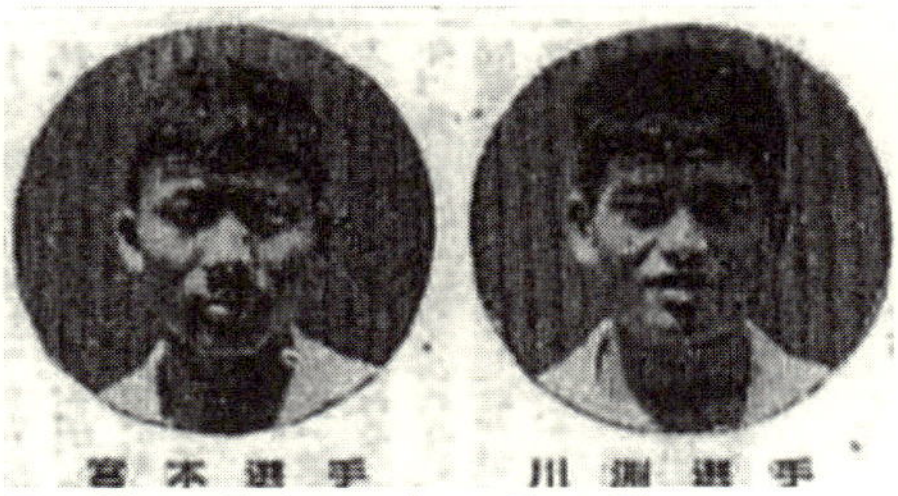

早スポ第12号（1960年12月17日）

リーグ一の名コンビ
川淵、宮本選手訪問
プロフィール
写真左から川淵、宮本両選手

「早スポ」第8号
（1960年9月15日付）

《サッカー部のキャプテン川淵三郎さん（三国丘高）は、「早スポ」創刊を高く評価してくれた。「早稲田にスポーツ専門の新聞が出来たのは本当に良いことだ。運動部の人間もそれぞれの活躍を一般学生に知ってもらいたいのは当然だ。君たちにもいろいろ、苦労もあるだろうが頑張ってほしい。自分たちに協力することがあれば何でもする」と》

《東伏見のグラウンドで松井と一緒に取材した際のことで、監督は工藤孝一（旧制岩手中、現盛岡一高）。1936（昭和11）年ベルリン五輪のヘッドコーチである。3－2でスウェーデンを破った試合は「ベルリンの奇跡」といわれる。早稲田では「鬼監督」で有名だった。

話を聞いたのは、川淵と、宮本征勝（日立一高）。2人とも3年生だったがすでにチームの中心選手になっていた》

工藤監督は、自室の入口に「迷球庵足人」の看板を掲げていた。サッカー一筋。川淵キャプテンら1961（昭和36）年卒業の8人から贈られた「鬼より怖いミスターキング」の盾を大事に保管していた。毎日新聞夕刊のコラム「憂楽帳」で筆者が紹介した（1993年7月16日付夕刊）。

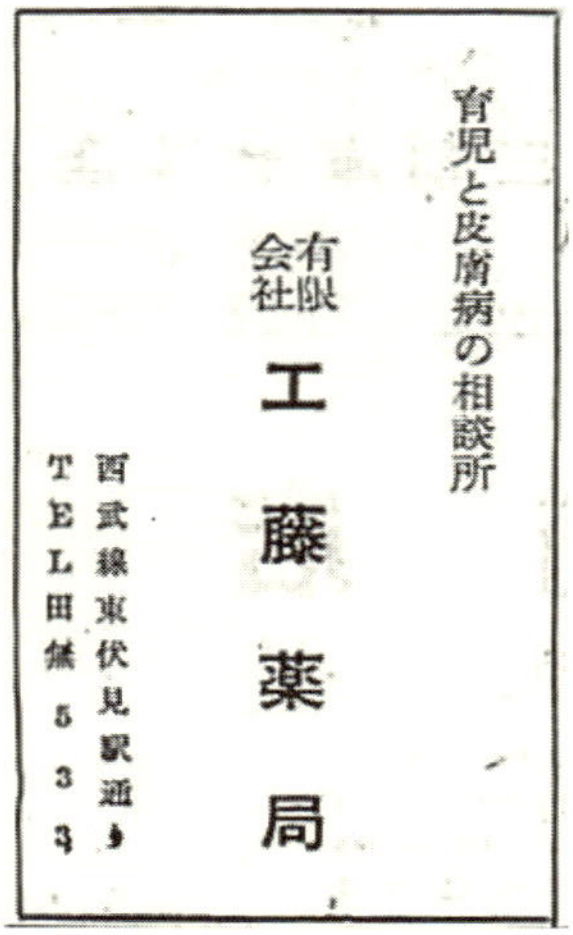

早スポ第5号の広告
（1960年5月25日）

早スポ第7号
（1960年6月20日）

《「早スポ」第2号（1959［昭和34］年12月14日）に、サッカー早慶戦が載っているが、川淵さんはハットトリックの活躍で、勝利に貢献している》

《川淵、宮本の2人は揃ってサッカーの名門古河電工に入った。古河電工には早稲田の先輩・八重樫茂生（盛岡一高）がいた。八重樫は中央大学から郷里の学校の先輩工藤監督に引っ張られて転校した。オリンピックに3回（ローマ、東京、メキシコ）出場し、東京、メキシコでは主将、しかもメキシコでは後輩の釜本邦茂（山城高）、松本育夫（宇都宮工高）、森孝慈（修道高）らの活躍で銅メダルに輝いた》

《松井がバンコク駐在時代に、サッカーの日本代表チームが遠征でやって来た。「早スポ」でサッカー部担当だった松井は川淵三郎、宮本征勝さんとの再会を喜び、歓待した。それから

川淵さんとの親交が始まった》

《川淵さんは、Ｊリーグを立ち上げ、チェアマンに就任した。１９９３（平成５）年に開幕したＪリーグのファースト・ステージを制したのは、宮本征勝監督の鹿島アントラーズだった。テレビで川淵さんと宮本さんが表彰式のお立ち台にいるのを見て、涙が出るほどうれしかった。日本信販はＪリーグに協賛、後期は「ニコスカップ」と命名された。早スポ50周年のパーティーでは、来賓のトップでユーモアたっぷりに早スポを称える挨拶をしてくれた》

◇

もうひとり、競走部の駅伝キャプテン藤井忠彦。

《箱根駅伝には、体育局がチャーターした伴走バスに乗せてもらって取材をした。１９６０（昭和35）年１月２日から１泊２日》

《早スポは創刊第２号の１面で特集した。駅伝キャプテンは教育学部４年の藤井忠彦（宇部高）。宇部興産を経て早大に入学したので、普通に入学して来た人よりは多少年齢が上だった》

その選手紹介に《ピアノ演奏が特技で高校時代ベートーヴェンのソナタを弾きコンクール３位入賞が自慢の種》とある。残念ながら２年生の１９５７（昭和32）年に５０００ｍ14分29秒８で村社講平の持つ日本記録を21年ぶりに破った、とは書いていない。

藤井のエピソードは、２００９（平成21）年に早スポが発刊した創刊50年記念誌『「早稲田スポーツ」の50年』に詳しい。第５代編集長江口拓（１９６６［昭和41］年卒、元「週刊現代」編集長。都立西高）の書下ろしで、江口は現在も箱根駅伝の現場取材を続けている。

藤井は、1952（昭和27）年の第3回全国高校駅伝で1区10kmを31分37秒で走り、区間賞を獲得した。江口によると、「1区が10kmになったのは、この大会からで、31分37秒は10キロロードの戦後最高記録だった」。

さらに「藤井さんは小さいころからピアノを習っていた。高3のとき、いやいや出場した校内マラソンに優勝してしまい、陸上部に勧誘された。そして藤井の力で、宇部高校は高校駅伝の山口県予選を勝ち、第3回全国高校駅伝に出場してしまった」

駅伝主将藤井選手談

大正九年二月十四日、金栗四三氏の尽力と、報知新聞社の協力により第一回東京箱根間往復大学駅伝が挙行されて以来、三十六回目の大会を来春一月二、三の両日に迎えようとしている。過去における我早稲田大学の戦績は、優勝回数九回で各大学のトップに立ち、次いで中大の八回、日大の七回と続いている。九回目の優勝が昭和二十九年であるが、以来、五位六位に甘んじてしまっている。これ

「早スポ」第2号（1959年12月14日付）

「陸上で快挙を成し遂げたにもかかわらず、藤井の音楽への情熱は冷めず、国立音楽大学を受験して合格した。ところが不幸なことに家庭の事情で、入学を断念せざるをえなくなってしまった。

音楽の道を断たれた藤井は地元の宇部興産に就職。しかし、仕事の合間に走っているうち、憧れの早稲田で陸上をやってみたいと思うようになり、学資の貯まった3年後に、受験。合格して、自ら競走部の門を叩いたという経歴の持ち主だった」

《箱根駅伝が終わって間もなく、藤井さんは、体育館の早スポ事務所を訪ねてきた。

「早稲田スポーツも随分頑張っているね。先日の箱根駅伝号では、一面で紹介してもらいながら良い成績が出せなくてすまなかった。今後、後輩たちが頑張ってくれると思うのでよろしく」といって脇に抱えていた紙袋を差し出した。わざわ

ざお礼に来てくれたのだ。

紙袋の中身は、というと、原稿用紙が一杯詰まっていた。「原稿用紙は皆さんで使って欲しい」と言って差し出したのである。早スポへ激励の差し入れは初めてだった。心遣いに感激した。一瞬、戸惑ったが、「差し入れ」は気持ちよく受け取った》

藤井には後日談がある。１９６７（昭和42）年の第38回都市対抗野球大会で、茨城県の日立製作所が大活躍。準決勝で浜松市の日本楽器と延長引き分け、再試合をして敗れたが、後楽園球場の応援席で吹奏楽団の指揮をしていたのが藤井だった。

藤井は卒業後、日立製作所に就職。ブラスバンドは、同製作所内の学校「日立工業専修学校」の生徒たちで、ネットで検索すると、藤井忠彦指揮で吹奏楽コンクール大会に何回も入賞していることが分かった。

早稲田のアスリートは多彩である。

「高田牧舎」の女将・藤田英子

《「高田牧舎」の先代の女将・藤田英子が、創業80年を記念した小冊子『牛の歩み』（B５版、56ページ）の出版記念パーティーを大隈会館で開いたのは、１９８２（昭和57）年11月８日だった。

「高田牧舎」創業 80 年を記念した
小冊子『牛の歩み』

1905（明治38）年に、当時流行のミルクホールとして創業した。屋号の「高田牧舎」は、初代が高田町（現在の穴八幡神社周辺）の牧場主の息子であったことに由来するのだという。

「牧舎のカレー」の広告は、早スポに必ず載っていた。「早スポ」創刊当初から付き合いがあった関係で、藤田から松井と神戸在勤中の私に執筆依頼があった。ハガキ一枚に思い出を書けというユニークなものだった。

濃い緑色の表紙の『牛の歩み』。まず土岐善麿の書だ。

追憶は　高田牧舎の　牛乳の　香も新たなる　学園の秋

早スポ会長の大西鐵之祐（ラグビー全日本監督）をはじめ、石田博英（政治家）、井伏鱒二（作家）、織田幹雄（オリンピック金メダリスト）、坂本朝一（NHK会長）、藤波孝生（政治家）、篠田正浩（映画監督）、堀江忠男（早大教授・サッカー部元監督）、藤田明（日本水泳連盟）、安部民雄（教授、庭球部長）、関根吉郎（教授、ウエイトリフティング部長）、野口宏（空手部の創設者）、谷古茂（漕艇部）らが、それぞれの思い出を記していた。スポーツマン、文化人、学者など多彩な人脈に驚く。

早稲田の教授らはツケだった。毎月の給料から牧舎での飲食代が差し引かれた。日比野弘教授（元ラグビー部監督、早スポ第3代会長）が初めて早大から給料をもらった時、「給料明細書の項目に牧舎があった。牧舎の伝統を再認識した」という。

早慶戦の復活は、1922（大正11）年のラグビーに始まるが、その話し合いが行われたのは、牧舎であ

奥島総長と藤田英子（1996 年３月撮影）

早スポ掲載の広告

り、三田では「万来軒」だった。

藤田は巻末に「随想」として数篇の文章を書いている。「牧舎の息子たち」、「若き日の篠田助監督」に加えて「早稲田スポーツ新聞」との関りにも触れている。

以下、抜粋である。

早スポ発刊のきっかけは、松井さんの高校同級生が明大スポーツ新聞に入ったという話をきいたからだそうです…当時早稲田のスポーツは各部栄光に満ちていたにもかかわらず、これを一般学生に伝えるパイプがなく、国文専攻の松井さんは同級生５人と語らって第一号を送り出しました…遠慮のない私は「１年続くかしらと思っていたのにね」と健闘をたたえましたものの、23年の間には時にピンチもありましたことでしょう…早スポには創刊以来記事中に小さなカレーライスの広告を出しております。つい最近まで１回５００円でした。安くして頂いてありがとう。

牧舎には、ラグビーをはじめ水泳、スキー、バスケットなど多くの運動部の人達が出入りしていた。先輩から受け継いだ馴染みの店なのだ。「早稲田スポーツ」は、いつから第2の部室みたいに使うようになったのだろうか。ラグビーの大西鐵之祐の影響があったのは間違いない。

女将の藤田英子は気さくな人で、誰からも好かれた。2010（平成22）年に88歳で亡くなった。葬儀には、体育局各部に加え、早スポOB倶楽部から何人もが列席、冥福を祈った》

創刊60年、早スポ初期のメンバーたち

台所はいつも火の車だった。取材よりも広告取りに走り回った印象が強い。やっと購入したカメラは、しょっちゅう質草になった。授業料を印刷費に立替え、「授業料未納」の通知が親宛に届いて、青くなった部員が何人もいる。創刊メンバーを支えた同僚――。

2代目64（昭和39）年卒▽堀健雄（一商、板橋高）▽山崎英夫（一法、春日部高）▽佐々木勝衛（一法、野沢北高）▽岡田（旧姓大熊）千種（一文、東洋英和短大）▽鈴木克宣（一法、北園高）

3代目65（昭和40）年卒▽第4代編集長・中津海光夫（一政、札幌西高）▽奥本和通（一法、広尾高）▽高橋清輝（一文、富士森高）▽上（旧姓逸見）素子（一文、日本女子大付高）

4代目66（昭和41）年卒▽第5代編集長・江口拓（一政、都立西高）▽宮坂祐次（一商、諏訪清陵高）▽小黒哲夫（教育、大田原高）▽小松崎（旧姓宮田）博子（教育、新居浜西高）

5代目67（昭和42）年卒▽第6代編集長・斎藤禎（一文、小石川高）▽山本隆一（一理、北園高）▽藤沢俊（一商、呉三津田高）▽益子保夫（一法、大田原高）▽畑中宗治（一政、津高）▽文屋隆夫（一法、札幌南高）▽石渕（旧姓飯島）田鶴子（教育、高崎女子高）▽高木貞男（一理、小石川高）▽白根義幸（一商、小石川高）

一番の有名人は、立川女子高の山岳部を海外の高峰に登頂させ、都民文化栄誉賞を受けた高橋清輝（元同校校長）だろうか。2017（平成29）年秋の叙勲で瑞宝小綬章を受けた。

第6章

各運動部の早慶戦

～田中愛治早大新総長、空手部早慶戦で勝利

早大空手部時代の田中総長。（「早稲田ウィークリー」2018 年 11 月号から）

「本当の卒業は空手部です」

２０１８（平成30）年11月、早稲田大学の第17代総長に就任した田中愛治（執筆当時67歳）は空手部の出身である。

「私は政治経済学部を卒業しましたが、本当の卒業は空手部です」

「空手部の稽古・訓練を受けていなければ今日の私はないと思っております」

現役時代は、週６日の15：30～16：00の巻き藁突き、16：00～18：00の通常稽古に加え、年間の半分程度行われた18：30～20：30の夜間稽古に出席して厳しい稽古に精進した。

これは、２年後輩の現ＯＢ会長、井上博史の証言である。

４年生の秋の早慶戦では、完封勝利（６－０）に貢献した。シャットアウト勝ちは、唯一無二の記録だ。

ちなみに総長が現役時代の早慶戦の戦績――。当時は春秋２回行われていた。

１年春　○９－５●
　　秋　○７－５●
２年春　○４－２●
　　秋　○５－４●
３年春　○４－２●
　　秋　○５－４●
４年春　●４－５○

秋　○6－0●

これまで77回行われた早慶戦の戦績は、早大35勝41敗1引き分けで、負け越しているが、田中総長が現役時代の空手部は強かった。

田中総長は1975（昭和50）年に政経学部を卒業。1985（昭和60）年オハイオ州立大学で博士号を取得した（Ph.D, 政治学）。

道都大学、東洋英和女学院大学の各助教授、青山学院大学法学部助教授、同教授を経て1998（平成10）年から早稲田大学政治経済学部教授。総長に就任して交代するまで第6代空手部部長を10年余つとめた。

甲子園ボウルで田中総長夫妻。右は稲門体育会常任代表委員山本達人氏（2018年12月16日阪神甲子園球場で撮影）

総長として、まず取り組むこととして《早稲田大学を「世界でかがやく大学」にしていく。そのために鎌田薫前総長の下で策定された「Waseda Vision 150」を「NEXT STAGE」へと昇華させ、具体化を進める》と抱負を語り、学生には《「世界でかがやく大学」に向かう中で、「たくましい知性」と「しなやかな感性」を身に付けてほしい》と述べている。

空手部長から総長への就任は、第7代の大浜信泉（1891［明治24］～1976［昭和51］）以来。運動部出身（卒業）の総長は、早大初である。

教科書にも載った早慶レガッタの沈没レース

江口　拓（「早稲田スポーツ」第5代編集長）

なんといっても、忘れられないのは、1957（昭和32）年5月12日に行われた26回早慶レガッタの対校エイトだ。当日、私はNHKテレビで、中継を観ていた。確か、テレビを買ったばかりだったと思う。佐世保や琵琶湖で、カッター船、ナックル艇を漕いだ経験のある父親が、「6000mを漕ぎ切るのは並大抵ではない。ボートのマラソンだな」と言ったことを覚えている。国際標準のボートレースは2000mだったからだ。

スタート時は強風に加えて、雨も激しく、テレビ画面もボヤっと霞んで見えた。

スタートで一気に飛び出した慶應に対し、出遅れた早稲田との差はどんどん広がっていく。私は、早稲田の完敗だろうと思った。

のちにNHKで紹介された当時の（早稲田の）主将・菊池雄三の話によると、モタモタする早稲田に対して、取材艇などから、「ワセダ、なにやってんだ。ばかやろう」と、罵声が飛んだという。ところが、しばらくしてテレビに映し出されたのは、駒形橋手前で、慶應艇が沈み、クルーが腰まで水に浸かっている光景だった。その脇を早稲田が「悠々と」漕ぎ抜け、ゴール。

しかし、当然ながら、早稲田にとって、歓喜の勝利ではなかった。「これでいいのかという思いから」（菊池主将）、慶應に再試合を申し出た早稲田に対し、慶應は「審判がレースは成立していると判断したのだから」（今村孝主将）と言って、ルールが最優先というスポーツマンシップにのっとり、潔く早稲田の勝利を認め、祝福した。早稲田が序盤からリードを許した理由は、調整（ストローク）のほか、1漕手を水のかい出し役にして、6人で漕いでいたためで、途中から8人漕ぎにして、追い上げていた（前述のＮＨＫによる）。

このエピソードは、「あらしのボートレース」というタイトルで、１９６１（昭和36）年から、９年間、小学校６年生の教科書に採用されている。

内容は、こんな具合だ。

《慶應は「ボートレースはみんなが力を合わせてこぎ抜く競技。高波で船に水が入って沈んでしまう前にゴールしよう！」と水が入ってきてもかき出さず、全員で最後までこぎきる方針で競技に挑みます。》

《早稲田は「ボートマンならボートを沈めてはならない！」として、一部の選手はこがずに水をかき出す作戦を決めました。》

《結果、全員でこぐ作戦の慶應がリードしたものの、ゴールに着く前に沈没してしまい早稲田の勝利。達成感のない勝利に早稲田は試合のやり直しを申し出ましたが、慶應側は負けを認め、早稲田の勝利を讃えたのでした。》

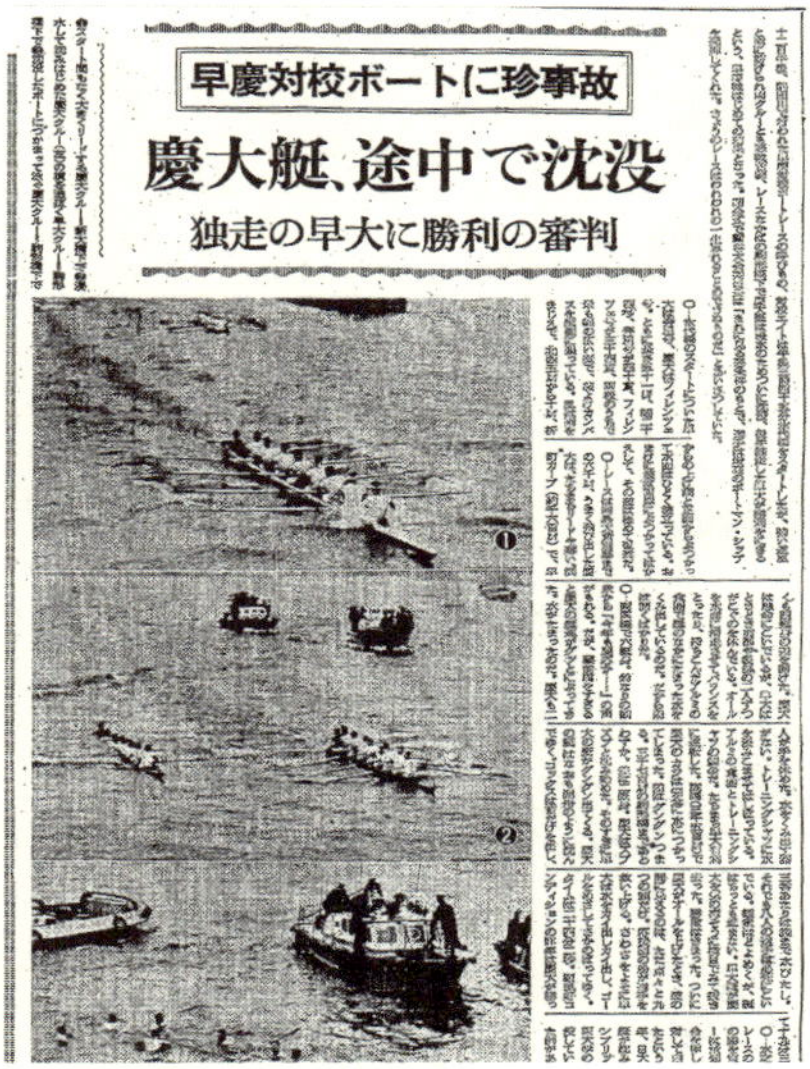
早慶対校ボートに珍事故
慶大艇、途中で沈没
独走の早大に勝利の審判

「朝日新聞」1957年5月13日

当時の６年生は、スポーツマンシップだけでなく、作戦の大切さ、危機管理という考え方まで学んだのではないだろうか。

実は、１９６１（昭和36）年から１９７７（昭和52）年まで、早慶レガッタは隅田川で行われていない。たとえば、１９６３（昭和38）年は相模湖だった。私は漕艇部担当ではなかったが、相模湖で開催することに興味をもち、写真を撮っておこうと思った。貸しボートを一人で漕ぎ出し、カメラを構えていた。しかし、ボートが揺れてピントを合わせられない。そこに、審判艇や取材艇が通過した後の横波がきて、水しぶきとともにボートが大きく傾き、転覆しそうになった「恐怖」を思い出す。逆に、どんなクルーだったのか、どちらが勝ったのか、まったく思い出すことができない。

隅田川に戻ってきたのは、1978(昭和53)年だ。これが意味することは、東京が公害を克服したということなのだ。その間の隅田川は、公害の象徴。黒く淀み、メタンガスが発生し、悪臭もひどく、とてもレースなどできる状態ではなかった。

ところで、第26回と同じ強風の中で行われた2016(平成28)年の第85回レガッタ(対校エイト3750m)では、早稲田が沈没し、慶應が5連覇を遂げた。慶應は漕ぐのをやめて、水をかき出したという。59年前の教訓が、慶應に活かされていたと言うべきだろう。

えぐちたく
早稲田スポーツ第5代編集長。
1966年第一政経学部卒。都立西高。
講談社、「週刊現代」編集長、
雑誌編集局長(青年誌部門)、
講談社エディトリアル社長。

剣道「最後の早慶戦」と特攻隊

剣道の早慶戦は、１９２５（大正14）年に始まった。戦時中に中断、戦後はＧＨＱによる剣道の禁止で、早慶戦が復活するのは、１９５５（昭和30）年だった。

中断された「最後の早慶戦」は、１９４３（昭和18）年６月１日、慶應の綱町道場で１対１の勝負戦で行われ、慶應が11－９で早稲田を破った。慶應が５年連続勝利を収めたのだが、慶應の10人目に出場した坂本充選手は、その２年後、特攻隊員として沖縄で散華した。零戦に乗って、その戦果を目撃したのが早大の同期の剣道部員だったのだ。

早慶戦50回記念で出版した『早慶対抗剣道史』に、早大剣道部ＯＢ２人が、慶應の坂本選手のことを書いている。

飛行服姿の慶應坂本選手

その一人は直居欽哉。脚本家。特攻を描いた家城巳代治の映画「雲ながるる果てに」、勝新太郎の「座頭市」シリーズなどの脚本を担当した。１９９４（平成６）年没、72歳。

直居は、１９３９（昭和14）年の全国中等学校剣道大会準決勝で、坂本と対戦した。大阪豊中中学対熊本濟々黌の副将戦。坂本は２－１で直居を破り、濟々黌は決勝戦も勝って全国制覇した。

「最後の早慶戦」のことは、濟々黌の3年下級生、村上鉄二（のち鹿島建設剣道部大将→監督→部長）が書いている。村上は、濟々黌の剣道師範の家に坂本と寄宿、同じ釜の飯を食べ、一緒に通学した。

坂本が対戦した早稲田の長崎正二郎選手は、同じ熊本の鎮西中学出身。九州では知られた強豪だった。

坂本は日記にこう残している。

《早慶戦は5連勝した。俺はしかしひとたまりもなく負けた。反省すべき秋が来たと思う》

そして学徒出陣。直居と坂本は、土浦海軍航空隊の道場でばったり顔を合わせる。

「最後の早慶戦」の3か月後である。

さらに1945（昭和20）年4月、九州南端の特攻基地で運命の再会。

《4月6日午後1時15分、出撃命令は下った。坂本君は日の丸の鉢巻きを締め直して立ち上がり、私に手をさしのべた。

「先に行って待ってるぞ」

「うン、俺も後から行く」

「あの世で早慶戦をやろう」

それが坂本君と私が交わした最後の言葉だった》

坂本は、艦爆（急降下爆撃機）の搭乗員で、神風特別攻撃隊第一草薙隊に所属。直居は、特攻機を敵艦の上空まで送り届け、戦果を確認する役目の上空直掩機《ちょくえんき》零戦隊員だった。

《彼は見事に敵艦に体当たりし、私は敵の戦闘機と空戦中被弾して洋上に不時着した》

直居は《「あの世で早慶戦をやろう」という彼との約束を果たしていない》と書いているが、直居自身も「遺書」を認めての出撃だった。

《みなさん　お世話になりました。

あの世でも飛行機に乗ったり、剣道をやったり、シナリオを書いたり、楽しく暮すつもりです

戒名は（釋映空）としてください！

では、出発します！

神風特別攻撃隊第三御楯隊

海軍少尉　　直居欽哉》

これは、直居の著書『第十三期海軍飛行科予備学生の記録』にある。

最後に再び村上の文章から。村上は戦後、郷里に復員して母親から特攻機が村の上空を旋回して通信筒のようなものを落として編隊に戻ったことを知らされた。《あれが坂本さんだったのではないか》

そしてこう続ける。《坂本先輩！　あなたのことは慶應義塾の剣道部がある限り、そして早慶戦が続く限り、先輩から後輩へと語り継がれて行くものと信じています。どうか安らかにお眠りになり、私たちの思い出話に耳を傾け、喜んで聞いてやって下さい。ご冥福をお祈りいたします》

早慶戦復活に先駆けたラグビー早慶戦

第1回早慶ラグビーがどれほど歴史的な意味を持っているか、日比野弘早大名誉教授の『早稲田ラグビー史の研究』（早稲田大学出版部1997［平成9］年）から引用したい。

《大正時代最大の出来事は第1回早慶戦の実施である。当時の早慶断絶の壁を破ったものは、ぜひ慶大の胸を借りたいという早大ラグビー部員の情熱と、それに応えてくれた先輩校慶大の友情であった。折衝の中心になったのが慶大主将の大市信吉氏と早大マネジャー中村元一である》

早慶戦は、1906（明治39）年秋、野球の3回戦が中止されて以来、行われていなかった。野球は1925（大正14）年に復活するが、ラグビー早慶戦の復活は、それに先駆けること3年である。

野球が応援団の過熱から中止に追い込まれた教訓から、この試合の応援は「拍手の外厳禁」され、服装も「洋服または袴着用のこと」と規制した。

朝日新聞の記事の最後にこうある。《此の日選手及観客極めて紳士的で早慶野球中止にある皮肉を与えたのは痛快であった》

レフリーは東大ラグビー部初代キャプテン香山蕃がつとめた。

もうひとつ。殊勲者は早大の中村マネジャーである。試合の日取りを、中央気象台でデータを調べ、晴れの特異日11月23日に決めたことだ。お陰で雨にたたられたのは数えるほどという。

中村は卒業して毎日新聞（大阪）の記者になった。和歌山、仙台支局長をつとめ、1965（昭和40）年

ラ式蹴球戦に
早稲田零敗す
慶應と第一回戦
試合の經過

壮烈な肉薄戦（早慶ラ式蹴球）

1922年11月24日付朝日新聞

没、66歳。

●早大0（0-9 0-5）14慶大○

【早大】		【慶大】
清水　定夫	ＦＷ	岩下秀三郎
玉井伯次郎		木下　米松
大沢　初造		中村米次郎
国盛　孝雄		益田　　弘
小山　大学		白田　六郎
兼子　義一		高橋　正夫
朝桐　周一		宮地　秀雄
石沢誠之助	ＨＢ	陳　　啓環
片岡　春樹		西　　元雄
浅岡　信夫		清水　吉雄
原槙　真二	ＴＢ	北野　幸也
黒沢　昌弘		葉　　鴻燐
滝川　末三		大市　信吉
大町　　清		山口　六助
吉岡　恒治	ＦＢ	萩原　丈夫

早大、遂に常勝慶大を破る

《遂に不敗の歴史を汚してしまったのだ。敗戦の悔しさより先輩に対して申し訳ないという気持ちが先に立って涙がとめどもなく出るのをどうすることも出来なかった。控室に引き上げても先輩も部員も誰一人声を出すものもいなかった。長いラグビー生活のうちでもこの敗戦ほど忘れ得ぬ思い出はない》と、慶大キャプテン前川丈氏（旧姓萩原）。

《宿敵である慶應軍を破り得たと云う喜びで胸が一杯です。只もう実に嬉しくて嬉しくてなりません。私達を応援して下さる皆さんの熱と力が私達をして勝たしめたのです》

これは早稲田の滝川末三キャプテン。いずれも日比野弘早大名誉教授著『早稲田ラグビー史の研究——全記録の復元と考察』（早稲田大学出版部1997〔平成9〕年）からである。

慶應は、創部以来、邦人チームには負けたことがなかった。「打倒慶應」に燃える早稲田。シーズン前の7月から9月にかけ豪州遠征をした。団長喜多壮一郎早大教授、監督木村文一（1923〔大正12〕年卒）、キャプテン本郷信治郎以下選手18人。

豪州では5戦全敗。そのうえ第3戦にFB小船伊助が鎖骨骨折して途中退場している。《本当に辛く苦しい遠征であったことと思う。だが、この大遠征の貴重な体験から、やがて早稲田ラグビーの基本的戦法として〝ゆさぶり〟が生み出されていく》と、日比野名誉教授は書いている。

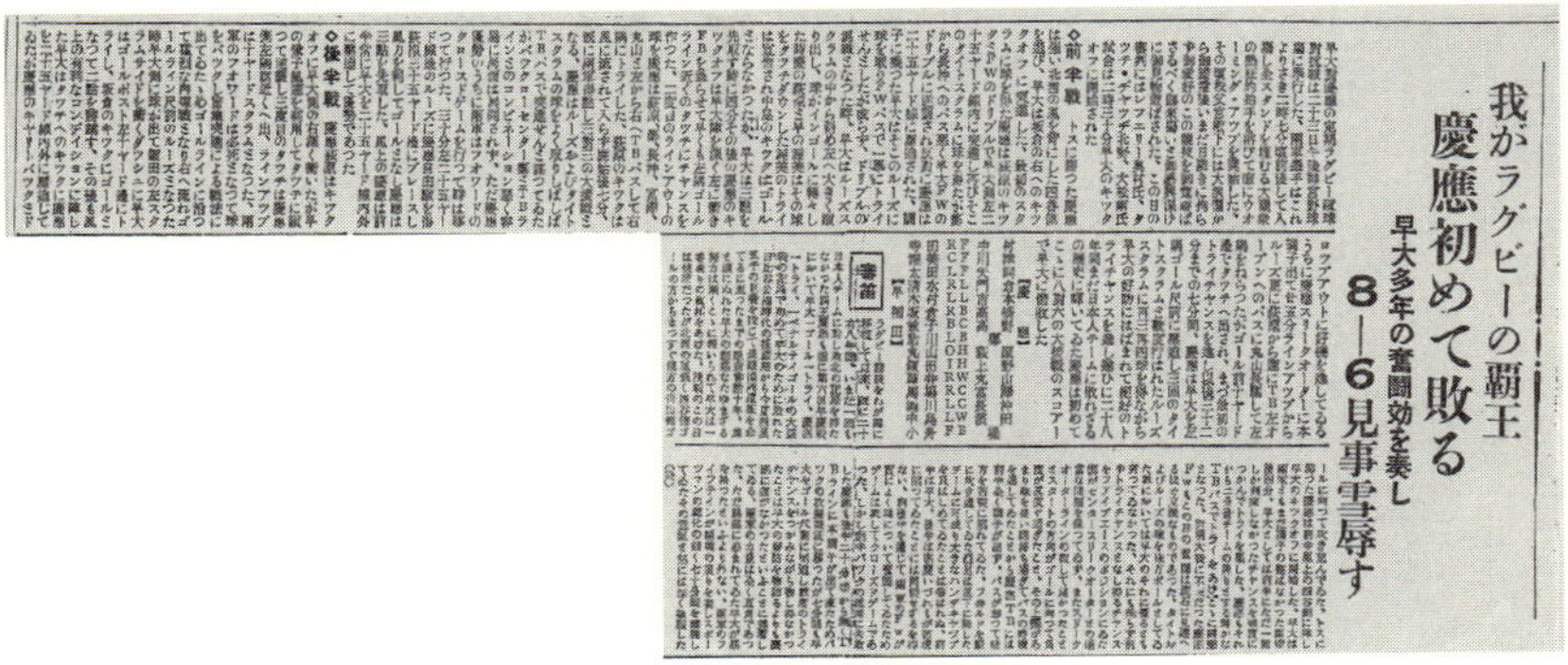
我がラグビーの覇王
慶應初めて敗る
早大多年の奮闘効を奏し
8―6見事雪辱す

1927 年 11 月 24 日付「朝日新聞」

【早大】		【慶大】
半田　半三	ＦＷ	中村米次郎
渥美　利三		川津　尚彦
太田　義一		矢飼　督之
清水　定夫		門倉　恒雄
木村　興人		吉本　祐一
板倉　雄吉		高橋　茂雄
助川　貞次		高野四万治
丸山　守一	ＨＢ	萩原　丈夫
飯田　講一		上野　祝二
兼子　義一		鄭　守義
藤井　正義	ＴＢ	丸山　虎喜
馬場　英吉		富沢　慎二
滝川　末三		長沖　彰
中島　章		浜田　鋭一
小船　伊助	ＦＢ	堤　正安

○早大 8（5－0　3－6）6 慶大●

ナイターのサッカー早慶戦

サッカーの早慶戦は、１９２４（大正13）年1月29日に早大の戸塚球場で行われた。結果は、２－０で早大が勝利。野球の早慶戦復活に先駆けて行われたもので、スポーツ専門雑誌『運動界』社長の太田四州氏（野球殿堂入り）から熱心な勧めがあり、早稲田「ア式蹴球部」と、慶應「ソッカー倶楽部」で争われた。

「全記録」は、１９５０（昭和25）年から始まった早慶ナイターを第1回としている。外国ではサッカーのナイトゲームが盛んだったが、日本ではナイターができるグラウンドは進駐軍に接収されたナイル・キニック・スタジアム（神宮外苑競技場）しかなかった。

日本最初のナイターをうたう1950（昭和25）年のサッカー早慶戦ポスター

なんとか使用許可をとりつけ、ポスター、プログラム、入場券の作成、前売りなどで、両チームの関係者は大変だったらしい。それにナイター用の白いボール。当時は茶色のボール（タンニン鞣《なめし》皮製）のものしかなかったというのだ。

午後4時からＯＢ戦。そのあと開会式があって、現役戦。

《両校応援団のエールと応援歌が高まるうちに3基の照明塔に一斉に点灯され、グリーンの芝生に、慶應は黄、

早稲田はえび茶のユニフォームがくっきりと浮かび上がり、白いボールが飛び交う》

結果は、６－４で慶大の勝利。

第２回もナイルキニック・スタジアム。その後、進駐軍から返還されるが、照明設備も取り外されて、ナイター開催は不能となった。

そのため、第３回から後楽園球場に移った。照明、芝生の状態はよかったが、ともかく狭い。それにプロ野球の休みの日に、グラウンドを傷めないように遠慮しながら使わなくてはならなかった。

後楽園球場は７回までで、第８回はお隣の後楽園競輪場に移った。

第９回は、第３回アジア大会（１９５８［昭和33］年５月）のために改装した国立競技場で、アジア大会終了後の最初の大会となった。

それからずっと国立競技場となるが、１９６４（昭和39）年の東京五輪のために大改修工事が行われ、その３年間は再び後楽園競輪場開催となった。

最近は、川崎市の等々力陸上競技場で定着している。

過去の記録を調べると、「川渕がハットトリック」（１９６２［昭和37］年の第13回）、「釜本が全４得点」（１９６４［昭和39］年の第15回）など、スパースターは晴れ舞台で実力を発揮している。

ナイター早慶戦が１度だけ、薄暮試合になったことがある。１９７４（昭和49）年の第25回大会で、第一次オイルショックに伴う電力節減に伴うものだった。

11連敗のあと、13連勝――バドミントン早慶戦

早慶バドミントン定期戦は、バドミントン部が体育局に公認された1952（昭和27）年、既に10年前に創部していた慶應に無謀にも早慶定期戦を挑んだことから始まった。その際「10年間は胸を貸して欲しい。11年目からは対等に闘えるようにします。必ず勝てるようになります」と約束した。

翌1953（昭和28）年から開始された早慶バドミントン定期戦は、10年間は予想通り早稲田の敗戦が続き10連敗となったが、第9回と第10回は7対8と接戦し、約束の11年目を迎え、早稲田の期待は否が応にも高まった。しかし、結果は2対13と大敗し、11連敗を喫してしまった。

当時の慶應は、関東大学一部リーグ戦では常に4強の一角を占めていて、インカレで優勝を狙える実力があり、多くのスタープレーヤーがいる強豪チームであった。所詮《しょせん》早稲田の歯が立つ相手ではなかったのである。

しかし、しかしである。翌1964（昭和39）年に8対7で初めて慶應に勝ったのである。そしてそれから勝ち続け、なんと11連勝してタイに持ち込み、13連勝まで伸ばして無謀とも思われた公約をようやく果たすこととなった。

その後は、慶應が関東リーグの一部から二部、三部へとまるで坂道を転げ落ちるように弱体化したのに対し、早稲田は着々と力をつけ、ここ数年は早稲田の優勢は不動のものとなった。現在までの対戦成績は、52対14と大差がついてしまった。それこそ昔の早慶が逆転し、今や早稲田は2018（平成30）年のインカレ

団体戦2連覇、シングルスとダブルスも制し、3冠を達成して強豪チームの一つに数えられるようになっている。

これは、一つには大学がスポーツ振興に注力してくれたことが大きな要因であるが、それに報いるため不断の努力を重ねた現役諸君、そしてその現役を支えてきたOB・OGの結束による賜物でもあった。そして忘れてならないのは、慶應諸先輩の方々である。

創部当初、それこそ運動部の体をなしていなかったと思われる早稲田の挑戦を、よくぞ受けてくれたものと思う。きっと相手が早稲田であったから受けてくれたのだと思うが、10年以上もの長い間、胸を貸し続け、見守ってくれたお陰であると、とても感謝している。

今度は、早稲田が見守る番である。慶應が昔のような強豪チームに一日も早く戻ってくれるよう待望している。

（早大バトミントン部1964〔昭和39〕年卒・今井清兼）

吉永小百合は「楽馬会」の会員

女優の吉永小百合といえば、大の早稲田ラグビーファン。毎年「牛1頭」をラグビー蹴球部に差し入れているという。

これが明らかになったのは、ラグビー日本代表だった早大OB五郎丸歩選手が、戦後70年を記念した映画「母と暮せば」の舞台挨拶に送った吉永小百合宛のビデオレター。2015（平成27）年の暮れのことだった。

「吉永さん、僕が早稲田大学ラグビー部に所属している頃から…そして今もなお、牛1頭という大きなものを差し入れいただき、ありがとうございます。〝ラグビーの母〟として、吉永さんと接する機会があったことを、うれしく思っています」

「吉永さん、これからも変わらず〝母〟としてラグビーの応援、よろしくお願いします」

早大ラグビー蹴球部のHPを見ると、菅平合宿で「牛1頭」を丸焼きにする写真が載っていた。「吉永牛」と呼んでいるそうだ。

吉永小百合は、1965（昭和40）年4月、第2文学部西洋史学専修に入学、馬術部に入った。東伏見の厩舎に通って、馬の手入れ、餌やり、厩舎の清掃などもやったハズだ。

「半年ほどでやめた」というから、早慶戦などの試合には出場していないと思う。

「応援席の吉永小百合」
早慶戦に来た吉永小百合。手にしているのは早稲田スポーツ

「早スポ」創刊40周年OB記念誌（1999年発行）から

ただ、部員たちの集まり「楽馬会」には、毎年参加しているのだという。そこでの挨拶がネットに載っていた。

「私も高齢者の仲間になりました。高峰秀子さんは54歳で引退されていますので、私も引退することを考えました。でも今はもう少し続けようと思っています。このような一会員として出席できる会が一番楽しみです」

早スポもキャンパスで取材に追いかけたらしい。

1966（昭和41）年、神宮球場で撮った写真が、創刊40周年の記念誌に載っている。早スポの早慶戦特集号をプレゼントしたのか、写真説明は「手にしているのは早稲田スポーツ」とある。

体育実技は卓球を履修した。「一般学生は短パンだったが、吉永小百合は長いトレパン姿だった」と、「早スポ」50周年記念誌にある。

何度も取材を申し込んだが、「一般学生と同じです」と断られたという。

空の早慶戦　創設期に立ち会う

1930（昭和5）年、学生航空連盟発足、関東7校（早慶法など）関西1校（京大）。当時は戦時色濃厚で戦うための飛行機乗りを育成する機運があった。学連の大会は何度かあったが、戦時中はそれどころではない。学徒出陣で運動競技など吹き飛んだ。

1945（昭和20）年終戦。一切の軍備は禁止。特に飛行機は航空禁止令で、飛ぶ事は勿論、製作したり理論研究すら全面禁止。以前の飛行機野郎たちは「この空は我が空ならずこの空は…」と嘆息した。

1952（昭和27）年、航空禁止令解除。学連も各大学航空部も新規活動を開始した。当初は機材も無く、人員も少なく、指導者も不足。学連主体の合同合宿から始まった航空禁止令解除後、各校は先ずは自前の機材をと、国内のメーカーと一緒に機体（グライダー）製作に励んだ。早稲田もようやく2機を所有、慶應も2機体制で訓練を開始した。

10年経過、1962（昭和37）年2月、国内初の学連以外の試合・対抗戦が行われた。これが始まりである。

第1回早慶戦。場所は神奈川県藤沢飛行場。江の島が見え、大船観音様の像が5キロ先に白く見えて良き目標になる。第1部は滞空時間と獲得高度を競う。2部は飛行スタイルと着陸の優劣で得点。1部5人は経験の多い4年生主体。慶應は高校生時代から民間グライダークラブで飛び訓練を積んだ選手が3人いる。1960(昭和35)年、北海道旭川西高から入学した私は当時2年生。2部の選手(5人)に選ばれた。

全5日間の試合日程の内、最初の1日だけ飛べた。慶應の高校生あがり1名が経験を生かしての得点のみ。残り4日間はすべて天候不順により待機々々。格納庫で機体整備に費やす。最終日もついに天候回復せず、たった1日のそれも1発のみの得点では、早稲田は不成立を主張。慶應は1日・1発でも勝ちは勝ちと譲らない。

規定は、天候不順時には飛ばない項のみ。飛行回数には触れていなかった。これが初めての試合の競技規定の不備(想定外)とは後刻反省。判定は最終日の表彰式に参列された両校の部長先生に預ける事にした。当時の白川稔部長は、戦時中の当航空部のOBであり豊かな見識を持つ人格者。「いわば学連に抗して開催した第1回の対抗戦。更に注目している他の大学の見本にもなり、不成立は好ましくない。規定の不備は次回から検討しよう。ここでは慶應に勝ちを譲ろう」と結んだ。大人の判断であった。

慶應は欣喜雀躍。応援歌・「陸の王者」を「空の王者」ケイオーと歌った。

第2回は1963(昭和38)年3月。前年藤沢飛行場が閉鎖され、各校とも飛行場探しに関東平野を駆けまわった。学連が埼玉県熊谷の利根川河川敷に格好の空地を見つけ、妻沼《めぬま》飛行場として開設した。

初めての場所で、グライダー屋にとっては気候天候の変動推移は大きな要素。手探り状態で毎回飛ぶたびに上空の様子を確かめた。からっ風のなか、早慶戦は初めての空で開かれた。今回も慶應は高校あがりの４年生選手２名が活躍し、残念ながら負けた。私（３年生）は主将として、連敗に責任を感じたが次回を期した。

第３回は、同じ妻沼飛行場。うちはエース大沼明夫（早大学院）がおり、私と４年生２人。慶應は４年生１人。高校生あがりは卒業。今回は早稲田の勝ちパターンであり、当然必勝を期した。５日間の気象状況はベスト。慶應は２連勝で威勢がよい。

ところが大会２日前の練習時、若い慶應１年生が上昇中に高度２００メートルから真っ逆さまに墜落して即死。妻沼での最初の死亡事故となった。早稲田は隣の滑走路で飛んでいた。この時、慶應ピストは動転して動けず、私は車で駆けつけ機体からパイロットを引き出し、医者に運んだ。

試合は中止となった。試合直前であり、慶應の不戦敗と思われたが、慶應からの申し入れはなかった。

４年最後の、というより卒業１か月前の１９６４（昭和39）年２月28日、大沼は直線距離54・５キロの飛行に成功、国際銀Ｃ章を獲得、早大体育局名誉賞に輝いた。

水川は筑波山で滞空５時間と獲得高度２７００ｍ（学生新）を達成。声高らかに「紺碧の空」を歌った。50数年経た今も心から満足している。

（早大航空部１９６４［昭和39］年卒主将・水川　毅）

第1回早慶相撲に野球部の河合君次が助っ人出場

伝統の相撲部（1917［大正6］年創部）は、現在早慶戦を行っていない。

「アサヒスポーツ」1930（昭和5）年7月1日号に、こんな記事が載っている。

慶大初めて凱歌を挙ぐ

第五回早慶対校角力

第5回早慶戦は6月1日靖国神社で行われた。両校15人が3回取組をして得点を争う。3回戦とも慶大が8－7で勝ち、24－21で早慶戦初勝利を挙げた。通算成績は早大の4勝1敗となった。

星取表を紹介したい。

慶大（24点）	早大（21点）
×○○藤　井	○○○亀　山
○××五　島	××○依　光
○××足　立	×○×佐　藤
○○○近　藤	×××池　沢
○○○入　江	×××樋　口
○○○岩　上	×××鈴　木

×○○浅見	○○×五十嵐弟
×○○上妻	○×× 泉
○×○杉山	×××五十嵐
×××岡田	○×○松沢
×××名倉	○○×仲村
○○○淡路	×○○笹山
×××片山	○×○中村
×××田中丸	○○○村上
○○×大島	×○○豊平

早大の大将は、前年第11代学生横綱となった豊平悠三（勇三）だ。長年の功績から１９６１（昭和36）年秋、豊平師範の銅像がつくられ、道場で除幕式が行われた。

１敗は慶大の大将大畠政次郎（第10代学生横綱）に叩き込みで敗れた。後ろから５番目仲村は、のちの関脇笠置山である。引退して年寄秀ノ山を襲名したが、断髪式は大隈講堂で行っている。人気力士だった。

◇

相撲部80年史には「早慶戦の出発」という項があり、第１回早慶戦は１９２６（大正15）年６月13日、靖国神社で行われた。結果は26－19で、早大が初優勝を飾った。

野球部の河合君次選手（旧制岐阜中、現岐阜高）が補欠登録され、2、3回戦に出場して連勝。「満場の喝采を博した」とある。

河合は、前年秋に19年ぶりに復活した野球の早慶戦に5番右翼手として出場し、早大の連勝に貢献している。東海地方では、中学生力士として有名だった。

この大会で初めてまわしにエビ茶色のWマークを付けたという。

第4回まで早大が4連勝、そして前記第5回大会となる。

翌年の第6回大会も●早大21－24慶大○と、2連敗した。戦前は1943（昭和18）年の第14回まで開かれ、早大12勝2敗の記録が残っている。

「これ以降、学徒出陣、戦争による波浪に巻き込まれ、冬の時代を迎えた」とある。

◇

草創期の相撲部で大将をつとめたのは、浅岡信夫である。1920（大正9）年と翌年、2年連続して全国学生相撲大会の団体で2連覇した。個人戦は、3位と2位で学生横綱にはなれなかった。

浅岡は1920（大正9）年～1922（大正11）年、男子ハンマー投で日本陸上競技選手権大会を3連覇。1922（大正11）年には、ラグビーの第1回早慶戦に⑩スタンドオフで出場している。学生スポーツ界のスーパースターだった。

「午前中は柔道、午後は陸上、ラグビー、夕方になると相撲という具合だった」と、早スポのインタビューに答えている。その4部の他、水泳部のOBでもある。

卒業後は映画俳優となり、岡田嘉子と共演するなどで話題となった。

早稲田の角帽を被った浅岡信夫。

戦後は参議院議員に当選、１期つとめた。１９６８（昭和43）年没、68歳。

もうひとり相撲部の有名人は、社会党の代議士で人間機関車と呼ばれたヌマさんこと浅沼稲次郎。雄弁会にも所属し、60年安保の秋、日比谷公会堂で演説中に右翼の青年に刺殺された。享年61歳。

◇

相撲部の道場には、ＯＢの名札が掛かっているが、その中に元「早スポ」編集長上田守英（１９９９［平成11］年卒）がいる。

上田が相撲部80年に寄せた文章によると、２年生のとき体育の授業で相撲を履修した。翌年29代早スポ編集長となって、相撲部も担当。靖国神社相撲場で行われた春の新人戦では、相撲部員が退部したため、急遽まわしを締めて代打出場。わずか１秒で押し出された。

早スポ編集長を終えて４年生になって、相撲部に入部した。「稽古は苦しいもの以外の何ものでもありませんでした。しかし、この１年間は、刺激的に、一日々々が過ぎていきました」

上田は早スポ創刊30年を経験して卒業した。その最大の功績は、「早稲田スポーツ」縮刷版の作成だ。創刊号から第２２９号（１９９０［平成２］年１月11日付）までを１冊にまとめた。この『早慶戦全記録』づくりにどれほど役に立ったか。

強い！　ワセ女

女子の早慶戦記録を見ると、早稲田「〇」が圧倒的だ。「勝った、負けた」と拮抗しているのは弓道とラクロス。この10年間で「●」が付いたのは、硬式テニス、バドミントン、ゴルフくらい。あとは早稲田の「〇」の行列である。

早スポ第15号（１９６１〔昭和36〕年5月27日）で「ワセダの女子部員」を特集している。それによると、早大体育局所属の運動部39部の部員は１７９３人。このうち女子部員は１２２人、６・８％である。ざっと3万人いる学生の０・39％だ。

早スポ発行の『早稲田スポーツ年鑑』創刊号にある１９６０（昭和35）年度の女子部員は軟式庭球14、バスケットボール13、自動車12、バドミントン10、漕艇、バレーボール各9、硬式テニス、馬術、卓球各8、ワンダーフォーゲル7、ゴルフ5といった具合で、他に女子部員が記録されているのは弓道、水泳、体操、フェンシング。

翌１９６１（昭和36）年度の名簿を見ると、山岳、スケート、航空にも女子部員の登録がある。

それが今――。競技スポーツセンター44部の運動部員は約２６００人。うち女性が34％を占める。９００人近い女子部員がいるわけだ。

競技スポーツセンターのＨＰによると、女子部員は44全運動部にいる。野球部にも1年生が1人、ラグビー蹴球や米式蹴球（アメリカン・フットボール）はマネジャー・後方支援のスタッフ役だが、レスリングなど格闘技で選手として活躍しているものも少なくない。

何故ワセ女が強いのか。誰もが指摘するのは、1987（昭和62）年新設の人間科学部スポーツ科学科→2003（平成15）年スポーツ科学部の設置だ。入試制度で「トップアスリート」「アスリート選抜」「スポーツ自己推薦」があって、高校時代にスポーツで優秀な成績を収めた人材が、入試の難関を突破しやすいようにしていることも要因のひとつとしてあげられる。女子は授業にも出席して「文武両道」が当たり前だ。

早スポOGにもオリンピアンがいる。1994（平成6）年社会科学部卒の中山英子（松本県ケ丘高）。「信濃毎日新聞」の記者として1998年長野冬季五輪を取材。スケルトンを体験して、この競技にはまり、2002年ソルトレークシティ五輪と2006年トリノ五輪に2大会連続出場しているのだ。

現在電通に勤務して2020年東京五輪・パラリンピック関係の仕事をしている。

滑走する中山英子選手（上）と、インタビューに応じる中山英子（下）選手．
（2007年1月、スケルトン長野W杯で）

第7章

各運動部の早慶戦・記録編

第 57 回早慶米式蹴球のスコアボード＝ 2019（平成 31）年 4 月29 日
駒沢陸上競技場＝

庭球部［男子］105勝83敗

回数	開催年	勝敗	早大－慶大	勝敗
1	1924年春	○	6 － 3	●
2	秋	○	6 － 3	●
3	25年春	○	8 － 1	●
4	秋	○	8 － 1	●
5	26年春	○	7 － 2	●
6	秋	○	5 － 4	●
7	27年春	●	3 － 6	○
8	秋	●	1 － 8	○
9	28年春	●	2 － 7	○
10	秋	●	4 － 5	○
11	29年春	○	5 － 4	●
12	秋	●	2 － 7	○
13	1930年春	●	3 － 6	○
14	秋	○	5 － 4	●
15	31年春	●	2 － 7	○
16	秋	●	2 － 7	○
17	32年春	○	5 － 4	●
18	秋	●	3 － 6	○
19	33年春	●	1 － 8	○
20	秋	●	0 － 9	○
21	34年春	●	0 － 9	○
22	秋	●	1 － 8	○
23	35年春	●	4 － 5	○
24	秋	●	0 － 9	○
25	36年春	●	1 － 8	○
26	秋	●	0 － 9	○
27	37年春	●	0 － 9	○
28	秋	○	8 － 1	●
29	38年春	●	3 － 6	○
30	秋	●	1 － 8	○
31	39年春	●	2 － 7	○
32	秋	●	3 － 6	○
33	1940年春	●	2 － 7	○
34	秋	○	6 － 3	●
35	41年春	●	0 － 9	○
36	秋	●	4 － 5	○
37	42年春	●	0 － 9	○
38	秋	●	1 － 8	○
39	43年春	●	1 － 8	○
40	秋	●	0 － 9	○
41	44年春	●	0 － 9	○
42	秋	●	3 － 6	○
戦争で中断				
43	1946年秋	●	1 － 8	○
44	47年春	●	4 － 5	○
45	秋	○	5 － 4	●
46	48年春	○	5 － 4	●
47	秋	●	2 － 7	○
48	49年春	○	8 － 1	●
49	秋	●	3 － 6	○

回数	開催年	勝敗	早大－慶大	勝敗
50	1950年春	●	3 － 6	○
51	秋	●	4 － 5	○
52	51年春	○	8 － 1	●
53	秋	●	4 － 5	○
54	52年春	●	1 － 8	○
55	秋	●	4 － 5	○
56	53年春	●	3 － 6	○
57	秋	●	3 － 6	○
58	54年春	●	4 － 5	○
59	秋	●	3 － 6	○
60	55年春	●	1 － 8	○
61	秋	●	3 － 6	○
62	56年春	●	2 － 7	○
63	秋	●	2 － 7	○
64	57年春	●	1 － 8	○
65	秋	●	4 － 5	○
66	58年春	●	3 － 6	○
67	秋	●	3 － 6	○
68	59年春	●	3 － 6	○
69	秋	●	2 － 7	○
70	1960年春	●	3 － 6	○
71	秋	●	1 － 8	○
72	61年春	○	7 － 2	●
73	秋	○	5 － 4	●
74	62年春	○	6 － 3	●
75	秋	●	3 － 6	○
76	63年春	●	4 － 5	○
77	秋	●	1 － 8	○
78	64年春	●	2 － 7	○
79	秋	●	2 － 7	○
80	65年春	●	3 － 6	○
81	秋	●	2 － 7	○
82	66年春	●	4 － 5	○
83	秋	●	1 － 8	○
84	67年春	●	4 － 5	○
85	秋	●	2 － 7	○
86	68年春	●	3 － 6	○
87	秋	●	0 － 9	○
88	69年春	○	8 － 1	●
89	秋	○	6 － 3	●
90	1970年春	●	1 － 8	○
91	秋	●	2 － 7	○
92	71年春	●	2 － 7	○
93	秋	●	3 － 6	○
94	72年春	○	5 － 4	●
95	秋	○	8 － 1	●
96	73年春	○	8 － 1	●
97	秋	○	8 － 1	●
98	74年春	○	5 － 4	●
99	秋	○	8 － 1	●

回数	開催年	勝敗	早大－慶大	勝敗
150	2000年春	○	9 － 0	●
151	秋	○	8 － 1	●
152	01年春	○	8 － 1	●
153	秋	○	8 － 1	●
154	02年春	○	9 － 0	●
155	秋	○	9 － 0	●
156	03年春	○	8 － 1	●
157	秋	○	8 － 1	●
158	04年春	○	8 － 1	●
159	秋	○	9 － 0	●
160	05年春	○	8 － 1	●
161	秋	○	9 － 0	●
162	06年春	○	8 － 1	●
163	秋	○	5 － 4	●
164	07年春	○	8 － 1	●
165	秋	○	7 － 2	●
166	08年春	○	8 － 1	●
167	秋	○	8 － 1	●
168	09年春	○	7 － 2	●
169	秋	○	7 － 2	●
170	2010年春	○	9 － 0	●
171	秋	○	6 － 3	●
172	11年春	○	8 － 1	●
173	秋	○	8 － 1	●
174	12年春	○	8 － 1	●
175	秋	○	8 － 1	●
176	13年春	○	7 － 2	●
177	秋	○	8 － 1	●
178	14年春	○	5 － 4	●
179	秋	○	6 － 3	●
180	15年春	○	6 － 3	●
181	秋	○	7 － 2	●
182	16年春	○	8 － 1	●
183	秋	○	5 － 4	●
184	17年春	○	8 － 1	●
185	秋	○	5 － 4	●
186	18年春	○	5 － 4	●
187	秋	○	5 － 4	●
188	2019年春	○	6 － 3	●

テニス早慶戦MEMO

早慶戦の始めは、1904（明治37）年10月29日で軟球を使って行われた。硬球に変わったのは1921（大正10）年からで、24（大正13）年春、第1回早慶定期戦となった。

「早慶戦はティームメイトとも、敵愾心を燃やして戦った相手とも、生涯を通じての友情を育ててくれる」と宮城淳（1953年卒）。

回数	開催年	勝敗	早大－慶大	勝敗
100	75年春	○	6 － 3	●
101	秋	○	6 － 3	●
102	76年春	●	2 － 7	○
103	秋	○	5 － 4	●
104	77年春	●	1 － 8	○
105	秋	●	0 － 9	○
106	78年春	○	5 － 4	●
107	秋	○	7 － 2	●
108	79年春	○	7 － 2	●
109	秋	○	7 － 2	●
110	1980年春	○	8 － 1	●
111	秋	○	5 － 4	●
112	81年春	○	5 － 4	●
113	秋	●	4 － 5	○
114	82年春	●	4 － 5	○
115	秋	○	5 － 4	●
116	83年春	○	6 － 3	●
117	秋	●	4 － 5	○
118	84年春	○	5 － 4	●
119	秋	●	3 － 6	○
120	85年春	○	8 － 1	●
121	秋	○	6 － 3	●
122	86年春	○	8 － 1	●
123	秋	○	7 － 2	●
124	87年春	○	8 － 1	●
125	秋	○	8 － 1	●
126	88年春	○	5 － 4	●
127	秋	○	9 － 0	●
128	89年春	○	7 － 2	●
129	秋	○	5 － 4	●
130	1990年春	○	5 － 4	●
131	秋	●	4 － 5	○
132	91年春	○	5 － 4	●
133	秋	○	8 － 1	●
134	92年春	○	7 － 2	●
135	秋	○	8 － 1	●
136	93年春	○	5 － 4	●
137	秋	○	6 － 3	●
138	94年春	○	8 － 1	●
139	秋	○	5 － 4	●
140	95年春	○	5 － 4	●
141	秋	○	6 － 3	●
142	96年春	○	7 － 2	●
143	秋	○	5 － 4	●
144	97年春	●	4 － 5	○
145	秋	●	4 － 5	○
146	98年春	○	7 － 2	●
147	秋	○	7 － 2	●
148	99年春	○	6 － 3	●
149	秋	○	8 － 1	●

庭球部 ［女子］61勝41敗

回数	開催年	勝敗	早大－慶大	勝敗
1	1954年秋	○	6－3	●
2	55年春	○	6－3	●
3	秋	○	7－0	●
4	56年春	●	2－5	○
5	秋	●	2－5	○
6	57年春	●	3－4	○
7	秋	●	2－5	○
8	58年春	○	5－2	●
9	秋	○	4－3	●
10	59年春	○	3－2	●
11	秋	○	5－2	●
12	1960年春	○	3－2	●
13	秋	○	5－2	●
14	61年春	○	5－0	●
15	秋	○	6－1	●
16	62年春	○	5－0	●
17	秋	○	5－2	●
18	63年春	○	7－0	●
19	秋	○	7－0	●
20	64年春	○	4－3	●
21	秋	○	6－1	●
22	65年春	○	3－2	●
23	秋	●	2－5	○
24	66年春	●	2－3	○
25	秋	●	3－4	○
26	67年春	●	1－4	○
27	秋	●	0－7	○
28	68年春	○	6－1	●
29	秋	○	6－1	●
30	69年春	○	4－3	●
31	秋	○	5－2	●
32	1970年春	●	1－4	○
	秋			
	71年春			
	秋			
	72年春			
33	秋	●	3－4	○
	73年春			
	秋			
	74年春			
	秋			
	75年春			
34	秋	●	1－6	○
35	76年春	●	0－7	○
	秋			
	77年春			
36	秋	●	0－7	○
	78年春			
37	秋	●	1－6	○
	1979年春			

回数	開催年	勝敗	早大－慶大	勝敗
38	秋	●	0－7	○
	1980年春			
39	秋	●	0－7	○
	81年春			
40	秋	●	0－7	○
	82年春			
41	秋	●	0－7	○
	83年春			
42	秋	●	0－7	○
	84年春			
43	秋	●	3－4	○
	85年春			
44	秋	●	0－7	○
	86年春			
45	秋	●	0－7	○
	87年春			
46	秋	●	0－7	○
	88年春			
47	秋	○	4－3	●
	89年春			
48	秋	●	2－5	○
	1990年春			
49	秋	●	3－4	○
50	91年春	●	2－5	○
51	秋	●	1－6	○
	92年春			
52	秋	●	1－6	○
53	93年春	●	0－7	○
54	秋	●	2－5	○
55	94年春	●	2－5	○
56	秋	●	3－4	○
	95年春			
57	秋	●	2－5	○
	96年春			
58	秋	●	3－4	○
59	97年春	●	2－5	○
60	秋	●	3－4	○
61	98年春	●	2－5	○
62	秋	●	3－4	○
63	99年春	○	6－1	●
64	秋	○	7－0	●
65	2000年春	○	4－3	●
	秋			
66	01年春	○	7－0	●
67	秋	○	6－1	●
68	02年春	○	7－0	●
69	秋	○	7－0	●
70	03年春	○	6－1	●
71	秋	○	7－0	●
72	2004年春	○	6－1	●

回数	開催年	勝敗	早大ー慶大	勝敗
73	秋	○	7－0	●
74	05年春	○	6－1	●
75	秋	○	7－0	●
76	06年春	○	6－1	●
77	秋	○	7－0	●
78	07年春	○	7－0	●
79	秋	○	7－0	●
80	08年春	○	7－0	●
81	秋	○	6－1	●
82	09年春	○	7－0	●
83	秋	○	6－1	●
84	2010年春	○	7－0	●
85	秋	○	6－1	●
86	11年春	○	7－0	●
87	秋	○	7－0	●
88	12年春	○	6－1	●
89	秋	○	6－1	●
90	13年春	○	5－2	●
91	秋	○	5－2	●
92	14年春	○	4－3	●
93	秋	○	6－1	●
94	15年春	○	4－3	●
95	秋	●	2－5	○
96	16年春	○	5－2	●
97	秋	○	6－1	●
98	17年春	○	6－1	●
99	秋	○	5－2	●
100	18年春	○	5－2	●
101	秋	○	5－2	●
102	2019年春	●	2－5	○

テニス早慶戦MEMO

早大テニス部のレジェンドといえば、福田雅之助、安部民雄、佐藤次郎、戦後の宮城淳、加茂公成が思い浮かぶが、ここでは黒松和子（現高橋、執筆当時77歳）を紹介したい。

入学した1960（昭和35）年春から63年秋まで、4年間関東学生選手権で女子単8連覇。これは永久不滅の記録である。

全日本学生女子単は2年から卒業まで3年連続優勝、1965（昭和40）年には宮城礼子を破って全日本選手権シングルスで優勝した。

1990（平成2）年～2002（平成14）年まで13年間、早大庭球部女子部の監督をつとめた。

庭球部は2018（平成30）年全日本大学対抗王座決定試合で前人未到の男女アベック13連覇達成（早大競技スポーツセンターHP）しており、その礎を築いた功労者でもある。

漕艇部（早慶レガッタ）◇47勝40敗1分◇女子45勝9敗

回数	年・月・日	早大	差	慶大	場所	距離（m）		女子
1	1905・5・8	○	1・5艇身	●	向島	1250	FIX	
中断								
2	1930・4・29	○	180cm	●	尾久	2000	エイト	
3	31・4・29	●	2艇身	○	向島	3000	エイト	
4	32・4・29	○	180cm	●	〃	〃	エイト	
5	33・4・29	●	180cm	○	向島	〃	エイト	
6	34・4・29	●	0・5艇身	○	荒川放水路	〃	エイト	
7	35・4・29	●	4艇身	○	〃	〃	エイト	
8	36・4・29	●	60cm	○	〃	〃	エイト	
9	37・4・29	●	180cm	○	尾久	3200	エイト	
10	38・4・29	○	2艇身	●	〃	〃	エイト	
11	39・4・29	○	2艇身	●	〃	〃	エイト	
12	1940・4・29	●	1 1/3艇身	○	〃	〃	エイト	
13	41・4・29	○	2 1/2艇身	●	戸田	2000	エイト	
14	42・4・29	○	2 1/2艇身	●	〃	〃	エイト	
15	43・4・29	○	150cm	●	〃	〃	エイト	
戦争による中断								
16	1947・5・11	●	4艇身	○	向島	2000	エイト	
17	48・9・18	○	1/2艇身	●	〃	〃	エイト	
18	49・9・4	●	3艇身	○	戸田	〃	エイト	
19	1950・5・20	●	6艇身	○	向島	6000	エイト	
20	51・5・12	●	3艇身	○	〃	〃	エイト	
21	52・5・10	○	10艇身	●	〃	〃	エイト	
22	53・5・10	○	7艇身	●	〃	〃	エイト	
23	54・5・9	○	3艇身	●	〃	〃	エイト	
24	55・5・8	○	5艇身	●	〃	〃	エイト	
25	56・4・1	●	5艇身	○	〃	〃	エイト	○
26	57・5・12	○	（沈没）	●	〃	〃	エイト	○
27	58・5・11	●	3・5艇身	○	〃	〃	エイト	○
28	59・4・29	○	1 1/3艇身	●	〃	3100	エイト	○
29	1960・3・13	●	2・5艇身	○	戸田	1600	エイト	○
30	61・5・7	●	10艇身	○	向島	6000	エイト	●
31	62・4・29	●	2艇身	○	戸田	2000	エイト	●
32	63・5・19	●	3 1/3艇身	○	相模湖	〃	エイト	○
33	64・7・5	○	1 1/3艇身	●	戸田	〃	エイト	○
34	65・4・18	○	2艇身	●	荒川	3800	エイト	○
35	66・4・17	○	大差	●	〃	〃	エイト	●
36	67・4・16	●	5艇身	○	〃	〃	エイト	●
37	68・4・14	○	50cm	●	〃	4000	エイト	●
38	69・4・20	●	1/3艇身	○	戸田	2000	エイト	中断
39	1970・4・12	○	カンバス	●	〃	〃	エイト	○
40	71・4・18	●	12艇身	○	荒川	4000	エイト	○
41	72・4・16	○	8艇身	●	〃	〃	エイト	｜
42	73・4・15	○	2艇身	●	〃	〃	エイト	｜
43	74・4・27	○	カンバス	●	戸田	2100	エイト	｜
44	75・4・20	○	5艇身	●	〃	2130	エイト	｜
45	1976・4・11	○	1 1/2艇身	●	〃	〃	エイト	｜

回数	年・月・日	早大	差	慶大	場所	距離		女子
46	1977・4・17	○	1/2艇身	●	〃	〃	エイト	｜
47	78・4・16	●	大差	○	向島	6000	エイト	｜
48	79・4・15	○	1 1/3艇身	●	〃	4000	エイト	｜
49	1980・4・20	○	（沈没）	●	〃	3200	エイト	｜
50	81・4・26	○	1 1/2艇身	●	〃	4000	エイト	○
51	82・4・11	○	4艇身	●	〃	〃	エイト	○
52	83・4・17	●	1 1/2艇身	○	〃	〃	エイト	●
53	84・4・22	●	4艇身	○	〃	〃	エイト	●
54	85・4・21	○	2 1/2艇身	●	〃	〃	エイト	●
55	86・4・13	△	同着	△	〃	〃	エイト	○
56	87・4・5	●	3 1/2艇身	○	〃	〃	エイト	○
57	88・4・10	○	カンバス	●	〃	〃	エイト	○
58	89・4・9	●	5cm	○	〃	〃	エイト	●
59	1990・4・15	○	8艇身	●	〃	〃	エイト	○
60	91・4・28	●	4艇身	○	〃	〃	エイト	○
61	92・4・19	○	3艇身	●	〃	〃	エイト	○
62	93・4・29	●	大差	○	〃	〃	エイト	○
63	94・4・17	●	2 2/3艇身	○	〃	3200	エイト	○
64	95・4・16	●	3 1/2艇身	○	〃	〃	エイト	○
65	96・4・21	○	1 1/4艇身	●	〃	〃	エイト	○
66	97・4・20	○	1 1/3艇身	●	〃	〃	エイト	○
67	98・4・19	○	1/2カンバス	●	〃	〃	エイト	○
68	99・4・18	●	1/2艇身	○	〃	〃	エイト	○
69	2000・4・16	●	6艇身	○	〃	〃	エイト	○
70	01・4・22	●	1艇身	○	〃	〃	エイト	○
71	02・4・21	○	4艇身	●	〃	〃	エイト	○
72	03・4・20	○	2艇身	●	〃	〃	エイト	○
73	04・4・18	●	2 1/2艇身	○	〃	3000	エイト	○
74	05・4・17	●	5艇身	○	〃	〃	エイト	○
75	06・4・16	○	2/3艇身	●	〃	〃	エイト	○
76	07・4・15	○	2艇身	●	〃	〃	エイト	○
77	08・4・20	○	3 1/2艇身	●	〃	〃	エイト	○
78	09・4・19	●	2 1/2艇身	○	〃	〃	エイト	○
79	2010・4・18	○	1 3/4艇身	●	〃	〃	エイト	○
80	11・4・23	○	1 1/4艇身	●	戸田	2000	エイト	○
81	12・4・15	●	4艇身	○	向島	3000	エイト	○
82	13・4・21	●	7艇身	○	〃	3750	エイト	○
83	14・4・13	●	1 1/4艇身	○	〃	〃	エイト	○
84	15・4・19	●	（失格）	○	〃	〃	エイト	○
85	16・4・17	●	（沈没）	○	〃	〃	エイト	○
86	17・4・16	○	1艇身	●	〃	〃	エイト	○
87	18・4・22	○	1 1/4艇身	●	〃	〃	エイト	○
88	2019・4・14	○	カンバス	●	〃	〃	エイト	○

早慶レガッタMEMO

1905（明治38）年の第１回早慶レガッタが、早大漕艇部の初の公式レースだった。慶大の創部は1889（明治22）年。「土手評を裏切って」早大が勝った。

剣道部 ［男子］43勝36敗4分

回数	年・月・日	早大		慶大	場所
1	1925・11・ 8	○	不戦6	●	陸軍戸山学校道場
2	26・ 9・26	●	大将戦	○	〃
3	27・11・23	○	10−9	●	〃
4	28・10・28	○	不戦2	●	〃
5	29・ 9・28	△	引き分け	△	〃
6	30・ 9・28	○	不戦3	●	〃
7	31・10・20	○	12−8	●	警視庁道場
8	32・ 9・23	○	大将戦	●	〃
9	33・ 9・24	○	10−9	●	陸軍戸山学校道場
10	34・ 9・23	○	不戦3	●	〃
11	35・ 9・24	○	12−8	●	〃
12	36・ 9・27	●	不戦1	○	〃
13	37・ 9・23	●	9−11	○	神田一橋国民体育館
14	38・10・ 1	○	不戦8	●	〃
15	39・ 9・24	●	25−26	○	〃
16	1940・ 9・23	●	不戦1	○	〃
17	41・ 9・23	●	9−11	○	〃
18	42・ 7・ 9	●	不戦3	○	東京帝大七徳道場
19	43・ 6・ 1	●	9−11	○	慶応義塾綱町道場
戦中・戦後の剣道禁止による中断					
20	1955・ 9・11	○	大将戦	●	東京電力本社道場
21	56・ 9・ 9	△	引き分け	△	神田一橋国民体育館
22	57・12・ 8	●	不戦5	○	警視庁道場
23	58・ 9・ 7	●	9−11	○	神田一橋国民体育館
24	59・12・ 6	●	不戦5	○	〃
25	1960・11・ 3	●	7−13	○	警視庁道場
26	61・11・23	●	不戦6	○	神田一橋国民体育館
27	62・11・ 3	●	9−11	○	〃
28	63・11・ 3	○	大将戦	●	〃
29	64・11・ 3	●	21−22	○	〃
30	65・11・ 3	○	不戦2	●	国立競技場神田体育館
31	66・11・ 3	○	11−9	●	〃
32	67・11・ 3	●	不戦1	○	〃
33	68・11・ 3	○	13−7	●	〃
34	69・11・ 3	○	不戦7	●	日本鉱業体育館
35	1970・11・23	○	11−9	●	〃
36	71・11・ 3	○	不戦2	●	〃
37	72・11・12	○	11−9	●	〃
38	73・11・ 4	●	大将戦	○	駒沢屋内球技場
39	74・11・ 3	○	11−9	●	新宿区体育館
40	75・11・16	○	不戦3	●	慶応日吉記念館
41	76・11・14	○	11−9	●	日本鉱業体育館
42	77・11・13	○	不戦5	●	慶応日吉記念館
43	78・11・12	●	11−9	○	駒沢屋内球技場
44	79・11・11	●	不戦2	○	慶応日吉記念館
45	1980・11・16	○	14−6	●	早大記念会堂
46	81・11・15	○	不戦12	●	日本鉱業体育館

回数	年・月・日	早大		慶大	場所
47	1982・11・14	○	19－15	●	慶応普通部体育館
48	83・11・13	○	不戦1	●	慶応日吉記念館
49	84・11・11	●	17－19	○	早大記念会堂
50	85・11・ 4	○	大将戦	●	中央区立総合体育館
51	86・11・ 9	●	13－15	○	早大記念会堂
52	87・11・ 1	○	不戦5	●	慶応日吉記念館
53	88・10・30	●	9－11	○	〃
54	89・11・ 2	●	不戦5	○	〃
55	1990・11・11	△	引き分け	△	早大記念会堂
56	91・11・ 4	●	不戦7	○	慶応日吉記念館
57	92・11・ 1	●	7－13	○	〃
58	93・11・ 7	●	不戦2	○	〃
59	94・11・23	●	9－11	○	早大記念会堂
60	95・11・ 5	●	大将戦	○	慶応日吉記念館
61	96・11・10	●	9－11	○	〃
62	97・11・ 9	○	大将戦	●	早大記念会堂
63	98・11・ 8	●	18－19	○	慶応日吉記念館
64	99・10・31	○	不戦1	●	〃
65	2000・11・ 5	●	8－12	○	〃
66	01・11・ 4	●	大将戦	○	早大記念会堂
67	02・11・ 4	○	14－6	●	〃
68	03・11・ 2	○	不戦4	●	慶応日吉記念館
69	04・11・ 7	○	14－6	●	〃
70	05・10・30	○	不戦11	●	早大記念会堂
71	06・11・19	○	12－8	●	〃
72	07・11・25	○	不戦1	●	慶応日吉記念館
73	08・11・26	○	11－9	●	〃
74	09・11・15	○	大将戦	●	早大記念会堂
75	2010・11・28	●	7－13	○	〃
76	11・11・13	○	大将戦	●	慶応日吉記念館
77	12・11・25	●	大将戦	○	〃
78	13・11・17	●	不戦3	○	早大記念会堂
79	14・10・26	○	大将戦	●	〃
80	15・11・15	○	不戦5	●	慶応日吉記念館
81	16・11・20	○	大将戦	●	〃
82	17・10・ 9	●	大将戦	○	中央区スポーツセンター
83	2018・10・ 8	△	引き分け	△	〃

剣道早慶戦MEMO①

第 50 回記念早慶対抗剣道史にあった優勝旗の写真。
東京日日新聞は現在の毎日新聞社である。
学徒出陣「最後の早慶戦」のエピソードは 147 ページに掲載。

剣道部 ［女子］23勝12敗 不戦1

回数	年・月・日	早大		慶大	場所
1	1983・ 9・13	●	2－2本数勝	○	慶大綱町剣道場
2	84	○	3－2	●	早大剣道場
3	1985・10・15	●	2－3	○	慶大綱町剣道場
4			不戦		
5	1987・10・ 6	●	1－4	○	早大剣道場
6	88・10・11	●	2－3	○	慶大綱町剣道場
7	89・10・ 3	●	2－3	○	早大剣道場
8	1990・10・27	○	3－2	●	〃
9	91・10・ 5	○	4－3	●	慶大日吉剣道場
10	92・10・17	●	3－4	○	早大剣道場
11	93・10・23	●	3－4	○	慶大日吉剣道場
12	94・10・22	●	1－6	○	早大剣道場
13	95・10・21	○	4－3	●	慶大日吉剣道場
14	96・10・21	○	5－2	●	〃
15	97・10・26	○	5－2	●	早大剣道場
16	98・11・ 1	●	3—4	○	〃
17	99・10・24	○	5－2	●	慶大日吉剣道場
18	2000・10・22	○	5－2	●	〃
19	01・10・21	●	3－4	○	早大剣道場
20	02・10・20	●	3－4	○	〃
21	03・10・19	●	3－4	○	慶大日吉剣道場
22	04・10・17	○	5－2	●	〃
23	05・10・ 9	○	5－2	●	早大剣道場
24	06・11・ 5	○	4－3	●	〃
25	07・11・ 4	○	5－2	●	慶大日吉剣道場
26	08・10・19	○	5－2	●	〃
27	09・11・ 1	○	5－2	●	早大剣道場
28	2010・10・24	○	4－3	●	〃
29	11・10・30	○	4－3	●	慶大日吉剣道場
30	12・11・ 4	○	4－3	●	〃
31	13・10・27	○	5－2	●	早大剣道場
32	14・10・12	○	6－1	●	〃
33	15・10・18	○	4－3	●	慶大日吉剣道場
34	16・10・23	○	6－1	●	〃
35	17・10・15	○	5－2	●	早大剣道場
36	2018・ 9・24	○	4－3	●	〃

剣道早慶戦MEMO②

20年ぶりに復刊した部誌「稲剣誌」第９号（2019［令和元］年６月発行）に、1997（平成9）年度キャプテン山本有樹氏が７年ぶりに早慶戦で勝利した喜びを寄稿している。

早慶戦に向けて取り組んだ３つ――。

①下駄箱の靴・ロッカー・乾燥室・風呂・部室等すべてに４年生の掃除当番を決め、後輩とともに掃除を行うこと。
②校歌を大きな声で歌えるように稽古終了後に練習をした。
③早慶戦の試合直前に「紺碧の空」を歌い士気を高めたこと。

柔道部 [男子]57勝10敗3分 [女子]1勝0敗

回数	年・月・日	早大				慶大	場所
1	1940・11・20	○	1	―	0	●	講道館
2	41・11・ 9	○	3	―	0	●	〃
3	42・ 6・20	○	2	―	0	●	軍人会館
4	43・ 5・30	○	1	―	0	●	講道館
戦中・戦後の武道禁止による中断							
5	1953・11・22	○	3	―	0	●	講道館
6	54・11・28	●		大将戦		○	〃
7	55・11・27	△	5	―	5	△	〃
8	56・11・25	●	0	―	1	○	〃
9	57・11・24	●	0	―	4	○	〃
10	58・11・16	○		大将戦		●	〃
11	59・11・22	●	0	―	1	○	〃
12	1960・11・17	○	3	―	0	●	〃
13	61・11・26	○	3	―	0	●	〃
14	62・11・28	○	2	―	0	●	〃
15	63・10・27	○	12	―	0	●	〃
16	64・ 7・ 5	○	3	―	0	●	〃
17	65・10・17	○	5	―	0	●	〃
18	66・10・22	○	9	―	0	●	〃
19	67・10・15	○	7	―	0	●	〃
20	68・10・27	○	6	―	0	●	〃
21	69・10・10	○	4	―	0	●	〃
22	1970・10・10	○	4	―	0	●	〃
23	71・10・10	○	4	―	0	●	〃
24	72・10・10	○	5	―	0	●	〃
25	73・10・10	○		大将戦		●	〃
26	74・10・10	○	7	―	0	●	〃
27	75・10・10	○	9	―	0	●	〃
28	76・10・10	○	6	―	0	●	〃
29	77・10・10	○	4	―	0	●	〃
30	78・10・10	●	0	―	5	○	〃
31	79・10・10	●	0	―	9	○	〃
32	1980・10・10	○		大将戦		●	〃
33	81・10・10	○	3	―	0	●	〃
34	82・10・10	○	3	―	0	●	早大体育館
35	83・10・30	○	2	―	0	●	日吉記念館
36	84・10・10	○	4	―	0	●	早大体育館
37	85・10・10	○	4	―	0	●	日吉記念館
38	86・10・10	△	8	―	8	△	早大体育館
39	87・10・10	○	5	―	0	●	日吉記念館
40	88・10・10	○	4	―	0	●	早大体育館
41	89・10・10	○	2	―	0	●	日吉記念館
42	1990・10・21	○	1	―	0	●	早大体育館
43	91・11・17	○	4	―	0	●	日吉記念館
44	92・10・24	○	7	―	0	●	〃
45	93・10・24	○	10	―	0	●	〃
46	1994・10・23	○	13	―	0	●	早大体育館

回数	年・月・日	早大			慶大	場所
47	1995・10・22		○	11 − 0	●	日吉記念館
48	96・10・10		○	11 − 0	●	早大体育館
49	97・10・19		○	8 − 0	●	日吉記念館
50	98・10・18	※	○	15 − 5	●	早大体育館
51	99・10・17		○	6 − 0	●	〃
52	2000・10・29	※	○	15 − 3	●	日吉記念館
53	01・10・28		○	9 − 0	●	日吉体育館
54	02・10・14	※	○	15 − 2	●	早大体育館
55	03・10・26		○	10 − 0	●	〃
56	04・10・31	※	○	16 − 2	●	日吉体育館
57	05・10・10		○	10 − 0	●	〃
58	06・11・26	※	○	13 − 4	●	早大体育館
59	07・11・25		○	6 − 0	●	〃
60	08・11・23	※	●	6 − 8	○	日吉体育館
61	09・10・18		○	10 − 0	●	〃
62	2010・11・14	※	●	6 − 8	○	早大体育館
63	11・11・20		△	16 − 16	△	〃
64	12・11・18	※	●	9 − 11	○	日吉体育館
65	13・10・13		●	0 − 4	○	〃
66	14・10・12		○	1 − 0	●	講道館
67	15・10・18	※	○	20 − 18	●	〃
68	16・11・19		○	1 − 0	●	〃
69	17・11・18		○	2 − 0	●	〃
70	2018・11・17		○	2 − 0	●	〃

※印は点取り方式。先鋒から大将まで１対１で勝負を争う。それ以外は勝ち抜き方式。

柔道早慶戦MEMO

柔道の早慶戦は、勝抜き戦だった。スコアの１―０は１人残して勝利したという意味だ。

第46回大会（1994［平成6］年）は13人残して早大が勝った。大会記録である。人間科学部１年村瀬秀行（旭川大高、現同高教員）が８人目に出場し、慶大の大将まで９人を倒した。

９人抜きは、もうひとり第61回大会（2009［平成21］年）にスポ科１年の後藤有輝（国学院栃木、現JR東日本）が果たしている。

大会記録は、なんと12人抜きだ。第45回大会（1993年）で社会科学部２年橋本裕司（巣鴨商、現三井生命保険）が記録した。

「最初の相手を残り僅かで抑え込み、その勝利をきっかけに肩の力が抜けた。途中から息が上がっていたのも忘れた状態でした」

早慶のパワーバランスが崩れ、1998（平成10）年の第50回大会から点取り方式を隔年に実施している。記録の前に※印が付いているのが点取りの対戦方式である。

◇女子第１回（５人制点取り）
2018年11月17日講道館

早大		慶大
○中野愛巳①	技あり	宮下里佳子③
木村萌乃③	引き分け	五十嵐莉子②
藤原七海③	引き分け	平野萌花③
○岡田　蛍③	大内返し	栗田愛弓②
佐藤美裕④	引き分け	山室未咲②

丸数字は学年
＊岡田蛍初段（スポーツ科学部３年、愛知県大成高）
が優秀選手に選ばれた。

弓道部 ［男子］45勝44敗 不明1 ［女子］25勝17敗

		男子		
回数	年・月・日	早大	スコア	慶大
1	1927・ 5・22	○	57 －53	●
2	28・ 5・27	●	53 －73	○
3	29・ 5・18	○	72 －58	●
4	1930・ 5・18	○	78 －66	●
5	31・ 5・17	○	67 －60	●
6	32・ 5・15	○	69 －59	●
7	33・ 5・21	●	40 －61	○
8	34・ 5・20	●	58 －59	○
9	35・ 5・19	●	59 －65	○
10	36・ 5・17	○	73 －68	●
11	37・ 5・16	●	56 －67	○
12	38・ 5・15	○	69 －64	●
13	39・ 5・21	○	70 －62	●
14	1940・ 5・19	●	61 －68	○
15	41・ 5・19	●	64 －68	○
16	42・ 5・24	○	72 －62	●
17	42・10・25	○	60 －55	●
戦争による中断				
18	47・11・29	○		●
19	48	不明		
20	49・ 5・22	●	78 －103	○
21	1950・ 5・14	●	67 －68	○
22	51・ 5・27	○		●
23	52・ 5・25	○	94 －83	●
24	53・ 6・ 7	●	81 －94	○
25	54・ 6・ 6	○	92 －87	●
26	55・ 6・ 5	○	101 －88	●
27	56・ 6・ 3	○	106 －91	●
28	57・ 6・ 2	●	117 －118	○
29	58・ 6・ 1	○	120 －106	●
30	59・ 6・ 7	○	111 －105	●
31	1960・ 6・ 5	○	126 －114	●
32	61・ 6・ 4	●	128 －129	○
33	62・ 6・ 3	●	111 －116	○
34	63・ 5・19	○	133 －123	●
35	64・ 5・31	○	127 －120	●
36	65・ 5・30	○	135 －133	●
37	66・ 6・ 5	○	125 －116	●
38	67・ 6・ 4	●	125 －135	○
39	68・ 6・ 2	○	130 －111	●
40	69・ 6・ 1	●	117 －133	○
41	1970・ 5・31	●	113 －115	○
42	71・ 5・30	●	120 －126	○
43	72・ 5・28	○	122 －111	●
44	73・ 6・ 3	○	144 －130	●
45	74・ 5・26	○	130 －121	●
46	75・ 5・25	○	118 －106	●
47	1976・ 5・23	●		○

弓道早慶戦MEMO

1902（明治 35）年第 1 回早慶戦。慶大弓術部の年表にこうある。野球の早慶戦の前年である。
この表の第 1 回は 1927(昭和 2) 年だが、これは「復活第 1 戦」である。「中断の詳細は定かではない」と、『早稲田大学弓道部百年史』（1998［平成 10］年刊）。野球の中止と共に一切の早慶戦が行われなくなり、野球復活の 2 年後に、弓道早慶戦も復活したのだ。
戦前の最後は第 17 回 1942 年 10 月。敗戦で武道が禁止され、慶大では 1948（昭和 23）年 4 月にアーチェリー・クラブをつくり、GHQ の査察を受けたときだけ、「洋弓を彎（ひ）いて見せた」という。その前年、1947（昭和 22）年に戦後初の早慶戦が開かれている。しかし、慶大の部史は 49 年の第 20 回を復活早慶戦第 1 回、さらに「弓術の学内追放」が解けて、早慶両校が体育会に復帰後の 1953（昭和 28）年、この表の第 24 回を改めて第 1 回としている。従って 2019 年は第 67 回、早大 32 勝、慶大 35 勝である。
女子は、1978（昭和 53）年から始まった。

		男子				女子		
回数	年・月・日	早大	スコア	慶大	回数	早大	スコア	慶大
48	1977・ 5・15	●	91 －117	○				
49	78・ 6・18	●	118 －121	○	1	○	39 － 30	●
50	79・ 5・27	●	117 －127	○	2	○	39 － 38	●
51	1980・ 6・22	○	135 －131	●	3	○	51 － 48	●
52	81・ 6・14	●	116 －141	○	4	●	41 － 45	○
53	82・ 6・20	●	121 －133	○	5	○	48 － 44	●
54	83・ 6・19	●	115 －125	○	6	○	50 － 30	●
55	84・ 6・ 3	○	132 －126	●	7	○	46 － 44	●
56	85・ 6・23	○	129 －120	●	8	●	42 － 58	○
57	86・ 6・ 1	○	129 －121	●	9	●	50 － 55	○
58	87・ 6・21	○	143 －124	●	10	○	51 － 34	●
59	88・ 6・19	●	99 －130	○	11	○	－	●
60	89・ 6・18	○	133 －118	●	12	●	43 － 47	○
61	1990・ 6・17	●	117 －120	○	13	○	47 － 37	●
62	91・ 5・26	○	124 －117	●	14	●	41 － 42	○
63	92・ 6・28	○	123 －116	●	15	○	53 － 44	●
64	93・ 5・27	●	125 －134	○	16	○	57 － 38	●
65	94・ 6・26	●	117 －132	○	17	●	60 － 61	○
66	95・ 6・18	○	132 －124	●	18	●	47 － 49	○
67	96・ 6・23	●	116 －127	○	19	●	41 － 58	○
68	97・ 6・22	●	120 －135	○	20	●	52 － 57	○
69	98・ 6・28	●	114 －128	○	21	○	66 － 48	●
70	99・ 6・13	●	100 －124	○	22	●	44 － 55	○
71	2000・ 6・25	○	124 －114	●	23	●	52 － 57	○
72	01・ 6・24	●	124 －132	○	24	●	44 － 66	○
73	02・ 6・30	●	120 －126	○	25	○	52 － 48	●
74	03・ 6・ 1	○	132 －117	●	26	○	54 — 48	●
75	04・ 5・30	○	127 －121	●	27	●	54 — 55	○
76	05・ 6・19	●	124 －136	○	28	○	60 — 51	●
77	06・ 5・28	○	128 －121	●	29	○	57 — 51	●
78	07・11・ 3	●	133 －136	○	30	○	58 — 51	●
79	08・ 6・ 1	●	137 －140	○	31	○	54 — 48	●
80	09・ 6・21	●	120 －130	○	32	○	69 — 57	●
81	2010・ 5・16	●	125 －138	○	33	●	48 — 56	○
82	11・ 5・22	○	124 －116	●	34	●	51 — 59	○
83	12・ 5・20	●	128 －130	○	35	○	62 — 49	●
84	13・ 5・19	○	135 －133	●	36	○	57 — 49	●
85	14・ 5・18	○	140 －139	●	37	○	53 — 52	●
86	15・ 5・17	●	117 －129	○	38	○	66 — 59	●
87	16・ 5・15	●	116 －141	○	39	●	52 — 60	○
88	17・ 5・14	●	111 －126	○	40	○	63 — 51	●
89	18・ 5・13	○	123 —122	●	41	●	55 — 59	○
90	2019・ 5・12	●	111 —126	○	42	○	54 — 48	●

水泳部 ［競泳男子］86勝5敗［競泳女子］13勝0敗［水球男子］49勝42敗

回数	年・月・日	場所	競泳男子			競泳女子			水球男子		
			早大	スコア	慶大	早大	スコア	慶大	早大	スコア	慶大
1	1927・6・12	芝公園プール	○	88 - 48	●				●	0 - 2	○
2	28・6・10	〃	○	89 - 45	●				○	2 - 0	●
3	29・6・9	玉川プール	○	86 - 51	●				○	2 - 1	●
4	1930・6・8	明治神宮水泳場	○	86 - 49	●				●	0 - 3	○
5	31・6・21	〃	○	80 - 56	●				○	6 - 2	●
6	32・6・19	〃	○	90 - 45	●				●	2 - 3	○
7	33・6・11	〃	○	34 - 5	●				○	2 - 1	●
8	34・6・11	〃	○	31 - 8	●				○	2 - 1	●
9	35・6・9	〃	○	27 - 12	●				○	4 - 0	●
10	36・6・7	〃	○	23 - 16	●				○	1 - 0	●
11	37・6・6	〃	○	21 - 18	●				○	4 - 0	●
12	38・6・5	〃	●	11 - 28	○				●	0 - 6	○
13	39・6・4	〃	○	22 - 17	●				●	4 - 7	○
14	1940・6・9	〃	○	32 - 7	●				○	2 - 1	●
15	41・6・8	〃	○	28 - 11	●				●	1 - 3	○
16	42・6・7	〃	○	24 - 15	●				●	0 - 5	○
17	43・6・6	〃	○	27 - 12	●				●	1 - 4	○
戦争による中断											
18	1946・7・7	早大東伏見プール	○	28 - 11	●				○	7 - 2	●
19	47・6・8	〃	○	28 - 11	●				○	3 - 2	●
20	48・6・6	明治神宮水泳場	○	23 - 16	●				●	2 - 7	○
21	49・6・5	早大東伏見プール	○	27 - 12	●				○	7 - 2	●
22	1950・6・5	明治神宮水泳場	○	28 - 11	●				○	10 - 9	●
23	51・6・4	〃	○	30 - 9	●				●	5 - 7	○
24	52・6・25	〃	○	31 - 8	●				●	4 - 5	○
25	53・6・7	〃	○	24.5 - 14.5	●				●	2 - 3	○
26	54・6・5	〃	○	36 - 3	●				●	1 - 8	○
27	55・6・5	〃	○	44 - 1	●				●	0 - 5	○
28	56・6・3	〃	○	36 - 9	●				●	2 - 4	○
29	57・6・2	〃	○	35 - 13	●				●	3 - 7	○
30	58・6・8	〃	○	36 - 12	●				●	2 - 3	○
31	59・6・7	〃	○	39 - 9	●				●	2 - 13	○
32	1960・6・5	〃	○	42 - 6	●				●	1 - 4	○
33	61・6・4	〃	○	36 - 12	●				○	6 - 5	●
34	62・6・3	慶応日吉プール	○	47 - 7	●				●	5 - 6	○
35	63・6・2	早大東伏見プール	○	43 - 4	●				○	5 - 2	●
36	64・5・24	慶応日吉プール	○	45 - 9	●				○	7 - 2	●
37	65・6・6	明治神宮水泳場	○	51 - 3	●				○	6 - 3	●
38	66・6・5	〃	○	49 - 5	●				○	8 - 4	●
39	67・6・4	代々木五輪プール	○	40 - 14	●				○	5 - 4	●
40	68・6・1	〃	○	36 - 18	●				●	2 - 3	○
41	69・6・7	〃	○	42 - 11	●				○	6 - 0	●
42	1970・6・6	〃	○	42 - 12	●				○	3 - 2	●
43	71・6・6	早大東伏見プール	○	30 - 9	●				●	4 - 5	○
44	72・6・3	明治神宮水泳場	○	30 - 8	●				●	5 - 10	○
45	1973・6・2	〃	○	31 - 8	●				●	4 - 8	○

回数	年・月・日	場所	競泳男子			競泳女子				水球男子		
			早大	スコア	慶大	回数	早大	スコア	慶大	早大	スコア	慶大
46	1974・6・1	〃	○	30 - 8	●					●	3 - 5	○
47	75・6・7	〃	○	34 - 4	●					●	2 - 5	○
48	76・8・7	慶応日吉プール	○	28 - 11	●					●	2 - 4	○
49	77・6・4	明治神宮水泳場	○	38 - 4	●					●	5 - 12	○
50	78・7・1	〃	○	63 - 9	●					●	5 - 8	○
51	79・6・2	〃	○	45 - 18	●					●	2 - 11	○
52	1980・6・14	〃	○	47 - 16	●					●	6 - 10	○
53	81・6・20	〃	○	52 - 17	●					●	12 - 13	○
54	82・6・26	〃	○	43 - 26	●					○	17 - 12	●
55	83・6・11	〃	●	32 - 37	○					○	12 - 9	●
56	84・6・9	〃	○	41 - 28	●					●	9 - 10	○
57	85・6・15	〃	○	47 - 22	●					●	10 - 12	○
58	86・6・14	〃	○	48 - 21	●					●	4 - 5	○
59	87・6・13	〃	○	49 - 20	●					●	5 - 6	○
60	88・6・26	〃	○	48 - 21	●					○	10 - 5	●
61	89・6・25	〃	○	52 - 17	●					●	8 - 10	○
62	1990・6・23	〃	○	53 - 13	●					●	5 - 8	○
63	91・6・16	〃	○	50 - 16	●					●	8 - 9	○
64	92・6・13	〃	○	49 - 17	●					●	5 - 6	○
65	93・6・20	〃	○	48 - 24	●					○	10 - 6	●
66	94・6・19	〃	○	50 - 21	●					○	9 - 8	●
67	95・6・18	〃	○	40 - 32	●					○	10 - 7	●
68	96・6・2	辰巳国際水泳場	●	24 - 45	○					○	15 - 4	●
69	97・5・18	〃	●	20 - 52	○					○	13 - 9	●
70	98・5・17	〃	●	26 - 43	○					○	11 - 6	●
71	99・5・16	〃	○	44 - 28	●					○	6 - 5	●
72	2000・7・2	〃	○	50 - 22	●					○	7 - 2	●
73	01・6・3	〃	○	61 - 11	●					○	15 - 1	●
74	02・5・12	〃	○	70 - 2	●					○	14 - 4	●
75	03・6・1	〃	○	57 - 15	●					○	8 - 3	●
76	04・5・23	〃	○	62 - 10	●					○	11 - 3	●
77	05・5・21	〃	○	68 - 4	●					○	18 - 4	●
78	06・5・21	〃	○	66 - 6	●					○	23 - 1	●
79	07・5・20	〃	○	72 - 0	●	1	○	32 - 10	●	○	31 - 6	●
80	08・5・18	〃	○	66 - 6	●	2	○	34 - 8	●	○	24 - 9	●
81	09・5・31	〃	○	51 - 21	●	3	○	26 - 16	●	○	14 - 2	●
82	2010・5・16	〃	○	44 - 28	●	4	○	31 - 11	●	○	20 - 10	●
83	11・7・3	〃	○	57 - 15	●	5	○	35 - 7	●	○	26 - 7	●
84	12・7・1	〃	○	59 - 13	●	6	○	25 - 17	●	○	14 - 6	●
85	13・6・30	〃	○	54 - 13	●	7	○	31 - 11	●	○	17 - 7	●
86	14・7・6	〃	○	57 - 15	●	8	○	37 - 11	●	○	19 - 11	●
87	15・7・5	〃	○	56 - 16	●	9	○	36 - 12	●	○	12 - 8	●
88	16・7・3	〃	○	54 - 18	●	10	○	34 - 13	●	○	14 - 11	●
89	17・7・2	〃	○	51 - 21	●	11	○	37 - 11	●	○	14 - 12	●
90	18・7・1	〃	○	50.5 - 21.5	●	12	○	28 - 21	●	●	12 - 13	○
91	2019・6・30	〃	○	41 - 31	●	13	○	27.5 - 20.5	●	●	8 - 13	○

水泳早慶戦MEMO

2019 年の第 91 回早慶戦の模様を伝える動画がネット上で公開されている。午前９時半の開会式から 16 時 40 分の閉会式まで、競泳・水球・飛込の３種目すべてが見られる。７時間 48 分 56 秒の長時間ライブである。

飛込は復活３回目だ。この３回の成績は、早大から見て●●○。それまでは早稲田に飛込の選手がいなかった。慶大の選手だけでオープン競技をしていた。

筆者が早スポ編集長をしていた 1962（昭和 37）年の第 34 回早慶戦（日吉プール）で飛込は中止になった。早大には前年のインカレで優勝した土佐忠雄（２年、天理高）がいたから、慶大側の事情と思われる。それから復活―中止を繰り返し、2017（平成 29）年の復活になった。

栄枯盛衰・有為転変である。

手元に 1933（昭和 8）年６月 12 日付読売新聞がある。第７回早慶水上が報じられているが、見出しは――。

小池、二百米平泳に
　　世界新記録
早慶水上・空前の偉観

小池礼三（慶大）が 200m 平泳ぎで２分 44 秒２の世界新記録を樹立した。小池は第９回大会でも、２分 42 秒８の世界記録を出した「早慶戦男」だが、1930 年代の慶大にはオリンピックのメダリストが４人もいた。河石達吾（ロス五輪１００ｍ自由形銀）、小池礼三（ロス五輪 200m 平泳銀、ベルリン五輪同種目銅）、宮崎康二（ロス五輪、ベルリン五輪 100m 自由形、800m リレー連覇））、寺田登（ベルリン五輪 1500 m自由形金）、まさに黄金時代だった。早大は第１回から第 54 回大会まで、１度しか負けていないが、負けた第 12 回大会に、慶大から、河石を除く３選手が出場している。

陸上競技早慶戦MEMO

2019 年早慶戦で４×２００mリレーに日本記録！

陸上のリレー競技は、一般的に、4 × 100 m、4 × 400 mの２種目だと思われている。しかし、実施される機会は少ないが、4 × 200 mリレーもある。今年（2019 年）、横浜国際競技場で行われた「世界リレー 2019 横浜大会」では、このリレーが実施された。日本チームは１分 22 秒 67 で５位になり、日本記録まで、0.55 秒と報道された。その日本記録を、早大が 2000 年以来、ずっと維持しつづけていることは、あまり知られていない。この誇るべき実績は、早関対抗、早慶対抗のプログラムに、４× 200 mリレーが組み込まれていることが大きい。

2000 年の早関対抗で、１分 22 秒 94 の日本記録を出したのを皮切りに、2008 年の早慶対抗（以下すべて早慶対抗、記録はすべて日本記録）で１分 22 秒 67、2013 年１分 22 秒 41、2014 年１分 22 秒 12。

これらの記録は早大が短距離王国と言われた時代のものだが、2019 年は、関東インカレ、日本インカレともに短距離陣はまったく振るわず、関東インカレの決勝進出者は、100 m、200 mの三浦励央奈ただ一人（ともに８着）。日本インカレはゼロだった。そんな状況で迎えた第 95 回早慶対抗（９月 22 日）、中距離の伊東、小久保を配したメンバー（南山義輝、三浦励央奈、伊東利来也、小久保友裕）は、日本初の 21 秒台、１分 21 秒 91 を叩き出したのだ。まさに、早慶戦のリレーは、日本記録の宝庫としか言いようがない。

競走部 ◇74勝19敗2ノーゲーム

回数	年・月・日	早大		慶大	場所
1	1923	●	27 5/6 — 29 1/6	○	早稲田高等学院
2	24	●	26.5 — 30.5	○	〃
3	25	○	30 — 27	●	神宮外苑競技場
4	26	○	36 — 20	●	〃
5	27	○	42 — 15	●	〃
6	28	○	47.5 — 9.5	●	〃
7	29	○	34 — 23	●	〃
8	1930	○	34 — 23	●	〃
9	31	○	29 — 28	●	〃
10	32	○	36 — 21	●	〃
11	33	○	40 — 17	●	〃
12	34	○	40 — 17	●	〃
13	35	○	42 — 15	●	〃
14	36	○	33 — 24	●	〃
15	37	○	30 — 27	●	〃
16	38	○	32 — 25	●	〃
17	39	○	34 — 25	●	〃
18	1940	○	34 — 23	●	〃
19	41	○	41 — 16	●	〃
20	42	○	30 — 27	●	〃
21	43	○	30 — 27	●	〃
			戦争による中断		
22	46	●	19 — 38	○	ナイル・キニック
23	47	●	28 — 29	○	〃
24	48	○	40.5 — 16.5	●	〃
25	49		ノーゲーム		武蔵野競技場
26	1950		〃		神宮外苑競技場
27	51	○	31.5 — 25.5	●	〃
28	52	○	36.5 — 20.5	●	〃
29	53	●	25 — 32	○	〃
30	54	○	29 — 28	●	〃
31	55	●	24 — 33	○	〃
32	56	●	24.5 — 32.5	●	〃
33	57	○	40 — 17	●	小田原城山競技場
34	58	○	40 — 17	●	国立競技場
35	59	○	40.5 — 16.5	●	〃
36	1960	○	34.5 — 22.5	●	〃
37	61	●	27.5 — 29.5	○	〃
38	62	○	29 — 28	●	慶大日吉競技場
39	63	○	37.5 — 19.5	●	〃
40	64	○	39 — 18	●	〃
41	65	○	37 — 20	●	駒沢競技場
42	66	○	39.5 — 17.5	●	国立競技場
43	67	○	32 — 25	●	慶大日吉競技場
44	68	○	35 — 22	●	三ツ沢競技場
45	69	○	39 — 18	●	慶大日吉競技場
46	1970	●	27.5 — 29.5	○	世田谷競技場
47	71	○	46 — 11	●	〃

回数	年・月・日	早大			慶大	場所
48	1972	○	42.5 — 14.5		●	慶大日吉競技場
49	73	○	39.5 — 17.5		●	等々力競技場
50	74	○	34 — 23		●	国立競技場
51	75	●	27 — 30		○	〃
52	76	○	37 — 20		●	慶大日吉競技場
53	77	○	47 — 10		●	国立競技場
54	78	○	38 — 19		●	〃
55	79	○	43 — 23		●	〃
56	1980	○	41 — 16		●	〃
57	81	○	40 — 17		●	〃
58	82	○	35 — 22		●	〃
59	83	○	46 — 11		●	〃
60	84	○	45 — 12		●	〃
61	85	○	32 — 25		●	〃
62	86	●	24 — 33		○	〃
63	87	●	24.5 — 32.5		○	〃
64	88	○	31 — 26		●	〃
65	89	○	34 — 23		●	〃
66	1990	○	29 — 27		●	大井海浜公園
67	91	●	24 2/3 — 32 1/3		○	平塚陸上競技場
68	92	●	25 — 30		○	駒沢陸上競技場
69	93	●	26 — 30		○	〃
70	94	●	22 — 35		○	〃
71	95	○	34 — 22		●	織田幹雄記念競技場
72	96	○	36 — 20		●	駒沢陸上競技場
73	97	○	29 — 25		●	織田幹雄記念競技場
74	98	○	33 — 24		●	駒沢陸上競技場
75	99	○	32 — 25		●	大井海浜公園
76	2000	○	30 — 27		●	〃
77	01	○	32 2/3 — 23 1/3		●	織田幹雄記念競技場
78	02	○	43.5 — 13.5		●	横浜国際競技場
79	03	○	35 — 21		●	織田幹雄記念競技場
80	04	○	34 — 23		●	横浜国際競技場
81	05	○	43.5 — 13.5		●	織田幹雄記念競技場
82	06	○	37 — 20		●	上柚木公園競技場
83	07	○	44.5 — 12.5		●	織田幹雄記念競技場
84	08	○	34 — 23		●	慶大日吉競技場
85	09	○	36 — 21		●	織田幹雄記念競技場
86	2010	○	37 — 20		●	慶大日吉競技場
87	11	○	35 — 22		●	織田幹雄記念競技場
88	12	○	40 — 17		●	慶大日吉競技場
89	13	○	30 — 27		●	織田幹雄記念競技場
90	14	●	23 — 34		○	慶大日吉競技場
91	15	●	21.5 — 35.5		○	織田幹雄記念競技場
92	16	○	29.5 — 27.5		●	慶大日吉競技場
93	17	●	17 — 40		○	〃
94	18	○	29 — 28		●	織田幹雄記念競技場
95	2019	○	36 — 21		●	慶大日吉競技場

ラグビー蹴球部 ◇68勝20敗7分

回数	年・月・日	早大		慶大	場所
1	1922・11・23	●	0 － 14	○	三田綱町
2	23・11・23	●	3 － 20	○	戸塚球場
3	24・11・23	●	0 － 17	○	三田綱町
4	25・11・23	●	3 － 8	○	戸塚球場
5	26・11・23	△	8 － 8	△	神宮競技場
6	27・11・23	○	8 － 6	●	〃
7	28・11・23	●	5 － 16	○	〃
8	29・11・23	●	3 － 6	○	〃
9	1930・11・23	●	3 － 19	○	〃
10	31・11・23	○	12 － 5	●	〃
11	32・11・23	○	33 － 5	●	〃
12	33・11・23	○	11 － 6	●	〃
13	34・11・23	○	24 － 16	●	〃
14	35・11・23	○	19 － 6	●	〃
15	36・11・23	○	26 － 6	●	〃
16	37・11・23	○	41 － 0	●	〃
17	38・11・23	○	36 － 13	●	〃
18	39・11・23	○	37 － 9	●	〃
19	1940・11・23	○	33 － 11	●	〃
20	41・11・23	○	24 － 6	●	〃
21	42・ 5・16	○	21 － 8	●	〃
22	11・29	●	5 － 11	○	〃
戦争による中断					
23	1946・11・23	●	8 － 9	○	神宮球場
24	47・11・23	○	41 － 3	●	東京ラグビー場
25	48・11・23	△	3 － 3	△	〃
26	49・11・23	○	32 － 0	●	〃
27	1950・11・23	○	9 － 0	●	〃
28	51・11・23	○	9 － 8	●	〃
29	52・11・23	○	17 － 11	●	秩父宮ラグビー場
30	53・11・23	○	14 － 6	●	〃
31	54・11・23	△	19 － 19	△	〃
32	55・11・23	●	5 － 11	●	〃
33	56・11・23	○	26 － 8	●	〃
34	57・11・23	○	20 － 9	●	〃
35	58・11・23	○	16 － 11	●	〃
36	59・11・23	○	16 － 3	●	〃
37	1960・11・23	△	0 － 0	△	〃
38	61・11・23	●	6 － 8	○	〃
39	62・11・23	●	5 － 6	○	〃
40	63・11・23	○	29 － 6	●	〃
41	64・11・23	○	27 － 9	●	〃
42	65・11・23	○	20 － 3	●	〃
43	66・11・23	○	27 － 8	●	〃
44	67・11・23	○	39 － 9	●	〃
45	68・11・23	○	22 － 14	●	〃
46	69・11・23	○	33 － 15	●	〃
47	1970・11・23	○	24 － 11	●	〃

回数	年・月・日	早大				慶大	場所
48	1971・11・23	○	30	ー	16	●	〃
49	72・11・23	○	19	ー	3	●	〃
50	73・11・23	○	25	ー	16	●	国立競技場
51	74・11・23	○	11	ー	3	●	〃
52	75・11・23	○	16	ー	6	●	〃
53	76・11・23	○	46	ー	3	●	秩父宮ラグビー場
54	77・11・23	●	17	ー	34	○	〃
55	78・11・23	●	4	ー	22	○	〃
56	79・11・23	○	15	ー	3	●	〃
57	1980・11・23	△	16	ー	16	△	〃
58	81・11・23	○	25	ー	16	●	〃
59	82・11・23	○	24	ー	12	●	〃
60	83・11・23	○	6	ー	4	●	国立競技場
61	84・11・23	●	11	ー	12	○	〃
62	85・11・23	○	13	ー	7	●	〃
63	86・11・23	○	18	ー	15	●	〃
64	87・11・23	○	39	ー	6	●	〃
65	88・11・23	○	34	ー	6	●	秩父宮ラグビー場
66	89・11・23	○	39	ー	15	●	〃
67	1990・11・23	○	40	ー	0	●	〃
68	91・11・23	○	25	ー	13	●	〃
69	92・11・23	○	54	ー	13	●	〃
70	93・11・23	○	40	ー	15	●	〃
71	94・11・23	○	80	ー	10	●	〃
72	95・11・23	○	26	ー	8	●	〃
73	96・11・23	●	17	ー	18	○	〃
74	97・11・23	●	12	ー	42	○	〃
75	98・11・23	○	35	ー	21	●	〃
76	99・11・23	●	21	ー	29	○	〃
77	2000・11・23	●	10	ー	31	○	〃
78	01・11・23	○	54	ー	21	●	〃
79	02・11・23	○	74	ー	5	●	〃
80	03・11・23	○	56	ー	29	●	〃
81	04・11・23	○	73	ー	17	●	〃
82	05・11・23	○	54	ー	0	●	〃
83	06・11・23	○	41	ー	26	●	〃
84	07・11・23	○	40	ー	0	●	〃
85	08・11・23	○	34	ー	17	●	〃
86	09・11・23	△	20	ー	20	△	〃
87	2010・11・23	●	8	ー	10	○	〃
88	11・11・23	○	54	ー	24	●	〃
89	12・11・23	○	31	ー	10	●	〃
90	13・11・23	○	69	ー	7	●	〃
91	14・11・23	△	25	ー	25	△	〃
92	15・11・23	○	32	ー	31	●	〃
93	16・11・23	○	25	ー	23	●	〃
94	17・11・23	○	23	ー	21	●	〃
95	2018・11・23	○	21	ー	14	●	〃

11 月 23 日の定期戦以外に、早慶が激突した公式戦がある。

第5回全国大学選手権決勝で引き分け、早慶両校が優勝。優勝カップを持つ早大・下川正文（右）と慶大・楠目皓両選手＝1969年1月5日秩父宮ラグビー場で（慶應義塾体育会創立125年記念誌『若き血燃ゆ』2017年発行から）

◇極東大会決勝＝ 1923（大正 12）年 5 月 27 日大阪第 2 築港
　●早　大 6―11 慶　大○　　慶大V
◇第 5 回大学選手権決勝＝ 1969（昭和 44）年 1 月 5 日秩父宮
　△早　大 14―14 慶　大△　　双方V
◇第 9 回大学選手権準決勝＝ 1973（昭和 48）年 1 月 4 日秩父宮
　○早　大 22―9 慶　大●　　明大V
◇第 12 回大学選手権準決勝＝ 1976（昭和 51）年 1 月 2 日秩父宮
　○早　大 36―9 慶　大●　　明大V
◇第 13 回大学選手権準決勝＝ 1977（昭和 52）年 1 月 1 日秩父宮
　○早　大 15―13 慶　大●　　早大V
◇第 22 回大学選手権準決勝＝ 1985（昭和 60）年 12 月 28 日秩父宮
　●早　大 6―15 慶　大○　　慶大V
◇第 38 回大学選手権準決勝＝ 2002（平成 14）年 1 月 2 日国立競技場
　○早　大 36―7 慶　大●　　関東学院大V
◇第 42 回大学選手権 2 回戦＝ 2005（平成 17）年 12 月 25 日秩父宮
　○早　大 26―8 慶　大●　　早大V
◇第 43 回大学選手権 2 回戦＝ 2006（平成 18）年 12 月 24 日秩父宮
　○早　大 33―22 慶　大●　　関東学院大V
◇第 44 回大学選手権決勝＝ 2008（平成 20）年 1 月 12 日国立競技場
　○早　大 26―6 慶　大●　　早大V
◇第 55 回全国大学選手権準々決勝＝ 2018（平成 30）年 12 月 22 日 秩父宮
　○早　大 20―19 慶　大●　　明大V

ラグビー蹴球早慶戦MEMO②

早大蹴球部は 1918（大正7）年 11 月 7 日創部。1924（大正 13）年にサッカー部が創部して、ラ式蹴球部、1968（昭和 43）年にラグビー蹴球部と改称した。
ラグビーのルーツ校は、伝統を守って「慶應義塾體育會蹴球部」だ。
創部は 1899（明治 32）年だから早大より 19 年も先輩である。
「打倒慶大」で早稲田ラグビーは実力を磨いてきたのだ。

21世紀の革命家・清宮克幸監督の早慶戦

21世紀の幕開けとともに監督に就任した清宮克幸（1992［平成4］年教育学部卒、茨田高）の在任5年間の早慶戦スコアが凄い。就任の前年は早大10－31慶大と大差で敗れ、早明戦に勝ったものの、対抗戦グループ3位の成績だった。

そこからスタートした2001（平成13）年は、早大54－21慶大。「アルティメット・クラッシシュ」（徹底的につぶして勝つ）をチームスローガンに掲げて臨んだ2002年は、早大74－5慶大、早大24－0明大とライバル校を文字通り粉砕した（13年ぶり、11回目の大学選手権優勝）。2003（平成15）年＝早大56－29慶大、2004年＝早大73－17慶大（大学選手権優勝）、2005年＝早大54－0慶大。5年間の合計得点は、早大311－72慶大、対戦成績は5勝0敗だ。

こうした輝かしい戦績を残し、名将と讃えられた清宮だが、実は、現役選手から歓迎されて監督になったわけではない。ラグビー蹴球部OB会が強力に推したものの、選手たちは、「早稲田はバックスを中心とした展開ラグビーが特徴だ。それなのに、フォワード出身者が監督になるのは納得できない」と、反発した。OBやオールドファンの間でも、清宮監督を不安視する声は少なからずあった。

しかし、理論家の清宮には、選手ばかりでなく、「すべての人」を納得させる自信があった。

例えば、1965（昭和40）年度の主務だった黒田守征（1966［昭和41］年商学部卒・早大大学院）は、こう語っている。

「自分の考え方について、映像を使いながら、わかりやすく、かつ理路整然と説明した上、発する言葉にも説得力があったので、OBたちも感心するばかり。誰もが彼に任せれば大丈夫だという気持ちになった」

清宮は、伝統（本流）を大切にしながら、自らの思想（我流）を落とし込んでいく「本我一体」の戦略・戦術を遂行し、確実に結果を残した。そして、彼はカリスマ指導者として、ラグビー界のみならず、社会から注目される存在になっていったのだ。

早慶戦に勝利して左京主将と握手する清宮新監督（「早スポ」349号2001年12月2日付から）

清宮が残したものは「戦績」だけではない。アマチュアリズムの牙城といわれた学生ラグビーの世界に初めて「アディダス」というスポンサーを入れたほか、スポーツクラブの創設など数々の新機軸を打ち出した。まさに革命家だったといえるだろう。

ちなみに、清宮が選手として出場した、3回の早慶戦は、早大39－6慶大、早大34－6慶大、早大39－15慶大。現役、監督を通して、慶大に対しては圧勝の記憶しかないはずだ。

スキー部 ◇13勝7敗（1968年以降中止）

回数	年・月・日	早大		慶大	場所
1	1938・ 3・19	○	不明	●	野沢温泉
2	39・ 3・20	○	〃	●	〃
3	1940・ 3・19	○	〃	●	〃
4	42・ 3・13	○	108 － 15	●	〃
5	47・ 3・	●	不明	○	〃
6	48・ 3・16	●	12 － 39	○	〃
7	49・ 3・18	●	不明	○	〃
8	1950・ 3・17	●	24 － 39	○	〃
9	53・ 3・ 1	○	不明	●	〃
10	54・ 3・ 1	○	不明	●	〃
11	55・ 3・12	○	70 － 37	●	〃
12	56・ 3・17	○	68 － 38	●	〃
13	57・ 3・17	●	48 － 56	○	〃
14	58・ 4・ 8	○	75.5 － 28.5	●	〃
15	59・ 3・ 6	○	73 － 31	●	〃
16	1960・ 3・ 6	○	69 － 35	●	〃
17	61・ 3・ 4	○	69 － 40	●	〃
18	62・ 3・17	○	70 － 34	●	〃
19	63・ 3・ 2~3	●	45 － 52	○	〃
20	1967・ 3・21	●	26 － 27	○	〃

注：慶大が2部になって1968年以降中止。1972（昭和47）年復活の機運が生まれたが、インカレ滑降競技で早大３年の町野后俊(きみとし)選手(21歳、小樽千秋高、現小樽未来創造高)が死亡する事故があり、以降早慶戦は行われていない。

スキー早慶戦MEMO

早稲田スポーツ新聞会が発行した「早稲田大学スポーツ年鑑」に第 19 回早慶戦（1963 年３月２～３日野沢温泉）の記録が載っている。
▽回転（全長 350 m）①市川昭司（慶大） 1 分 12 秒6②中原雄司（商２、六日町高） 1 分 15 秒９③岡部（慶大）
▽長距離（4 km）①佐々木亮（政経３、氷山高）14 分 29 秒②寺田武（商３、東奥義塾高）14 分 40 秒③広川（慶大）
▽リレー①早大②慶大
▽複合①広川晃也（慶大）
▽純ジャンプ①森岡督擴（慶大）
[総合得点] ①慶大②早大
残念ながら点数がない。慶應義塾体育会の年報によると、慶大 52 － 45 である。
早大アルペンの伊藤敏信、気田義也、大平義博、複合の藤沢隆、慶大の大平一、丸山仁也、猪俣栄一らは全日本選手権に出場していた。

スケート部（アイスホッケー）［秋］65勝16敗2分

回数	年・月・日	早大		慶大	場所
1	1932・1・3	○	3－2	●	日光
2	33・2・5	●	1－3	○	〃
3	34・2・4	●	2－4	○	芝浦
4	35・2・2	○	7－6	●	〃
5	36・1・19	○	8－6	●	〃
6	37・2・4	○	9－4	●	〃
7	38・1・22	○	3－1	●	〃
8	39・1・16	●	1－3	○	〃
9	1940・1・23	○	3－1	●	〃
10	41・1・21	●	2－7	○	〃
11	12・29	△	5－5	△	松原湖
12	43・3・20	●	7－9	○	芝浦
		戦争による中断			
13	1947・4・7	●	2－4	○	メモリアルホール
14	48・4・5	○	15－13	●	〃
15	1950・3・7	○	17－6	●	芝日活
16	51・3・9	○	13－5	●	〃
17	52・3・8	○	4－1	●	後楽園
18	10・28	●	4－6	○	芝日活
19	53・10・23	●	3－4	○	〃
20	54・10・18	○	10－6	●	〃
21	55・10・17	●	4－8	○	後楽園
22	56・10・17	○	7－0	●	〃
23	57・10・23	●	6－8	○	〃
24	58・10・22	●	3－8	○	〃
25	59・10・21	●	4－13	○	〃
26	1960・10・26	○	9－5	●	〃
27	61・11・8	●	6－9	○	〃
28	62・10・17	○	11－6	●	〃
29	63・10・1	○	12－1	●	品川
30	64・10・28	○	9－2	●	〃
31	65・10・7	○	9－7	●	〃
32	66・9・26	○	9－3	●	〃
33	67・10・29	○	4－2	●	〃
34	68・10・20	○	5－3	●	〃
35	69・10・12	●	4－6	○	〃
36	1970・10・17	○	6－4	●	〃
37	71・10・17	●	2－5	○	〃
38	72・3・24	●	1－5	○	〃
39	73・10・10	○	10－0	●	〃
40	74・10・26	○	7－4	●	〃
41	75・10・18	○	5－1	●	〃
42	76・10・16	○	10－0	●	〃
43	77・10・15	○	7－0	●	〃
44	78・10・14	○	17－1	●	〃
45	79・10・10	○	8－0	●	〃
46	1980・10・19	○	5－3	●	〃

回数	年・月・日	早大		慶大	場所
47	1981・10・18	○	13－4	●	〃
48	82・10・10	○	14－4	●	〃
49	83・10・9	○	18－3	●	〃
50	84・10・7	○	15－6	●	東伏見
51	85・10・5	○	21－3	●	品川
52	86・10・11	○	13－2	●	〃
53	87・10・4	○	15－1	●	〃
54	88・9・27	○	23－0	●	〃
55	89・9・23	○	15－1	●	東伏見
56	1990・9・23	○	18－1	●	〃
57	91・9・21	○	12－6	●	〃
58	92・9・19	○	5－2	●	〃
59	93・9・23	○	8－2	●	〃
60	94・9・23	○	10－6	●	〃
61	95・9・24	○	9－1	●	〃
62	96・9・23	○	8－2	●	〃
63	97・9・23	○	11－0	●	〃
64	98・10	○	13－0	●	〃
65	99・10	○	11－1	●	〃
66	2000・10	○	12－2	●	〃
67	01・10	○	9－3	●	〃
68	02・10	○	15－0	●	〃
69	03・9・28	○	11－0	●	〃
70	04・10・2	○	11－1	●	〃
71	05・10・10	○	10－0	●	〃
		開催自粛			
72	2007・9・29	○	13－2	●	新横浜
73	08・9・27	○	4－1	●	ダイドー
74	09・12・19	○	8－4	●	〃
75	2010・12・18	△	3－3	△	〃
76	12・1・14	○	5－4	●	〃
77	12・24	○	5－0	●	〃
78	14・1・13	○	6－2	●	〃
79	15・1・17	○	10－2	●	〃
80	16・1・16	○	7－4	●	〃
81	17・1・14	○	9－3	●	〃
82	18・1・13	○	4－3	●	〃
83	2019・1・12	○	7－0	●	〃

スケート部（アイスホッケー）［春］52勝12敗1分

回数	年・月・日	早大		慶大	場所
1	1953・3・30	○	8－5	●	芝日活
2	54・3・16	●	6－7	○	〃
3	55・3・23	○	7－4	●	〃
4	56・3・26	○	11－4	●	後楽園
5	57・3・20	●	5－7	○	〃
6	58・3・19	●	3－6	○	〃
7	59・3・18	●	7－14	○	〃
8	1960・3・16	●	5－6	○	〃
9	61・3・22	○	13－2	●	〃
10	62・3・28	○	8－2	●	〃
11	63・4・25	○	16－6	●	新横浜
12	64・3・25	○	16－3	●	品川
13	65・3・19	○	9－6	●	〃
14	66・3・21	○	10－0	●	〃
15	67・3・27	●	2－6	○	〃
16	68・3・24	●	5－6	○	〃
17	69・3・26	●	6－7	○	後楽園
18	1970・3・28	●	6－7	○	品川
19	71・3・27	○	5－4	●	〃
20	72・3・26	○	6－5	●	〃
21	74・3・22	●	4－7	○	〃
22	75・3・22	●	4－8	○	〃
23	76・3・20	△	4－4	△	〃
24	77・3・20	○	10－0	●	〃
25	78・3・21	○	11－0	●	〃
26	79・3・21	○	5－3	●	〃
27	1980・4・6	○	11－2	●	〃
28	81・4・3	○	8－4	●	〃
29	82・4・3	○	9－6	●	〃
30	83・3・27	○	6－0	●	〃
31	84・3・24	○	9－3	●	〃
32	85・4・6	○	13－2	●	東伏見
33	86・4・6	○	12－2	●	品川
34	87・4・5	○	11－2	●	〃
35	88・4・3	○	21－2	●	〃
36	89・4・1	○	7－0	●	〃
37	1990・4・1	○	13－2	●	東伏見
38	91・3・23	○	13－4	●	新横浜
39	92・3・20	○	5－2	●	〃
40	93・3・27	○	11－3	●	〃
41	94・3・26	○	8－0	●	〃
42	95・3・2	○	6－2	●	〃
43	96・3・30	○	11－0	●	〃
44	97・3・22	○	6－3	●	〃
45	98・3	○	5－1	●	〃
46	99・3	○	15－2	●	〃
47	2000・3	○	16－4	●	〃
48	2001・3	○	14－1	●	〃
49	02・3	○	23－1	●	〃
50	03・3・21	○	18－0	●	〃
51	04・3・20	○	16－0	●	〃
52	05・3・19	○	12－1	●	〃
開催自粛					
53	2007・5・12	○	7－0	●	〃
54	08・5・10	○	7－3	●	ダイドー
55	09・5・16	○	4－2	●	新横浜
56	2010・5・22	○	5－1	●	〃
57	11・5・21	○	7－1	●	〃
58	12・6・9	○	12－1	●	〃
59	13・5・18	○	5－0	●	〃
60	14・5・10	○	8－3	●	〃
61	15・5・9	○	8－0	●	〃
62	16・5・7	○	6－0	●	ダイドー
63	17・5・13	○	7－3	●	新横浜
64	18・5・12	●	0－2	○	〃
65	2019・5・11	○	4－0	●	〃

スケート部（スピード）　◇13勝9敗1分5流会

回数	年・月・日	早大		慶大	場所
1	1938・1・11～12	○	89－64	●	苫小牧
2	39・ 1・12～13	○	111 － 51	●	日光
3	40・ 1・14～15	○	83 － 67	●	〃
4	41・ 1・15～16	○	83.5 － 66.5	●	〃
5	12・28～29	○	49 － 41	●	松原湖
6	43・ 1・ 1～ 3	●	44 － 46	○	〃
戦争による中断					
7	1947・ 1・ 5	●	24 － 66	○	松原湖
8	1950・ 1・ 8	○	92 － 67	●	蓼の海
9	51・ 1・ 8	○	62 － 31	●	苫小牧
10	52・ 1・15		流会		山中湖
11	53・ 2・23	●	40 － 53	○	蓼科湖
12	54・ 2・23	○	51 － 42	●	〃
13	55・ 2・21	●	43 － 50	○	〃
14	56・ 2・20	●	35 － 59	○	蓼の海
15	57・		流会		
16	58・ 2・25	●	40 － 53	○	蓼の海
17	59・		流会		
18	1960・ 1・19	●	42 － 51	○	蓼科湖
19	61・ 2・20～21	○	47 － 45	●	〃
20	62・ 1・15	●	46 － 50	○	盛岡市
21	63・ 1・15		流会		巣山湖
22	64・ 2・25～26	○	64 － 32	●	山梨富士国際
23	65・		流会		
24	66・ 2・21	○	64 － 28	●	八ヶ岳
25	67・ 1・15	△	48 － 48	△	松原湖
26	1971・12・ 1	●	21 － 29	○	長野県浅間
27	1981・ 2・15	○	57 － 25	●	山梨富士急
28	1982・ 2・ 6	○	66 － 27	●	日光市

以降互にメンバー不足で開催されていない

スケート早慶戦MEMO

早慶両校とも、スケート部はスピード、ホッケー、フィギュアの３部門で構成されているが、スピード競技の早慶戦は 1982（昭和 57）年を最後に開かれていない。

今人気はアイスホッケーだ。スポンサーがついて、ＢＳで生中継される。春・秋２回。

2019（令和元）年５月 11 日、新横浜スケートセンターで開かれた春の早慶戦の模様を早スポが伝えている。早大は前年春、1975（昭和 50）年の●以来の「歴史的敗北を喫し、令和最初の早慶戦は負けられない一戦。2000 人を超える大観衆の中、戦いの火ぶたは切られた」とある。結果は４－０のシャットアウト勝ちだった。

各ピリオド間では、早慶両校のフィギュアスケーターたちが華やかなエキシビションを披露する。激突により傷んだ氷上で、日頃の練習の成果を披露する。大学のスケート部でなくては考えられないコラボである。

早大スケート部は､1922(大正 11)同好会で始まり､翌 1923(大正 12)年に創部した。『半世紀の早稲田体育』(1952[昭和 27］年早大体育局発行）には「創立時代よりともに活動して来た陸上ホッケー部が昭和 21（1946）年４月ホッケー部として独立し､昭和 11 (1936) 年頃よりスケート部の一環として存在したサイクル･クラブが昭和 27 (1952) 年４月自転車部として体育会に正式に認可せられた」とある。

バスケットボール部 ［男子］39勝38敗［女子］37勝26敗

回数	年・月・日	早大	男子スコア	慶大	回数	早大	女子スコア	慶大	場所
1	1940・6・23	○	35 − 27	●					神田国民体育館
2	41・6・1	●	32 − 36	○					
3	42・4・30	●	28 − 35	○					神田国民体育館
4	43・4・11	○	35 − 27	●					明大体育館
戦争による中断									
5	1947・4・29	●	28 − 44	○					明大体育館
6	48・6・3	○	42 − 40	●					〃
7	49・5・29	●	34 − 45	○					〃
8	1950・6・4	●	52 − 92	○					芝スポーツ・センター
9	51・6・3	●	49 − 78	○					神田国民体育館
10	52・6・1	●	51 − 64	○					〃
11	53・6・7	●	52 − 56	○					〃
12	54・6・6	●	55 − 75	○					〃
13	55・6・12	●	67 − 88	○					〃
14	56・6・3	●	35 − 54	○					〃
15	57・6・9	○	78 − 65	●	1	●	25 − 31	○	〃館
16	58・6・15	●	54 − 72	○	2	○	51 − 29	●	早大記念会館
17	59・6・7	●	58 − 75	○	3	●	27 − 37	○	日吉記念館
18	1960・6・12	○	83 − 64	●	4	○	48 − 42	●	早大記念会堂
19	61・6・11	●	50 − 74	○	5	●	25 − 47	○	日吉記念館
20	62・6・10	●	62 − 77	○	6	○	36 − 32	●	早大記念会堂
21	63・6・16	●	65 − 76	○	7	●	46 − 68	○	日吉記念館
22	64・6・14	○	77 − 75	●	8	●	39 − 44	○	早大記念会堂
23	65・6・6	○	72 − 71	●	9	●	35 − 45	○	〃
24	66・6・12	○	70 − 59	●	10	●	22 − 45	○	代々木第二体育館
25	67・6・18	○	77 − 59	●	11	○	62 − 38	●	〃
26	68・6・9	○	64 − 60	●	12	○	67 − 40	●	〃
27	69・6・8	●	51 − 63	○	13	●	42 − 59	○	早大記念会堂
28	1970・5・17	●	56 − 72	○	14	●	33 − 50	○	代々木第二体育館
29	71・5・16	○	66 − 64	●	15	●	50 − 53	○	〃
30	72・6・3	○	85 − 51	●	16	●	55 − 58	○	〃
31	73・6・10	○	74 − 61	●	17	●	39 − 75	○	日吉記念館
32	74・5・19	○	65 − 62	●	18	●	40 − 87	○	代々木第二体育館
33	75・5・25	○	90 − 68	●	19	●	63 − 96	○	〃
34	76・5・22	○	68 − 66	●	20	●	60 − 69	○	〃
35	77・6・4	●	61 − 89	○	21	●	50 − 83	○	日吉記念館
36	78・5・7	○	82 − 72	●	22	●	54 − 72	○	代々木第二体育館
37	79・5・12	●	54 − 64	○	23	●	31 − 71	○	〃
38	1980・5・25	●	63 − 81	○	24	●	59 − 88	○	早大記念会堂
39	81・5・24	●	59 − 62	○	25	●	28 − 77	○	日吉記念館
40	82・5・23	○	74 − 62	●	26	●	37 − 80	○	早大記念会堂
41	83・6・5	○	68 − 43	●	27	●	26 − 72	○	〃
42	84・6・10	○	67 − 49	●	28	●	48 − 81	○	〃
43	85・6・9	○	59 − 49	●	29	●	52 − 74	○	〃
44	86・6・15	●	68 − 70	○	30	●	53 − 59	○	〃
45	87・6・7	○	68 − 60	●	31	●	53 − 58	○	日吉記念館
46	1988・6・12	○	75 − 60	●	32	○	50 − 45	●	早大記念会堂

回数	年・月・日	早大	男子スコア	慶大	回数	早大	女子スコア	慶大	場所
47	1989・6・4	○	78 — 75	●	33	○	58 — 52	●	早大記念会堂
48	1990・6・10	●	63 — 79	○	34	○	44 — 33	●	〃
49	91・6・23	●	63 — 79	○	35	○	71 — 41	●	〃
50	92・6・14	○	54 — 53	●	36	○	64 — 58	●	代々木第二体育館
51	93・6・13	○	62 — 58	●	37	○	79 — 47	●	早大記念会堂
52	94・6・19	●	60 — 62	○	38	○	65 — 39	●	〃
53	95・6・18	○	59 — 56	●	39	○	76 — 52	●	〃
54	96・6・16	○	91 — 75	●	40	○	66 — 59	●	〃
55	97・6・15	○	74 — 63	●	41	○	67 — 41	●	〃
56	98・6・14	●	66 — 73	○	42	○	99 — 37	●	〃
57	99・6・13	●	65 — 80	○	43	○	92 — 40	●	〃
58	2000・6・11	○	56 — 54	●	44	○	95 — 42	●	〃
59	01・6・10	○	80 — 79	●	45	○	82 — 32	●	〃
60	02・6・9	○	94 — 92	●	46	○	94 — 24	●	〃
61	03・6・8	●	66 — 75	○	47	○	83 — 34	●	〃
62	04・6・6	●	78 — 89	○	48	○	94 — 49	●	〃
63	05・6・12	●	84 — 90	○	49	○	96 — 38	●	代々木第二体育館
64	06・6・11	○	82 — 65	●	50	○	76 — 44	●	〃
65	07・6・24	●	69 — 86	○	51	○	129 — 48	●	〃
66	08・6・7	●	69 — 77	○	52	○	86 — 60	●	〃
67	09・6・6	○	65 — 63	●	53	○	121 — 45	●	〃
68	2010・6・6	●	77 — 82	○	54	○	116 — 50	●	日吉記念館
69	11・6・11	○	101 — 74	●	55	○	121 — 57	●	代々木第二体育館
70	12・6・2	○	93 — 86	●	56	○	123 — 30	●	〃
71	13・6・8	○	74 — 65	●	57	○	123 — 25	●	〃
72	14・6・7	●	71 — 84	○	58	○	130 — 39	●	日吉記念館
73	15・6・6	●	72 — 83	○	59	○	98 — 37	●	代々木第二体育館
74	16・6・25	●	65 — 79	○	60	○	99 — 26	●	〃
75	17・6・24	○	88 — 70	●	61	○	131 — 33	●	〃
76	18・7・7	○	84 — 58	●	62	○	102 — 50	●	大田区総合体育館
77	2019・6・22	●	63 — 71	○	63	○	115 — 25	●	早稲田アリーナ

バスケットボール早慶戦MEMO①

2019（令和元）年、新装の早稲田アリーナ初のバスケ早慶戦。前半を終わって35—30。関東大学リーグ１部の早大と２部の慶大。早大の勝利は動くまいと思われたが、後半に逆転、早稲田アリーナ初戦は63—71で●となった。
〈掴んだ大金星
全員バスケで３年ぶりの早慶戦勝利〉
これは慶應スポーツの見出し。チームスローガン「挑越」を成し遂げた、と大喜びだ。
早大の選手は「敗因は気持ちの面で慶大に劣っていたこと」と口をそろえた。「選手のサイズ、戦力は分があったのですが」とＯＢは残念がった。
一方、女子は111—25の大差で早稲田の32連勝。早稲田アリーナに「笑顔と感動」をもたらした。悲願の日本一を目指す女子チーム。昨年はインカレ２回戦でまさかの敗退。「悔し涙を力に変えて」と内山未悠キャプテン（社会科学部４年、桜花学園）。

ーツ　　昭和３７年１月２０日（土）　　（４）

揺がぬスターの座

希望だったサラリーマン

先輩こんにちわ

ー現況をたずねてー

連載12回

ゴルフが唯一の楽しみ

バスケットボール部ＯＢ　佐田啓二氏

年が新たまり、正月気分の抜け切らぬうちにもう学期末試験が目前にせまってきている。日頃のんびりしている我々もいよいよ忙しい時期がやってきた。しかし世には同時も忙しくて休む暇もない人がいる。今回はそういった人の一人、映画俳優の佐田啓二氏をたずねて、その生活や、映画界入りの動機などを語っていただいた。

自宅の庭でスイングする佐田氏

「早スポ」第22号 1962（昭和37）年１月20日付

バスケットボール早慶戦MEMO②

――大きな門をくぐると左手には美しい芝生の庭があり玄関の前には黒く光るシボレーと、さすがトップスターらしく豪華なものである。

バスケットボール部ＯＢ佐田啓二さんを田園調布の自宅に訪ねた記事の書き出しである。筆者は、佐々木勝衛（野沢北高）。

佐々木は、創刊50号記念の早スポＯＢ座談会で「一番の思い出」と話している。

ハンサムな２枚目俳優。岸景子と共演した「君の名は」が最大のヒット作品だったか。高峰秀子との「喜びも悲しみも幾歳月」や「秋刀魚の味」も記憶に残っている。

訪問記の最後に「氏には４歳になるお嬢さんと１歳の男の子がいる」。中井貴恵（執筆当時61歳）と中井貴一（執筆当時57歳）である。

あれから56年。佐田啓二は、東京五輪の1964（昭和39）年８月17日交通事故死した。37歳だった。

ア式蹴球部 ［男子］38勝14敗18分［女子］14勝0敗4分

回数	年・月・日	早大	男子スコア	慶大	場所
1	1950・10・1	●	4 ― 6	○	神宮外苑競技場
2	51・7・9	○	5 ― 2	●	〃
3	52・6・27	△	1 ― 1	△	後楽園球場
	豪雨で途中中止				
	7・4	△	5 ― 5	△	〃 再試合
4	53・6・22	●	1 ― 4	○	後楽園球場
5	54・6・18	●	2 ― 3	○	〃
6	55・6・17	○	5 ― 2	●	〃
7	56・9・24	△	1 ― 1	△	〃
8	57・6・21	●	0 ― 2	○	後楽園競輪場
9	58・6・20	△	1 ― 1	△	国立競技場
10	59・6・19	△	1 ― 1	△	〃
11	1960・6・17	△	2 ― 2	△	〃
12	61・6・23	△	1 ― 1	△	〃
13	62・6・1	○	3 ― 1	●	後楽園競輪場
14	63・7・12	●	1 ― 2	○	〃
15	64・6・12	○	4 ― 1	●	〃
16	65・9・13	△	1 ― 1	△	国立競技場
17	66・6・18	○	2 ― 0	●	〃
18	67・9・16	○	3 ― 2	●	〃
19	68・5・31	△	1 ― 1	△	〃
20	69・5・31	△	0 ― 0	△	〃
21	1970・5・23	○	2 ― 0	●	〃
22	71・5・17	○	2 ― 0	●	〃
23	72・5・27	●	1 ― 2	○	〃
24	73・6・30	○	4 ― 0	●	〃
25	74・6・8	○	3 ― 0	●	〃
26	75・6・7	●	0 ― 1	○	〃
27	76・5・29	○	4 ― 0	●	〃
28	77・6・4	○	2 ― 0	●	〃
29	78・6・3	○	4 ― 1	●	〃
30	79・5・26	○	1 ― 0	●	〃
31	1980・6・7	○	1 ― 0	●	〃
32	81・5・16	○	2 ― 0	●	〃
33	82・6・5	○	4 ― 0	●	〃
34	83・6・4	○	1 ― 0	●	〃
35	84・5・26	△	1 ― 1	△	〃
36	85・6・8	△	0 ― 0	△	〃
37	86・5・24	○	3 ― 1	●	〃
38	87・6・6	●	1 ― 3	○	〃
39	88・5・14	○	3 ― 1	●	〃
40	89・5・6	△	0 ― 0	△	〃
41	1990・6・6	○	1 ― 0	●	〃
42	91・5・25	○	2 ― 0	●	〃
43	92・6・6	△	0 ― 0	△	〃
44	93・6・4	●	0 ― 1	○	〃
45	1994・6・3	△	0 ― 0	△	〃

回数	年・月・日	早大	男子スコア	慶大	回数	早大	女子スコア	慶大	場所
46	1995・6・4	○	2－1	●					国立競技場
47	96・5・31	○	2－1	●					〃
48	97・6・13	○	2－1	●					〃
49	98・6・5	△	2－2	△					〃
50	99・6・5	●	2－3	○					〃
51	2000・6・3	△	1－1	△					〃
52	01・5・25	○	1－0	●					〃
53	02・5・29	●	0－1	○	1	○	11－0	●	〃
54	03・5・29	○	1－0	●	2	○	10－0	●	〃
55	04・6・26	△	2－2	△	3	○	13－0	●	〃
56	05・6・29	○	2－1	●	4	○	13－0	●	〃
57	06・6・29	○	5－0	●	5	○	10－0	●	〃
58	07・6・22	△	0－0	△	6	○	9－0	●	〃
59	08・6・20	○	4－2	●	7	○	3－0	●	〃
60	09・6・28	●	0－3	○	8	△	0－0	△	〃
61	2010・6・25	●	0－2	○	9	○	3－1	●	〃
62	11・6・29	●	1－2	○	10	○	2－0	●	〃
63	12・7・4	○	2－0	●	11	△	1－1	△	〃
64	13・6・29	○	3－0	●	12	○	5－0	●	〃
65	14・7・2	○	1－0	●	13	△	0－0	△	等々力陸上競技場
66	15・7・1	○	1－0	●	14	△	1－1	△	〃
67	16・7・6	○	1－0	●	15	○	3－1	●	〃
68	17・7・15	○	5－1	●	16	○	1－0	●	〃
69	18・7・7	○	2－1	●	17	○	3－1	●	〃
70	2019・7・12	○	1－0	●	18	○	4－1	●	〃

※ 154 ページに関連記事があります。

ア式蹴球早慶戦MEMO

早大ア式蹴球部は、1964（昭和 39）年１月、天皇杯全日本サッカー選手権大会決勝で日立本社を３－０で破って日本一になった。CF 釜本邦茂（山城高）、HB 森孝慈（修道高）の１年生コンビ。ウイングの４年生松本育夫（宇都宮工高）が２点、３年生の桑田隆幸（広大付高）が１点をあげた。

この強力チームは、関東大学リーグ、全日本大学選手権と合わせ三冠を達成した。しかし、前年の第 14 回早慶戦では、１－２で慶大に敗れたのである。これが早慶戦の面白さである。

釜本は CF、森は途中交代で出場しているが、１年生から早慶戦に出場していた松本は、何故か出ていない。「オレは日本代表だったから」と松本はいっているが、釜本も森も日本代表である。３人は 68 メキシコ五輪の銅メダリスト。サッカー殿堂入りをしている。

その松本は、42 歳の働き盛りに、全身火傷で生死をさまよう事故に見舞われた。1983（昭和 58）年 11 月 22 日マツダの就職内定者研修会場でガス爆発、死者 14 人、重軽傷者 28 人。松本の左手は親指を残しているだけだ。7か月半の闘病生活・リハビリ。テレビの解説者から京都パープルサンガ GM、川崎フロンターレやサガン鳥栖の監督。熱血指導で長野県の通信制高校を全国高校サッカー選手権大会に出場させたこともある。現在日本サッカー後援会の理事長を務めている。

馬術部 ◇24勝44敗 不明1

回数	年・月・日	早大	慶大	場所
1	1948 ・6・ 9	●	○	日吉馬場
2	48・11・14	●	○	〃
3	49・11・26	●	○	東京乗馬クラブ
4	1950・ 5・21	●	○	日吉馬場
5	不明			
6	53・11・23	●	○	アバロン乗馬学校
7	54・11・ 3	●	○	〃
8	55・12・ 4	○	●	馬事公苑
9	57・ 6・ 9	●	○	〃
10	58・ 4・29	●	○	〃
11	59・11・15	●	○	〃
12	1960・11・20	●	○	〃
13	61・ 6・12	●	○	〃
14	62・12・16	●	○	〃
15	63・ 4・29	●	○	〃
16	64・ 5・24	○	●	〃
17	65・10・17	○	●	〃
18	66・10・16	●	○	〃
19	67・10・22	●	○	東伏見馬場
20	68・12・ 8	●	○	日吉馬場
21	69・12・ 7	●	○	東伏見馬場
22	1970・12・ 6	●	○	日吉馬場
23	71・12・ 5	●	○	東伏見馬場
24	72・12・ 9	●	○	日吉馬場
25	75・ 1・15	○	●	東伏見馬場
26	75・12・ 7	○	●	日吉馬場
27	76・12・ 5	○	●	東伏見馬場
28	78・ 3・26	●	○	日吉馬場
29	79・ 2・25	●	○	東伏見馬場
30	1980・ 2・24	●	○	日吉馬場
31	81・ 2・22	○	●	東伏見馬場
32	82・ 2・21	●	○	日吉馬場
33	83・ 2・27	○	●	東伏見馬場
34	84・ 2・19	●	○	日吉馬場
35	85・ 2・	●	○	東伏見馬場
36	86・ 3・30	●	○	日吉馬場
37	87・ 2・23	●	○	東伏見馬場
38	88・12・27	●	○	日吉馬場
39	89・ 2・	○	●	東伏見馬場
40	89・12・27	●	○	日吉馬場
41	1991・ 2・17	○	●	東伏見馬場
42	92・2 ・23	●	○	日吉馬場
43	92・10・ 4	○	●	東伏見馬場
44	93・12・23	●	○	日吉馬場
45	94・10・30	●	○	東伏見馬場
46	95・12・ 9	○	●	日吉馬場
47	1996・12・22	○	●	東伏見馬場

回数	年・月・日	早大	慶大	場所
48	1997・11・10	○	●	日吉馬場
49	98・11・ 1	○	●	東伏見馬場
50	99・12・ 5	●	○	馬事公苑
51	2000・12・10	●	○	東伏見馬場
52	01・12・24	●	○	日吉馬場
53	02・12・ 1	○	●	東伏見馬場
54	03・12・21	○	●	日吉馬場
55	04・10・17	●	○	東伏見馬場
56	05・10・ 2	●	○	日吉馬場
57	06・ 9・24	○	●	東伏見馬場
58	07・12・23	●	○	〃
59	08・12・14	○	●	日吉馬場
60	09・12・13	○	●	東伏見馬場
61	2010・11・28	○	●	日吉馬場
62	11・12・25	○	○	東伏見馬場
63	12・12・23	○	○	日吉馬場
64	13・11・23	●	○	東伏見馬場
65	14・11・24	●	○	日吉馬場
66	15・11・22	○	●	東伏見馬場
67	16・12・12	●	○	日吉馬場
68	17・12・10	●	○	東伏見馬場
69	2018・12・ 9	●	○	日吉馬場

馬術早慶戦MEMO

馬術早慶戦は、第１回が 1948（昭和 23）年で、2019（令和元）年が 70 回目。戦前の 1929（昭和 4）年から開催、東京帝大を加えた早慶帝三大学定期戦が六大学馬術大会の前身になったとの記録もある。

早大は 1973（昭和 48）年の厩舎火災で詳細のデータを焼失。第５回の記録は慶大にも保存されておらず、「不明」とした。

スコアは「昔と今では点数化の方法が違い（昔は減点法、今は試合ごとの勝ち点）、比較すると不自然さが出るので勝敗のみを掲載」とした。

早慶戦は、現在、毎年交互に両校のホームグラウンドで、大学・高校・OBOG の全早慶対抗の形による全６競技を２日間で実施している。

　例年全日本学生大会の後に実施されることが多く、両校馬術部は実質的な年度の最終戦として、１年間に積み重ねてきた努力の成果を全員で尽くし合うかたちになっている。メイン競技は最後に行われる現役中障害で、学生馬術界トップクラスの技を競い合う。その他にも慶大 OB の竹田恒和前 JOC 会長（オリンピック２回出場）が出場して、華麗な障害飛越を披露で華を添えたこともあった。試合後には、例年両校の部員、OBOG、家族など百数十人が懇親会でエールを贈り合う。

2015（平成 27）年 12 月、早大東伏見馬場で開催された第 66 回全早慶定期戦は、早大が全競技に勝利して優勝した。
〈1 日目〉
第１競技：学生賞典馬場○早大３―1 慶大●（上位３人馬の合計）
第２競技：L1 馬場○早大 2―1 慶大●（上位３人馬の合計）
第３競技：現役小障害 ○早大 2―1 慶大●（上位４人馬の順位点合計）

〈2 日目〉
第４競技：高校生障害○早大 2―1 慶大●（上位２人の総減点の少ない方）
第５競技：ＯＢ障害○早大 2―1 慶大●（6 選手の勝ち点の多い方）
第６競技：現役中障害　○早大３―1 慶大●（上位４人馬の順位点合計）

総合：○早大 14―6 慶大●　早大の優勝

卓球部 ［男子］65勝11敗［女子］38勝28敗

回数	年・月・日	早大	男子スコア			慶大	回数	早大	女子スコア			慶大
1	1942・7	○	6	−	3	●						
2	1943・5・20	●	3	−	6	○						
戦争による中断												
3	1946	○	7	−	2	●						
4	47	○	6	−	3	●						
5	48	○	6	−	3	●						
6	49	○	6	−	3	●						
7	1950	○	7	−	2	●						
8	51	●	4	−	5	○						
9	52	○	7	−	2	●						
10	53	●	4	−	5	○						
11	54	○	6	−	3	●	1	○	5	−	0	●
12	55	●	4	−	5	○	2	○	6	−	1	●
13	1956・7	●	4	−	5	○	3	●	2	−	5	○
14	1957・6	●	4	−	5	○	4	●	3	−	4	○
15	1958・6・29	○	5	−	4	●	5	●	1	−	6	○
16	1959・6・28	●	4	−	5	○	6	●	2	−	5	○
17	1960	○	6	−	3	●	7	●	3	−	4	○
18	61	○	5	−	4	●	8	○	5	−	2	●
19	62	○	6	−	3	●	9	●	3	−	4	○
20	63	●	3	−	6	○	10	●	2	−	5	○
21	64	○	5	−	4	●	11	●	1	−	5	○
22	1965・6	●	3	−	6	○	12	●	3	−	4	○
23	66	○	9	−	0	●	13	●	3	−	4	○
24	67	○	5	−	4	●	14	○	4	−	3	●
25	68	○	8	−	1	●	15	●	3	−	4	○
26	69	○	6	−	3	●	16	○	4	−	3	●
27	1970	●	2	−	6	○	17	●	0	−	7	○
28	71	○	5	−	4	●	18	○	5	−	2	●
29	72	●	4	−	5	○	19	○	4	−	3	●
30	73	○	5	−	4	●	20	●	3	−	4	○
31	74	○	5	−	4	●	21	●	1	−	6	○
32	75	○	7	−	2	●	22	●	1	−	6	○
33	76	○	9	−	0	●	23	●	2	−	5	○
34	77	○	9	−	0	●	24	●	1	−	6	○
35	78	○	7	−	2	●	25	●	2	−	3	○
36	79	○	8	−	1	●	26	○	4	−	3	●
37	1980	○	9	−	0	●	27	●	3	−	4	○
38	81	○	6	−	3	●	28	●	1	−	6	○
39	82	○	7	−	2	●	29	●	3	−	4	○
40	83	○	8	−	1	●	30	○	3	−	2	●
41	1984・7・4	○	8	−	1	●	31	○	4	−	1	●
42	85・7・7	○	8	−	1	●	32	●	2	−	3	○
43	86・7・13	○	8	−	1	●	33	●	2	−	3	○
44	87	○	7	−	2	●	34	○	4	−	1	●
45	88・6・25	○	7	−	2	●	35	○	4	−	1	●
46	1989・6・25	○	8	−	1	●	36	○	4	−	1	●

回数	年・月・日	早大	男子スコア	慶大	回数	早大	女子スコア	慶大
47	1990・7・1	○	8 － 1	●	37	○	4 － 1	●
48	91・6・23	○	5 － 4	●	38	○	4 － 1	●
49	92・7・5	○	8 － 1	●	39	○	4 － 1	●
50	93・7・4	○	8 － 1	●	40	●	2 － 5	○
51	94・6・12	○	7 － 2	●	41	●	3 － 4	○
52	95・7・11	○	10 － 1	●	42	●	3 － 4	○
53	96・6・16	○	10 － 1	●	43	●	4 － 5	○
54	97・6・15	○	10 － 1	●	44	○	4 － 3	●
55	98・6・21	○	11 － 0	●	45	○	4 － 3	●
56	99・6・20	○	8 － 3	●	46	●	3 － 4	○
57	2000・6・18	○	10 － 2	●	47	○	4 － 3	●
58	01・7・1	○	8 － 2	●	48	○	4 － 3	●
59	02・6・13	○	13 － 0	●	49	○	8 － 0	●
60	03・6・15	○	9 － 4	●	50	○	5 － 0	●
61	04・6・27	○	13 － 3	●	51	○	7 － 0	●
62	05・6・27	○	8 － 3	●	52	○	5 － 0	●
63	06・6・17	○	5 － 4	●	53	○	5 － 0	●
64	07・6・17	○	9 － 0	●	54	○	5 － 0	●
65	08・6・8	○	9 － 0	●	55	○	5 － 0	●
66	09・6・14	○	6 － 3	●	56	○	5 － 0	●
67	2010・6・20	○	9 － 0	●	57	○	7 － 0	●
68	11・6・12	○	8 － 1	●	58	○	7 － 0	●
69	12・6・10	○	8 － 1	●	59	○	7 － 0	●
70	13・6・16	○	5 － 4	●	60	○	7 － 0	●
71	14・6・22	○	6 － 3	●	61	○	7 － 0	●
72	15・6・14	○	5 － 4	●	62	○	7 － 0	●
73	16・6・19	○	8 － 1	●	63	○	7 － 0	●
74	17・6・25	○	8 － 1	●	64	○	6 － 1	●
75	18・6・24	○	8 － 1	●	65	○	7 － 0	●
76	2019・6・9	○	7 － 2	●	66	○	7 － 0	●

卓球早慶戦MEMO

早慶戦は1942(昭和17)年が第1回だが、早大卓球部は1924(大正13)年創部した。翌1925(大正14)年秋のリーグ戦で初優勝、以来1931（昭和6）年までの春秋14シーズン中11回優勝した、と『半世紀の早稲田体育』（早大体育局、1952［昭和27］年刊）にある。

創部メンバーの1人に、野球部の左腕投手大橋松雄（1904～1942）がいた。大橋は東京高師付属中学（現筑波大学付属中・高等学校）から野球部に入り、1924（大正13）年の満州遠征は「大橋のおかげで全勝した」と当時の飛田穂洲監督が書き残すほどの逸材だった。ところが翌1925（大正14）年秋の復活早慶戦を前に、春のシーズン終了後、突然退部した。

「秋には早慶戦が復活する」と飛田監督が説得したが、聞き入れなかった。そして仲間と卓球部を創設し、学生チャンピオンになってしまうのだ。

飛田監督の精神野球に嫌気がさしたといわれる。野球部OB会「稲門倶楽部」は退部者の入会を認めていないが、何故か飛田の推薦で入会が認められた。

大橋家は博文館・共同印刷を主体にした一大コンツェルンで、大橋財閥と呼ばれていた。大橋松雄は共同印刷の専務。プロ野球セ・リーグの初代優勝チーム・松竹ロビンスのオーナーとなった2代目田村駒治郎の義弟にあたる。

ボクシング部 ◇39勝19敗4分

回数	年・月・日	早大				慶大	場所
1	1929・10・16	●	3.5	―	4	○	大隈会館
2	1931・ 5・14	△	4	―	4	△	〃
3	31・10・28	△	4.5	―	4.5	△	日比谷公会堂
4	32・ 9・25	○	8	―	1	●	〃
5	33	○	5	―	4	●	〃
6	35	○	5	―	4	●	〃
7	36	○	5	―	4	●	〃
8	37	○	5	―	4	●	〃
9	38・ 7・30	△	4	―	4	△	西宮球場
10	38・11	△	4.5	―	4.5	△	日比谷公会堂
11	1940・10・ 7	○	8	―	2	●	〃
12	41・11・ 7	●	4	―	6	○	〃
13	42	○	9	―	1	●	〃
14	1956・ 4・21	○	5	―	4	●	山野学苑講堂
15	57・ 4・27	○	5	―	2	●	品川公会堂
16	58・11・15	○	4	―	3	●	後楽園ジム
17	59・11・29	○	6	―	1	●	〃
18	1960・12・ 3	●	3	―	4	○	〃
				中止			
19	69・12・21	●	2	―	5	○	岸記念体育館
20	1970・11・14	○	5	―	2	●	〃
21	71・11・13	○	6	―	1	●	〃
22	73・ 1・14	○	4	―	3	●	慶大日吉記念館
23	73・11・17	○	5	―	2	●	早大記念会堂
24	74・11・ 2	○	5	―	4	●	後楽園ホール
25	75・11・ 8	○	4	―	3	●	〃
26	77・11・20	○	6	―	1	●	岸記念体育館
27	78・11・18	○	6	―	1	●	早大記念会堂
28	79・11・24	●	3	―	4	○	岸記念体育館
29	1981・11・21	○	4	―	3	●	早大新体育館
30	82・11・23	●	1	―	6	○	慶大日吉記念館
31	83・11・27	○	4	―	3	●	〃
32	84・12・ 8	○	5	―	2	●	早大記念会堂
33	85・12・ 7	●	0	―	7	○	慶大日吉記念館
34	86・11・ 2	○	4	―	3	●	後楽園ホール
35	87・12・11	●	3	―	4	○	〃
36	88・12・25	○	5	―	2	●	〃
37	89・12・ 8	○	5	―	4	●	〃
38	1990・10・27	○	3	―	4	●	〃
39	91・ 6・22	○	5	―	2	●	〃
40	92・ 6・28	○	6	―	3	●	慶大日吉記念館
41	97・12・ 7	○	4	―	3	●	〃
42	98・12・ 5	○	5	―	4	●	早大体育館
43	99・12・ 4	○	5	―	4	●	〃
44	2000・12・10	○	5	―	4	●	慶大日吉記念館
45	01・12・ 1	●	1	―	8	○	早大体育館
46	02・12・ 1	●	3	―	4	○	慶大日吉記念館

回数	年・月・日	早大				慶大	場所
47	2003・11・29	○	5	－	2	●	早大体育館
48	04・12・ 5	●	2	－	5	○	慶大日吉記念館
49	05・12・ 3	○	5	－	4	●	早大体育館
50	06・12・ 3	●	3	－	4	○	慶大日吉記念館
51	07・10・20	●	1	－	8	○	早大小野記念講堂
52	08・11・29	●	4	－	5	○	慶大日吉記念館
53	09・12・ 5	○	6	－	3	●	早大体育館
54	2010・12・ 4	○	6	－	3	●	慶大日吉記念館
55	11・12・17	○	5	－	2	●	早大体育館
56	12・12・ 8	○	4	－	3	●	慶大日吉記念館
57	13・12・ 8	●	3	－	4	○	早大記念会堂
58	14・12・ 6	●	3	－	4	○	慶大日吉記念館
59	15・12・ 6	○	4	－	3	●	早大体育館
60	16・12・ 3	●	3	－	4	○	慶大日吉記念館
61	17・12・ 2	●	2	－	5	○	早大体育館
62	2018・12・ 1	●	0	－	7	○	慶大蝮谷体育館

ボクシング早慶戦MEMO

「オレの時代は、早慶戦はなかった」と1964（昭和39）東京五輪に出場した白鳥金丸（64年度主将、元早大教授）はいう。

確かに白鳥が入学した1961（昭和36）から8年間は空白である。ピストン堀口の息子昌信、フライ級の堤五郎、柄沢正男ら学生チャンピオンが早大に揃っていた。

ところで慶大ボクシング部草創期の石川輝とともに、1926（大正15）年の第2回全日本学生でチャンピオンになった海老沢清は競輪誕生の功労者だ。

川崎競輪の「桜花賞・海老沢清杯」にその名を残す。海老沢は元満州国官吏だが、「私財を投げ打って」引揚者の援護事業にあたったという。住宅困窮者のために「宝くじ」の利益で住宅建設にというアイデアが競輪の車券発売につながった。1948（昭和23）年11月の第1回小倉競輪がヒットして、戦後の競輪ブームが出現した。

体操部 ◇戦後の復活から66勝6敗

回数	年・月・日	早大			慶大	場所
1	1929・11・17	●	44 ― 70		○	綱町運動場
2	1930・11・16	●	48 ― 63		○	〃
3	31・10・24	早稲田大学の棄権により中止				〃
1	39・5・22~23	●	864.5 ― 876.5		○	国民体育館　8年ぶり開催
2	1940・11・26	●	910.3 ― 913.5		○	
3	41					
4	42・5・30~31	○	886.5 ― 829.0		●	神田YMCA
戦争による中断						
1	48・5・1~2	○	743.5 ― 636.0		●	早稲田大学
2	49・5・21~22	○	798.0 ― 700.0		●	綱町
3	1950・6・10~11	○	872.3 ― 775.0		●	早稲田大学
4	51・11・3~4	○	328.0 ― 324.1		●	綱町
5	52・10・11~12	○	443.10 ― 428.60		●	早稲田大学
6	53・5・6~7	○	531.75 ― 478.25		●	綱町
7	54・6・4~5	○	400.75 ― 375.50		●	早稲田大学
8	55・7・9~10	●			○	YMCA体育館
9	56・6・2~3	●	222.90 ― 224.00		○	早稲田大学
10	57・6・1~2	○	428.35 ― 416.45		●	〃
11	58・6・14~15	○	424.75 ― 417.00		●	〃
12	59・5・23~24	●			○	日吉記念館
13	1960・5・21~22	●	418.95 ― 428.80		○	早稲田大学
14	61・5・20~21	○	432.55 ― 427.75		●	日吉記念館
15	62・5・19~20	○	546.75 ― 534.75		●	早大体育館
16	63・6・22~23	○	528.20 ― 513.25		●	日吉記念館
17	64・5・16~17	○	533.80 ― 519.75		●	早大記念会堂
18	65・5・29~30	○	533.20 ― 488.55		●	日吉記念館
19	66・5・28~29	○	531.75 ― 487.10		●	早大体育館
20	67・6・10~11	○	526.25 ― 465.40		●	日吉記念館
21	68・5・19	○	256.45 ― 232.70		●	早大体育館
22	69・6・8	○	260.15 ― 235.15		●	日吉記念館
23	1970・6・28	○	208.30 ― 190.25		●	早大体育館
24	71・10・24	○	234.25 ― 153.30		●	日吉記念館
25	72・5・28	○	158.25 ― 126.65		●	早大体育館
26	73・5・20	○	260.90 ― 223.95		●	日吉記念館
27	74・5・19	○	199.50 ― 163.35		●	早大体育館
28	75・5・25	○	190.40 ― 166.45		●	日吉記念館
29	76・5・23	○	197.80 ― 171.15		●	早大体育館
30	77・5・22	○	194.55 ― 173.20		●	日吉記念館
31	78・5・7	○	187.95 ― 154.50		●	早大体育館
32	79・5・13	○	173.50 ― 151.85		●	日吉記念館
33	1980・5・25	○	192.05 ― 137.40		●	早大体育館
34	81・5・31	○	190.85 ― 163.80		●	日吉記念館
35	82・5・30	○	150.05 ― 131.75		●	早大第二体育館
36	83・5・29	○	152.15 ― 141.15		●	日吉記念館
37	84・5・12~13	○	465.05 ― 464.50		●	早稲田大学
38	1985・6・22~23	○	388.05 ― 375.55		●	日吉記念館

回数	年・月・日	早大		慶大	場所
39	1986・ 5・31～ 6・ 1	○	147.75 — 137.75	●	早稲田大学
40	87・ 6・13～14	○	195.75 — 157.95	●	日吉記念館
41	88・10・30	○	144.75 — 119.05	●	早稲田大学
42	89・11・26	○	122.70 — 98.40	●	日吉記念館
43	1990・11・23	○	86.60 — 72.00	●	早稲田大学
44	91・11・24	●	145.05 — 164.85	○	日吉記念館
45	92・11・ 8	●	214.40 — 208.15	○	早稲田大学
46	93・10・11	○	167.20 — 163.10	●	日吉記念館
47	94・10・ 9	○	151.05 — 122.85	●	早稲田大学
48	95・11・12	○	147.70 — 117.65	●	日吉記念館
49	96・11・10	○	96.60 — 72.90	●	早稲田大学
50	97・10・12	○	227.50 — 193.05	●	日吉記念館
51	98・11・29	○	165.60 — 128.80	●	早稲田大学
52	99・ 9・ 5	○	185.2 — 164.95	●	早稲田大学
53	2000・ 8・27	○	150.0 — 120.45	●	日吉記念館
54	01・ 9・30	○	150.45 — 131.55	●	早大第二体育館
55	02・10・13	○	202.95 — 168.35	●	日吉記念館
56	03・10・ 5	○	203.1 — 155.5	●	早大第二体育館
57	04・10・10	○	236.55 — 196.75	●	日吉記念館
58	05・11・13	○	239.750 — 183.6	●	早大第二体育館
59	06・ 9・10	○	400.7 — 344.05	●	日吉記念館
60	07・ 7・ 8	○	405.6 — 366.9	●	早大第二体育館
61	08・ 9・28	○	379.45 — 357.25	●	日吉記念館
62	09・12・13	○	335.8 — 320.6	●	慶大日吉蝮谷体育館
63	2010・11・21	○	262.30 — 245.25	●	早大第二体育館
64	11・10・23	○	325.150 — 311.550	●	慶大日吉蝮谷体育館
65	12・10・14	○	417.50 — 390.95	●	早大第二体育館
66	13・10・27	○	427.75 — 392.55	●	慶大日吉蝮谷体育館
67	14・10・ 5	○	422.25 — 395.85	●	早大第二体育館
68	15・10・11	○	420.70 — 401.25	●	慶大日吉蝮谷体育館
69	16・ 7・ 3	○	418.05 — 405.95	●	早大第二体育館
70	17・ 9・ 3	○	405.30 — 393.30	●	慶大日吉蝮谷体育館
71	18・ 7・ 8	○	397.70 — 384.50	●	早大第二体育館
72	2019・ 6・30	○	236.15 — 229.35	●	慶大日吉キャンパス

体操早慶戦MEMO

1931（昭和６）年の中止の理由は、慶大の伊澤四郎監督と全日本体操連盟との間に、運営・採点法に見解の相違があったほか、両校の選手たちも感情的になって、試合どころではなくなったからだ。９年ぶりの復活戦は、年月の経過もあり、何のわだかまりもなく、和気あいあいのうちに行われたという。

空手部 ◇34勝42敗1分

回数	年・月・日	早大				慶大	場所
1	1960・4・23	●	2	—	8	○	三田
2	11・23	●	4	—	5	○	早稲田
3	61・5・28	○	8	—	6	●	三田
4	11・23	●	5	—	6	○	早稲田
5	62・6・10	●	5	—	6	○	三田
6	10・23	△	6	—	6	△	早稲田
7	63・5・19	●	6	—（内容勝）	6	○	三田
8	11・3	●	5	—	6	○	早稲田
9	64・5・24	○	5	—	3	●	三田
10	11・1	●	7	—（内容勝）	7	○	早稲田
11	65・5・23	○	9	—	5	●	三田
12	10・17	●	6	—	8	○	早稲田
13	66・5・15	○	7	—	6	●	三田
14	10・23	●	5	—	6	○	早稲田
15	67・5・28	●	4	—	7	○	三田
16	10・29	○	6	—	5	●	早稲田
17	68・5・26	●	5	—	7	○	三田
18	11・3	○	6	—	5	●	早稲田
19	69・5・8	○	4	—	3	●	三田
20	11・23	○	5	—	4	●	早稲田
21	1970・5・31	●	2	—	7	○	三田
22	11・3	●	3	—	5	○	早稲田
23	71・6・6	○	9	—	5	●	三田
24	10・23	○	7	—	5	●	早稲田
25	72・6・17	○	4	—	2	●	三田
26	11・12	○	5	—	4	●	早稲田
27	73・6・17	○	4	—	2	●	三田
28	11・11	○	5	—	4	●	早稲田
29	74・6・23	●	4	—	5	○	三田
30	10・27	○	6	—	0	●	早稲田
31	75・6・15	●	2	—	4	○	三田
32	10・19	○	7	—	4	●	早稲田
33	76・6・20	●	1	—	4	○	三田
34	11・14	○	4	—	1	●	早稲田
35	77・6・?	○	4	—	3	●	三田
36	10・?	○	6	—	1	●	早稲田
37	78・11・3	○	6	—	3	●	〃
38	79・11・23	●	2	—	3	○	〃
39	1980・11・23	●	4	—	9	○	日吉
40	81・11・8	●	2	—	8	○	〃
41	82・11・3	○	6	—	5	●	早稲田
42	83・11・3	○	8	—	3	●	〃
43	84・11・23	●	2	—	11	○	日吉
44	85・11・3	●	3	—	11	○	早稲田
45	1986・11・9	●	3	—	7	○	日吉

回数	年・月・日	早大				慶大	場所
46	1987・11・ 3	●	3	ー	8	○	早稲田
47	88・11・ 6	●	2	ー	9	○	日吉
48	89・11・ 3	○	7	ー	6	●	早稲田
49	1990・11・ 3	○	7	ー	6	●	日吉
50	91・11・17	○	9	ー	6	●	早稲田
51	92・11・ 3	●	5	ー	7	○	日吉
52	93・11・ 3	●	4	ー	10	○	早稲田
53	94・11・ 3	○	7	ー	5	●	日吉
54	95・11・ 3	●	4	ー	10	○	早稲田
55	96・11・ 3	●	6	ー	8	○	日吉
56	97・11・ 3	●	4	ー	5	○	早稲田
57	98・11・ 3	●	4	ー（内容勝）	4	○	日吉
58	99・10・31	●	6	ー（内容勝）	6	○	早稲田
59	2000・10・29	○	7	ー	6	●	三田
60	01・11・ 3	●	5	ー（内容勝）	5	○	早稲田
61	02・11・10	●	5	ー	6	○	三田
62	03・11・16	○	7	ー	4	●	早稲田
63	04・11・14	○	7	ー	4	●	三田
64	05・11・13	●	5	ー	6	○	早稲田
65	06・10・28	○	6	ー（内容勝）	6	●	三田
66	07・10・20	●	7	ー（内容勝）	7	○	早稲田
67	08・11・ 3	●	7	ー（内容勝）	7	○	三田
68	09・10・24	○	9	ー	4	●	早稲田
69	2010・10・17	●	5	ー	8	○	日吉
70	11・11・12	●	6	ー	7	○	早稲田
71	12・11・11	●	5	ー	7	○	日吉
72	13・11・10	○	7	ー	6	●	早稲田
73	14・11・ 8	●	4	ー	8	○	日吉
74	15・11・ 9	●	4	ー	7	○	早稲田
75	16・11・27	○	7	ー	6	●	日吉
76	17・11・26	●	6	ー	7	○	早稲田
77	2018・11・25	○	7	ー	6	●	日吉

空手早慶戦MEMO

早慶戦は 1960（昭和 35）年安保の秋に始まった。空手部の創部は、慶大が 1924（大正 13）年で最も歴史があり、早大は 7 年遅れの 1931（昭和 6）年。当時のキャプテン内藤武宣氏（元毎日新聞記者）は「試合制度については早大が未経験だったので、最初は慶大からその方法を学ぶという感じが強かった」（『早稲田スポーツ百周年記念誌』）。早稲田は「空手は武道であり、スポーツではない」という立場を貫いていたのだ。
通算成績は早大が負け越しているが、田中愛治現総長（第 17 代）の現役時代は 7 勝 1 敗（142 ページ参照）。初代の空手部長は大浜信泉総長（第 7 代）だった。

バレーボール部 ［男子］64勝19敗［女子］33勝3敗

回数	年・月・日	場所	早大	男子スコア	慶大	早大	女子スコア	慶大
1	1935・6・1	浜松町恩賜庭園コート	○	3 ― 0	●			
2	36・6・2	〃	○	3 ― 2	●			
3	37・5・5	〃	○	3 ― 0	●			
4	38・4・29	〃	○	3 ― 2	●			
5	39・4・29	〃	○	3 ― 0	●			
6	1940・4・29	〃	○	3 ― 0	●			
7	41・4・29	神田国民体育館	○	3 ― 0	●			
8	42・4・29	〃	○	3 ― 1	●			
9	43・4・29	〃	○	3 ― 0	●			
	43・10・17	学徒出陣壮行（戸塚）	○	3 ― 2	●			
		戦争による中断						
10	1946・5・26	府立第２高女（竹早高）	○	3 ― 2	●			
11	47・6・29	浜松町恩賜庭園コート	○	3 ― 1	●			
12	48・4・29	田園コロシアム	○	3 ― 0	●			
13	49・4・29	〃	●	0 ― 3	○			
14	1950・4・30	日活スポーツセンター	●	2 ― 3	○			
15	51・4・29	両国体育館	●	0 ― 3	○			
16	52・4・20	田園コロシアム	●	1 ― 3	○			
17	53・9・6	〃	○	3 ― 1	●			
18	54・4・29	日本鋼管体育館	●	2 ― 3	○			
19	55・4・23	東京都体育館	○	3 ― 1	●			
20	56・4・15	〃	●	2 ― 3	○			
21	57・4・15	〃	●	0 ― 3	○			
22	58・4・20	早大記念会堂	●	0 ― 3	○			
23	59・4・26	〃	●	2 ― 3	○			
24	1960・4・17	慶応日吉記念館	○	3 ― 1	●			
25	61・4・22	東京都体育館	●	1 ― 3	○			
26	62・4・22	後楽園体育館	○	3 ― 1	●			
27	63・4・29	早大記念会堂	○	3 ― 2	●			
28	64・4・26	〃	●	0 ― 3	○			
29	65・4・25	〃	○	3 ― 0	●			
30	66・4・24	代々木体育館	●	2 ― 3	○			
31	67・6・11	早大記念会堂	○	3 ― 1	●			
32	68・4・21	代々木体育館	○	3 ― 1	●			
33	69・4・29	早大記念会堂	○	3 ― 0	●			
34	1970・4・29	新宿体育館	○	3 ― 0	●			
35	71・4・18	早大記念会堂	○	3 ― 0	●			
36	72・4・16	慶応日吉記念館	○	3 ― 0	●			
37	73・9・2	早大記念会堂	○	3 ― 0	●			
38	74・6・23	慶応日吉記念館	●	0 ― 3	○			
39	75・6・14	早大記念会堂	○	3 ― 1	●			
40	76・4・11	慶応日吉記念館	○	3 ― 0	●			
41	77・5・22	早大記念会堂	○	3 ― 0	●			
42	78・9・10	慶応日吉記念館	○	3 ― 1	●			
43	79・12・1	早大記念会堂	○	3 ― 0	●			
44	1980・11・23	慶応日吉記念館	●	2 ― 3	○			
45	81・6・27	早大記念会堂	○	3 ― 0	●			

回数	年・月・日	場所	早大	男子スコア	慶大	回数	早大	女子スコア	慶大
46	1982・9・5	慶応日吉記念館	○	3 — 0	●				
47	83・9・4	早大記念会堂	○	3 — 0	●				
48	84・11・4	慶応日吉記念館	○	3 — 0	●	1	●	0 — 2	○
49	85・9・15	早大記念会堂	○	3 — 2	●	2	●	0 — 2	○
50	86・6・29	慶応日吉記念館	○	3 — 1	●	3	●	0 — 2	○
51	87・6・28	早大記念会堂	●	1 — 3	○	4	○	2 — 0	●
52	88・7・3	慶応日吉記念館	○	3 — 1	●	5	○	2 — 0	●
53	89・6・25	早大記念会堂	○	3 — 2	●	6	○	2 — 1	●
54	1990・6・24	慶応日吉記念館	○	3 — 0	●	7	○	2 — 0	●
55	91・6・16	早大記念会堂	○	3 — 0	●	8	○	2 — 0	●
56	92・6・21	慶応日吉記念館	○	3 — 1	●	9	○	2 — 0	●
57	93・6・20	早大記念会堂	○	3 — 1	●	10	○	2 — 0	●
58	94・6・19	慶応日吉記念館	○	3 — 0	●	11	○	2 — 0	●
59	95・6・11	早大記念会堂	○	3 — 0	●	12	○	2 — 0	●
60	96・6・23	慶応日吉記念館	○	3 — 0	●	13	○	2 — 0	●
61	97・6・22	早大記念会堂	○	3 — 0	●	14	○	2 — 0	●
62	98・6・21	慶応日吉記念館	○	3 — 0	●	15	○	2 — 0	●
63	99・6・20	早大記念会堂	○	3 — 0	●	16	○	2 — 0	●
64	2000・6・18	慶応日吉記念館	○	3 — 0	●	17	○	3 — 0	●
65	01・6・17	早大記念会堂	○	3 — 0	●	18	○	3 — 0	●
66	02・6・23	慶応日吉記念館	○	3 — 1	●	19	○	3 — 0	●
67	03・6・15	早大記念会堂	○	3 — 1	●	20	○	3 — 0	●
68	04・6・13	慶応日吉記念館	○	3 — 2	●	21	○	3 — 0	●
69	05・6・19	早大記念会堂	○	3 — 2	●	22	○	3 — 0	●
70	06・6・4	慶応日吉記念館	○	3 — 1	●	23	○	3 — 0	●
71	07・6・10	早大記念会堂	○	3 — 1	●	24	○	3 — 0	●
72	08・6・8	慶応日吉記念館	○	3 — 0	●	25	○	3 — 0	●
73	09・6・6	早大記念会堂	○	3 — 1	●	26	○	3 — 0	●
74	2010・6・12	慶応日吉記念館	●	0 — 3	○	27	○	3 — 0	●
75	11・6・19	早大記念会堂	●	1 — 3	○	28	○	3 — 0	●
76	12・6・10	慶応日吉記念館	●	0 — 3	○	29	○	3 — 0	●
77	13・6・16	早大記念会堂	○	3 — 1	●	30	○	3 — 0	●
78	14・6・15	慶応日吉記念館	●	2 — 3	○	31	○	3 — 0	●
79	15・6・14	早大記念会堂	○	3 — 0	●	32	○	3 — 0	●
80	16・6・12	慶応日吉記念館	○	3 — 0	●	33	○	3 — 0	●
81	17・6・11	〃	○	3 — 0	●	34	○	3 — 0	●
82	18・6・10	川崎とどろきアリーナ	○	3 — 2	●	35	○	3 — 0	●
83	2019・6・9	早大アリーナ	○	3 — 2	●	36	○	3 — 0	●

バレーボール早慶戦MEMO

第1回早慶戦は1935（昭和10）年に始まったが、戦前の最後が1943（昭和18）年10月17日に行われた学徒出陣壮行早慶戦だった。

野球の最後の早慶戦の翌日、早大で行われている。定期戦としてはカウントされていない。試合終了後、野球の時と同じように「海行かば」が歌われたのだろうか。

レスリング部 ◇早慶定期戦復活後59勝9敗

回数	年・月・日	早大	スコア			慶大	場所
	1935	○	9	—	3	●	日比谷野音
	1938	○	8	—	3	●	
	1939	●	5	—	4	○	甲子園
	1940	○	4	—	3	●	〃
	1941	○	5	—	2	●	〃
	早慶定期戦復活						
1	1951・11・17	●	2	—	7	○	青山レス会館
2	52・11・15	○	5	—	4	●	〃
3	53・11・23	●	0	—	9	○	〃
4	54・11・10	●	3	—	6	○	〃
5	55・11・23	●	3	—	6	○	〃
6	56・11・12	●	3	—	6	○	〃
7	57・12・3	●	4	—	6	○	〃
8	58・11・26	●	1	—	10	○	〃
9	59・12・2	○	6	—	4	●	〃
10	1960・11・17	○	10	—	1	●	〃
11	61・11・28	○	8	—	3	●	〃
12	62・11・28	○(計量勝)	4	—	4	●	〃
13	63・11・30	○	8	—	1	●	〃
14	64・12・12	○	6	—	5	●	〃
15	65・11・10	○	5	—	4	●	〃
16	66・11・26	○	7	—	4	●	〃
17	67・11・4	○	6	—	0	●	新宿体育館
18	68・12・4	○	7	—	4	●	中央区体育館
19	69・11・15	○	7	—	2	●	新宿体育館
20	1970・10・24	○	7	—	2	●	中央区体育館
21	71・10・9	○	6	—	2	●	新宿体育館
22	72・11・12	○	5	—	4	●	中央区体育館
23	73・11・3	○	6	—	3	●	早大第二体育館
24	74・11・23	○	8	—	1	●	中央区体育館
25	75・11・22	○	8	—	1	●	中央第二体育館
26	76・11・21	○	6	—	3	●	日吉記念会館
27	77・12・3	○	8	—	1	●	スポーツ会館
28	78・11・23	○	6	—	3	●	中央区体育館
29	79・12・9	○	5	—	4	●	早大第二体育館
30	1980・12・26	○	7	—	2	●	日吉記念館
31	81・11・29	○	5	—	4	●	早大新体育館
32	82・11・20	○	8	—	1	●	日吉記念館
33	83・11・20	●	3	—	6	○	早大新体育館
34	84・12・1	●	4	—	5	○	日吉記念館
35	85・12・7	○	7	—	2	●	早大新体育館
36	86・12・6	○	5	—	4	●	日吉記念館
37	87・11・28	○	7	—	2	●	早大新体育館
38	88・11・26	○	7	—	2	●	慶大蝮谷道場
39	89・11・18	○	7	—	1	●	早大新体育館
40	1990・11・23	○	7	—	2	●	慶大蝮谷道場
41	91・11・9	○	7	—	2	●	早大新体育館

	年・月・日	早大	スコア	慶大	場所
42	1992・11・21	○	7 － 2	●	慶大蝮谷道場
43	93・10・ 3	○	5 － 4	●	早大新体育館
44	94・12・10	○	5 － 4	●	慶大蝮谷道場
45	95・12・ 2	○	7 － 2	●	早大新体育館
46	96・12・ 7	○	6 － 3	●	慶大蝮谷道場
47	97・11・23	○	4 － 2	●	早大新体育館
48	98・12・ 7	○	7 － 1	●	慶大蝮谷道場
49	99・12・11	○	6 － 1	●	早大新体育館
50	2000・12・ 9	○	4 － 1	●	慶大蝮谷道場
51	01・11・17	○	5 － 1	●	早大新体育館
52	02・12・18	○	6 － 0	●	慶大蝮谷道場
53	03・12・ 6	○	4 － 1	●	早大新体育館
54	04・12・11	○	5 － 2	●	慶大蝮谷道場
55	05・12・10	○	4 － 1	●	早大新体育館
56	06・12・ 2	○	6 － 1	●	慶大蝮谷道場
57	07・12・ 8	○	5 － 2	●	早大新体育館
58	08・12・ 6	○	6 － 1	●	慶大蝮谷道場
59	09・12・ 5	○	7 － 0	●	早大新体育館
60	2010・12・ 4	○	6 － 1	●	慶大蝮谷道場
61	11・12・ 3	○	7 － 0	●	早大新体育館
62	12・12・ 1	○	7 － 0	●	慶大蝮谷道場
63	13・12・ 7	○	8 － 0	●	早大レス道場
64	14・12・ 6	○	7 － 0	●	慶大蝮谷道場
65	15・12・ 5	○	7 － 0	●	早大レス道場
66	16・12・10	○	6 － 1	●	慶大蝮谷道場
67	17・12・ 2	○	7 － 0	●	早大レス道場
68	2018・12・ 2	○	7 － 0	●	慶大蝮谷道場

レスリングMEMO

早大レスリング部のＨＰに1931（昭和6）年創部、創部者・八田一朗（1983［昭和58］年没、76歳）とある。八田は早大柔道部の一員として1929（昭和4）年にアメリカ遠征、そこでレスリングに出会った。その2年後の創部だから手早い。

1952（昭和27）年ヘルシンキ五輪で石井庄八が戦後初の金メダルを獲得、1964（昭和39）年東京五輪では金5個。日本のお家芸とまでいわれた。

女性がレスリングに向いていると、「女子の協会を創設して会長に」と、同じ参議院議員だった市川房枝を口説いた。2020（令和2）年東京五輪でも女子レスでメダルラッシュが期待される。

1964年卒の早龍会副会長川尻建三（レスリング部主将、滑川高）は、八田家に下宿、書生をしていた。

フィギュア

[男子]11勝20敗◇[女子]2勝13敗

回	開催年	男勝敗	女勝敗
1	1948	●	
2	1953	●	
3	54	●	●
4	55	○	●
5	56	●	●
6	57	○	●
7	58	○	●
8	59	○	
9	1960	●	
10	62	○	
11	64	○	
12	65	●	
13	67	●	
14	68	○	
15	69	●	
16	1975	●	
17	77	○	
18	78	○	○
19	79	○	●
20	1980	●	－
21	81	●	－
22	82	●	●
23	83	●	●
24	84	●	●
25	85	●	●
26	86	●	●
27	87	●	●
28	88	●	●
29	89	○	○
30	1990	●	－
31	91	●	－

全日本一周

4勝8敗中止1

回	開催年	勝敗
1	1953	●
2	54	●
3	55	○
4	56	●
5	57	○
6	58	●
7	59	●
8	1960	●
9	62	●
10	63	○
11	64	●
12	65	中止
13	1966	○

ダートクロス

[男子]3勝4敗◇[女子]2勝2敗

回	開催年	男勝敗	女勝敗
1	1976	○	－
2	77	●	－
3	78	●	●
4	79	●	－
5	1980	○	○
6	81	○	●
7	1985	●	○

ジムカーナ戦

6勝18敗中止2

回	開催年	勝敗
1	1992	●
2	93	○
3	94	●
4	95	●
5	96	●
6	97	●
7	98	●
8	99	●
9	2000	○
10	01	●
11	02	中止
12	03	●
13	04	●
14	05	○
15	06	●
16	07	●
17	08	●
18	09	○
19	2010	●
20	11	●
21	12	○
22	13	●
23	14	●
24	15	中止
25	16	中止
26	17	●
27	2018	○

自動車早慶戦MEMO

早慶戦は第1回から31回までがフィギュア、32回以降ジムカーナ戦に引き継がれ、現在まで続いている。慶大OB大橋幸雄氏（1965［昭和40］年卒）によると、ジムカーナによる早慶戦は、1970（昭和45）年に初めて行われた（慶大○）。しかし、それはカウントされていない。

フィギュアの通算は男子が早大の10勝21敗。女子は、1954(昭和29)年から早大５連敗はカウントせずで、1978(昭和53)年から２勝８敗。ジムカーナは６勝18敗で大きく負け越している。

全日本一周は、日産自動車貸与のトラックで始まった。60年安保の年に初めて乗用車(ブルーバード)になり、女子も１区間を担当した。翌1961（昭和36）年は、日産が学連全体の全日本一周ラリーの後援に切り替えたため中止。翌年からいすゞ自動車の後援で再開した。

戦前、1932(昭和7)に第１回早慶対抗自動車競技大会が開かれ、翌1933（昭和8）年、スピードレースを洲崎で行った。「本競技は危険なので、１回で中止」となった。

1934（昭和9）年２月23日、皇太子殿下生誕早慶奉祝記念レースを行っている。皇太子とは、2019（平成31）年４月に退位された明仁上皇である。

米式蹴球部 ◇27勝39敗1分

回数	年・月・日	早大				慶大	場所
1	1953・ 4・29	●	0	―	21	○	神宮競技場
2	54・ 4・29	●	0	―	27	○	〃
3	55・ 4・29	△	6	―	6	△	〃
4	56・ 5・ 3	○	20	―	7	●	後楽園競輪場
5	57・ 4・29	●	0	―	46	○	〃
6	58・ 4・29	●	13	―	40	○	慶大日吉
7	59・ 5・10	●	6	―	27	○	小石川運動場
8	1960・ 5・18	●	14	―	34	○	後楽園競輪場
9	61・ 5・ 3	●	22	―	26	○	小石川運動場
10	62・ 4・29	●	16	―	28	○	〃
11	63・ 4・29	●	8	―	60	○	〃
12	64・ 5・ 5	●	14	―	55	○	〃
13	65・ 5・23	●	0	―	36	○	駒沢陸上
14	66・ 6・10	●	0	―	38	○	国立競技場
15	67・ 5・21	●	28	―	46	○	小石川運動場
16	68・ 4・29	●	8	―	12	○	〃
17	69・ 5・ 3	○	14	―	12	●	駒沢第二
18	1970・ 4・29	●	20	―	30	○	〃
19	71・ 6・13	○	14	―	12	●	小石川運動場
20	72・ 4・29	○	30	―	18	●	駒沢第二
21	73・ 5・ 5	○	55	―	6	●	〃
22	74・ 4・28	●	2	―	14	○	〃
23	75・ 5・ 5	●	6	―	42	○	早大東伏見
24	76・ 4・25	●	0	―	18	○	駒沢第二
25	77・ 6・ 6	○	13	―	7	●	国立競技場
26	78・ 6・18	●	13	―	31	○	慶大日吉
27	79・ 6・ 5	●	14	―	17	○	〃
28	1980・ 6・ 8	●	28	―	40	○	国立競技場
29	81・ 6・14	○	45	―	12	●	西ケ丘競技場
30	82・ 5・15	●	28	―	52	○	国立競技場
31	83・ 5・ 3	●	10	―	21	○	〃
32	84・ 5・13	●	0	―	7	○	〃
33	85・ 5・ 3	●	12	―	21	○	〃
34	86・ 5・10	●	14	―	28	○	〃
35	87・ 6・ 7	●	9	―	23	○	〃
36	88・ 5・ 3	○	28	―	21	●	〃
37	89・ 5・ 3	●	7	―	41	○	〃
38	1990・ 5・21	●	17	―	19	○	東京ドーム
39	91・ 5・17	●	17	―	38	○	〃
40	92・ 5・ 8	○	33	―	10	●	〃
41	93・ 5・29	○	28	―	26	●	川崎球場
42	94・ 6・18	○	31	―	26	●	駒沢陸上
43	95・ 5・28	●	23	―	24	○	〃
44	96・ 6・ 9	○	24	―	17	●	慶大日吉
45	97・ 5・25	●	16	―	20	○	大井第二
46	98・ 6・14	○	49	―	0	●	国立競技場
47	1999・ 6・13	●	14	―	26	○	大井第二

回数	年・月・日	早大				慶大	場所
48	2000・5・13	●	9	—	20	○	横浜球場
49	01・5・21	●	7	—	16	○	〃
50	02・6・22	○	14	—	7	●	駒沢陸上
51	03・5・18	○	36	—	7	●	アミノバイタル
52	04・5・23	○	41	—	20	●	〃
53	05・5・5	●	21	—	23	○	駒沢陸上
54	06・5・3	○	24	—	20	●	〃
55	07・5・3	○	24	—	14	●	〃
56	08・5・3	○	24	—	17	●	〃
57	09・4・29	○	47	—	3	●	〃
58	2010・4・29	●	24	—	28	○	〃
59	11・4・29	○	27	—	12	●	〃
60	12・4・29	●	21	—	24	○	〃
61	13・4・29	○	38	—	7	●	〃
62	14・4・29	●	28	—	35	○	〃
63	15・4・29	○	31	—	17	●	〃
64	16・4・29	○	19	—	14	●	〃
65	17・4・29	○	31	—	14	●	〃
66	18・4・29	○	37	—	7	●	〃
67	2019・4・29	○	37	—	13	●	〃

第 67 回早慶戦に快勝して雄叫びをあげる早大の選手たち
＝2019 年4月 29 日
駒沢陸上競技場
撮影：小座野容斉（87 年卒、早スポ OB。毎日新聞記者）

米式蹴球早慶戦MEMO

1974（昭和 49）年の第 22 戦。2－14 で早稲田が負けている。「2点はスコア誤記ではないの」と尋ねると「セイフティーの2点だ」という答えが返ってきた。

試合に出ていた早大副将矢野勝郎（67 歳）。「選手が 22、3 人しかいなかった。攻撃も守備も出ずっぱり。オフェンスはほとんど放棄していた。後半、たまたまパントで慶大陣内深く攻め込んだ。そして慶大のゴールエリア内でタックルを決めたんだ。間違いありません」

ヨット部 ◇44勝34敗1分

回数	年・月・日	早大				慶大	場所
1	1935・ 5・12~19	●	79	—	85	○	横浜小港
2	36・ 5・30，6・14	○	95	—	75	●	〃
3	37・ 5・ 8	●	114	—	116	○	〃
4	38・ 5・ 7~ 8	●	83	—	128	○	横浜仮ハーバー
5	39・ 5・13~14	○	126	—	94	●	〃
6	1940・ 5・11~12	○	151	—	146	●	〃
7	41・ 5・10~11	○	161	—	142	●	横浜市ヨットハーバー
8	42・ 5・ 9~10	●				○	横浜海洋道場
9	43・ 5・ 9~10	●	56	—	72	○	〃
戦争による中断							
10	47・ 6・ 7~ 8	○	119	—	99	●	横浜
11	48・ 5・ 8~ 9	●	97	—	115	○	〃
12	49・ 5・21~22	○	141	—	137	●	〃
13	1950・ 5・ 6~ 7	●	118	—	158	○	〃
14	51・ 5・ 5~ 6	●	127.5	—	144	○	〃
15	52・ 5・ 3~ 4	●	156	—	176・5	○	〃
16	53・ 5・ 2~ 3	●	168	—	184	○	〃
17	54・ 5・ 1~ 2	○	173	—	171	●	〃
18	55・ 5・ 7~ 8	●	205	—	234	○	〃
19	56・ 5・ 5~ 6,10	●	155	—	227	○	〃
20	57・ 5・ 3~ 5	●	186	—	248	○	〃
21	58・ 5・ 3~ 4	●	211	—	220	○	〃
22	59・ 5・ 2~ 3	○	342.5	—	324.5	●	〃
23	1960・ 5・ 7~ 8	○	345.25	—	333	●	〃
24	61・ 5・ 6~ 7	○	364	—	317	●	〃
25	62・ 5・ 5~ 6	●	320.25	—	351.25	○	〃
26	63・ 5・ 4~ 5	●	328	—	330	○	〃
	64	中止（開催場所をめぐって）					
27	65・ 5・ 1~ 2	○	371.5	—	309.5	●	葉山
28	66・ 5・14~15	●	323.25	—	329.75	○	鐙摺
29	67・ 5・ 6~ 7	●	324	—	352	○	葉山
30	68・ 5・ 4~ 5	●	310.25	—	361.75	○	〃
31	69・ 5・ 3~ 4	○	278	—	294	●	〃
32	1970・ 5・ 2~ 3	○	218	—	236	●	〃
33	71・ 5・ 1~ 2	●	262.75	—	179.25	○	〃
34	72・ 5・ 6~ 7	●	264.75	—	186.25	○	三戸浜
35	73・ 5・ 5~ 6	○	160.25	—	163.25	●	〃
36	74・ 5・ 4~ 5	●	66.5	—	59.5	○	〃
37	75・ 5・31~ 6・ 1	●	152	—	144	○	〃
38	76・ 5・29~30	○	132	—	175	●	〃
39	77・ 5・28~29	○	133.25	—	165.75	●	〃
40	78・ 6・ 3~ 4	○	128.75	—	173.25	●	〃
41	79・ 6・ 2~ 3	○	126.5	—	169.5	●	〃
42	1980・ 5・31~ 6・ 1	●	152.75	—	148.25	○	〃
	81~82	中止（部員の資格問題）					
43	1983・ 6・ 4~ 5	○	191.25	—	257.75	●	三戸浜
44	1984・ 6・ 2~ 3	○	142	—	144	●	〃

回数	年・月・日	早大		慶大	場所
45	1985・6・1～2	○		●	三戸浜
46	1986・6・7～8	●		○	〃
47	1987・6・6～7	△	引き分け	△	〃
48	1988・6・4～5	●		○	〃
49	1989・6・3～4	○		●	〃
50	1990・6・2～3	○		●	〃
51	91・6・1～2	●		○	〃
52	92・6・6～7	○		●	〃
53	93・6・5～6	●		○	〃
54	94・6・4～5	○		●	〃
55	95・6・3～4	○	81 － 62	●	〃
56	96・6・1～2	○	172 － 117	●	〃
57	97・5・31～6・1	●	140 － 151	○	〃
58	98・11・14～15	○	82 － 66	●	〃
59	99・8・28～29	○	131 － 92	●	〃
60	2000・8・26～27	○	147 － 139	●	〃
61	01・8・25～26	○	174 － 114	●	〃
62	02・6・1～2	○		●	〃
63	03・6・7～8	○	31 － 30	●	〃
64	04・6・26～27	●	134 － 153	○	〃
65	05・6・25～26	○	132 － 158	●	〃
66	06・6・24～25	○	138 － 78.5	●	〃
67	07・6・23～24	○	122 － 97	●	〃
68	08・10・18～19	●	206 － 232	○	葉山沖
69	09・10・17～18	○	201 － 232	●	〃
70	2010・9・25～26	○	101 － 116	●	〃
71	11・10・1～2	○	214 － 220	●	〃
72	12・9・15～16	○	241 － 264	●	〃
73	13・9・14～15	●	157 － 136	○	〃
74	14・7・5～6	○	255 － 277	●	〃
75	15・5・16～17	●	152 － 136	○	〃
76	16・10・8～9	○	165 － 189	●	〃
77	17・7・8～9	●	293 － 285	○	〃
78	18・8・11～12	○	209 － 224	●	〃
79	2019・8・11～12	○	239 － 265	●	〃

【注】レースの点数カウント法が途中から変わっている。第30回1968（昭和43）年までは、点数を多く獲得した方が勝ち。ところが31回から点数の少ない方が勝っている。

　着順が得点になり、失格者が出れば、その下の順位を繰り上げる。例えば早慶5艇ずつのレースで、慶大が1～5着を独占すると、合計15点。早大は6～10位だから合計40点だ。

その後、一時再び得点の多い方が「優勝」となったことがあるが、最近は総合点数の低い方が「優勝」になっている。

ヨット早慶戦MEMO

早大ヨット部の産みの親である小澤信三郎（のち、早稲田ヨットクラブ会長・日本ヨット協会副会長）は、60回大会に寄せた随筆の中で、「たくさんある早慶対校競技の中でも、ヨットの早慶戦は模範的だ」と書いている。たとえば、A級ディンギー（1人乗り）5隻ずつで競うと決めた第1回早慶戦で、早大は5隻そろえることができなかった。本来なら、レース不成立となるところだが、慶大は快く、早大に1隻を提供し、レースを成立させた。とかく対抗意識が過剰になりがちな早慶戦に、こんなほほえましいエピソードがあったからこそ、「模範的」という言葉が出てきたのだろう。残念ながら、早大は慶大の「好意」に報いることができず惜敗した。

ハンドボール部　［男子］50勝14敗2分［女子］14勝1敗

回数	年・月・日	早大	男子スコア			慶大	場所
1	1953・9・13	○	8	—	5	●	神宮
2	54・6・27	●	12	—	13	○	〃
3	55・11・13	●	6	—	12	○	後楽園
4	56・11・5	●	11	—	13	○	〃
5	57・10・13	●	5	—	11	○	〃
6	58・9・22	●	7	—	10	○	国立競技場
7	59・9・10	○	15	—	10	●	〃
8	1960・9・9	○	17	—	12	●	〃
9	61・9・15	○	16	—	10	●	小石川
10	62・9・8	○	21	—	17	●	〃
11	63・6・8	○	20	—	17	●	早大記念会堂
12	64・9・12	○	20	—	19	●	〃
13	65・9・11	●	11	—	19	○	〃
14	66・9・11	●	10	—	15	○	〃
15	67・10・7	○	23	—	16	●	〃
16	68・9・14	○	19	—	18	●	〃
17	69・9・28	○	15	—	12	●	〃
18	1970・10・4	△	14	—	14	△	〃
19	71・9・23	○	14	—	9	●	〃
20	72・9・23	○	23	—	16	●	〃
21	73・9・16	○	23	—	14	●	〃
22	74・9・22	○	27	—	14	●	〃
23	75・10・25	△	19	—	19	△	慶大記念館
24	76・11・13	○	19	—	15	●	早大記念会堂
25	77・9・17	●	24	—	25	○	慶大記念館
26	78・9・16	●	19	—	23	○	早大記念会堂
27	79・11・10	●	21	—	26	○	慶大記念館
28	1980・11・22	●	19	—	21	○	早大記念会堂
29	81・11・28	●	12	—	18	○	慶大記念館
30	82・9・18	○	19	—	15	●	早大記念会堂
31	83・11・26	●	14	—	15	○	慶大記念館
32	84・11・10	○	19	—	18	●	早大記念会堂
33	85・11・16	●	22	—	28	○	横浜文化体育館
34	86・11・15	○	28	—	24	●	早大記念会堂
35	87・11・26	○	25	—	22	●	慶大記念館
36	88・11・19	○	28	—	22	●	早大記念会堂
37	89・11・25	○	29	—	23	●	慶大記念館
38	1990・11・10	○	26	—	17	●	早大記念会堂
39	91・11・22	○	32	—	24	●	慶大記念館
40	92・11・22	○	30	—	20	●	早大記念会堂
41	93・11・20	○	22	—	19	●	慶大記念館
42	94・11・12	○	26	—	18	●	早大記念会堂
43	95・11・4	○	30	—	21	●	慶大記念館
44	96・11・16	○	31	—	19	●	早大記念会堂
45	97・11・22	○	24	—	20	●	慶大記念館
46	98・11・7	○	34	—	19	●	早大記念会堂
47	1999・12・5	○	28	—	22	●	慶大記念館

回数	年・月・日	早大	男子スコア	慶大	回数	早大	女子スコア	慶大	場所
48	2000・12・ 2	○	34 — 17	●					早大記念会堂
49	01・ 9・ 1	○	29 — 21	●					慶大記念館
50	02・ 8・31	○	36 — 21	●					横浜文化体育館
51	03・ 8・30	○	30 — 20	●					慶大記念館
52	04・ 8・28	○	31 — 19	●	1	●	10 — 19	○	早大記念会堂
53	05・12・ 3	○	27 — 24	●	2	○	24 — 7	●	慶大記念館
54	06・12・ 6	○	34 — 21	●	3	○	24 — 7	●	早大記念会堂
55	07・10・21	○	36 — 25	●	4	○	36 — 8	●	慶大記念館
56	08・10・18	○	43 — 23	●	5	○	36 — 10	●	早大記念会堂
57	09・10・ 3	○	34 — 23	●	6	○	46 — 13	●	慶大記念館
58	2010・11・27	○	47 — 29	●	7	○	28 — 12	●	早大記念会堂
59	11・11・19	○	32 — 19	●	8	○	35 — 9	●	慶大記念館
60	12・12・ 1	○	37 — 19	●	9	○	63 — 3	●	早大記念会堂
61	13・12・ 7	○	36 — 23	●	10	○	45 — 4	●	慶大記念館
62	14・12・14	○	37 — 30	●	11	○	37 — 7	●	早大東伏見
63	15・11・28	○	39 — 22	●	12	○	30 — 8	●	慶大記念館
64	16・12・ 3	○	26 — 17	●	13	○	32 — 7	●	早大東伏見
65	17・11・18	○	34 — 29	●	14	○	26 — 7	●	慶大記念館
66	2018・11・25	○	31 — 21	●	15	○	28 — 9	●	早大東伏見

第 10 回早慶戦でシュートをする荒木光明選手（教育 3 年、北野高）
＝1962 年 9 月 8 日小石川サッカー場

ハンドボール早慶戦MEMO

2018（平成 30）年は、男女とも早大が勝利、男子は 1986（昭和 61）年以来 33 連勝、女子は 2004（平成 16）年の第 1 回で敗れてからは、ずっと白星を重ねている。14 連勝である。

1953（昭和 28）年の第 1 回から第 10 回までは 11 人制だった。それが 7 人制に 1 本化されることになり、1962（昭和 37）年 11 月の早慶明定期戦からいち早く 7 人制を実施した。この大会、早大が慶大、明大を降して優勝している。

早慶戦は、翌 1963（昭和 38）年から 7 人制に変わった。

ホッケー部 ［男子］39勝37敗16分

回数	開催年	勝敗	早大－慶大	勝敗
1	1924	●	2 － 5	○
2	25	●	0 － 3	○
3	26	○	6 － 0	●
4	27	○	3 － 1	●
5	28	●	3 － 4	○
6	29	○	6 － 1	●
7	1930	●	1 － 3	○
8	31	○	1 － 0	●
9	32	●	2 － 4	○
10	33	●	1 － 3	○
11	34	●	2 － 3	○
12	35	●	3 － 5	○
13	36	○	2 － 0	●
14	37	●	2 － 4	○
15	38	●	2 － 3	○
16	39	●	1 － 4	○
17	1940	●	2 － 3	○
18	41	●	1 － 2	○
19	42	△	1 － 1	△
20	43	○	1 － 0	●
戦争による中断				
21	1947	○	5 － 2	●
22	48	△	0 － 0	△
23	49	●	0 － 2	○
24	1950	●	3 － 4	○
25	51	○	8 － 1	●
26	52	△	0 － 0	△
27	53	●	1 － 4	○
28	54	○	3 － 0	●
29	55	△	2 － 2	△
30	56	●	0 － 7	○
31	57	△	4 － 4	△
32	58	●	3 － 4	○
33	59	●	1 － 2	○
34	1960	●	1 － 3	○
35	61	△	3 － 3	△
36	62	○	4 － 0	●
37	63	●	0 － 1	○
38	64	○	1 － 0	●
39	65	△	0 － 0	△
40	66	●	0 － 2	○
41	67	○	2 － 0	●
42	68	△	1 － 1	△
43	69	△	1 － 1	△
44	1970	●	1 － 3	○
45	71	△	1 － 1	△
46	72	●	1 － 5	○

回数	開催年	勝敗	早大－慶大	勝敗
47	1973	●	1 － 3	○
48	74	○	5 － 2	●
49	75	○	2 － 0	●
50	76	△	1 － 1	△
51	77	○	2 － 0	●
52	78	●	0 － 4	○
53	79	●	1 － 3	○
54	1980	○	2 － 1	●
55	81	●	1 － 3	○
56	82	●	2 － 3	○
57	83	●	0 － 1	○
58	84	○	3 － 2	●
59	85	○	3 － 1	●
60	86	○	3 － 1	●
61	87	○	3 － 1	●
62	88	△	2 － 2	△
63	89	○	1 － 0	●
64	1990	○	4 － 1	●
65	91	○	5 － 1	●
66	92	△	1 － 1	△
67	93	○	1 － 0	●
68	94	○	3 － 0	●
69	95	○	5 － 1	●
70	96	○	2 － 1	●
71	97	○	2 － 1	●
72	98	○	1 － 0	●
73	99	○	2 － 1	●
74	2000	●	1 － 2	○
75	1	○	2 － 0	●
76	2	●	0 － 1	○
77	3	○	3 － 2	●
78	4	●	3 － 4	○
79	5	●	1 － 3	○
80	6	●	3 － 6	○
81	7	○	6 － 0	●
82	8	○	3 － 1	●
83	9	●	1 － 2	○
84	2010	○	2 － 1	●
85	11	○	5 － 3	●
86	12	△	1 － 1	△
87	13	●	2 － 5	○
88	14	○	3 － 1	●
89	15	△	2 － 2	△
90	16	○	6 － 0	●
91	17	○	3 － 1	●
92	2018	△	2 － 2	△

ホッケー部 ［女子］16勝9敗1分

回数	開催年	勝敗	早大－慶大	勝敗
1	1993	●	0 ― 3	○
2	94	○	2 ― 0	●
3	95	△	0 ― 0	△
4	96	●	1 ― 2	○
5	97	●	0 ― 3	○
6	98	●	1 ― 3	○
7	99	●	1 ― 4	○
8	2000	○	4 ― 0	●
9	1	●	0 ― 1	○
10	2	○	1 ― 0	●
11	3	○	2 ― 1	●
12	4	●	0 ― 3	○
13	5	●	2 ― 3	○
14	6	●	1 ― 2	○
15	7	○	3 ― 1	●
16	8	○	4 ― 1	●
17	9	○	2 ― 1	●
18	2010	○	4 ― 1	●
19	11	○	1 ― 0	●
20	12	○	3 ― 1	●
21	13	○	2 ― 1	●
22	14	○	6 ― 1	●
23	15	○	3 ― 1	●
24	16	○	3 ― 0	●
25	17	○	1 ― 0	●
26	2018	○	1 ― 0	●

ホッケー早慶戦MEMO

1906（明治 39）年、慶大に日本初のホッケーチームが誕生した。早大は、1923（大正 12）年頃、アイスホッケーのシーズンオフのトレーニングとして、ホッケーを採り入れた。そして慶大に遅れること 18 年の 1924（大正 13）年にスケート・ホッケー部として創部した。
第 1 回の早慶戦は同年 11 月 26 日に戸塚球場で行われている。野球の復活早慶戦の 1 年前である。応援の過熱が心配され、ラグビーなどと同様で「拍手以外の応援は絶対禁止」という指示が出ていた。

フェンシング部 [男子]53勝18敗[女子]23勝14敗

回数	年・月・日	早大	男子スコア	慶大	回数	早大	女子スコア	慶大	場所
1	1948・10・23	○	18 − 10	●					朝日講堂
2	49・12・10	○	3 − 0	●					早大
3	1950・12・ 3	●	1 − 2	○					〃
4	51・11・11	●	0 − 3	○		●	0 − 2	○	〃
5	52・11・16	●	0 − 3	○			エキシビジョン		〃
6	53・11・ 8	○	2 − 1	●					〃
7	54・10・31	●	1 − 2	○					杉野短大
8	55・11・20	○	3 − 0	●					森村学園
9	56・11・18	○	3 − 0	●					杉野短大
10	57・11・ 3	○	2 − 1	●					レス会館
11	58・11・16	●	1 − 2	○					早稲田
12	59・11・21	●	1 − 2	○					レス会館
13	1960・11・13	●	1 − 2	○					早稲田
14	61・11・12	●	1 − 2	○					日吉
15	62・11・18	○	2 − 0	●					早大
16	63・11・24	●	1 − 2	○					日吉
17	64・11・29	○	3 − 0	●					早稲田
18	65・11・14	○	2 − 1	●					日吉
19	66・11・27	●	0 − 3	○					千代田生命
20	67・11・12	●	0 − 3	○		●	0 − 3	○	日吉
21	68・11・17	●	1 − 2	○			エキシビジョン		早稲田
22	69・11・16	●	1 − 2	○					日吉
23	1970・11・15	○	2 − 1	●					早稲田実業
24	71・11・21	○	2 − 1	●					日吉
25	72・11・ 5	○	2 − 1	●					早稲田
26	73・11・ 3	○	2 − 1	●					日吉
27	74・11・24	●	1 − 2	○					早稲田
28	75・12・ 7	○	3 − 0	●					日吉
29	76・12	○	3 − 0	●					
30	77・11・ 3	○	2 − 1	●					
31	78・12	●	1 − 2	○					
32	79・11・18	●	1 − 2	○					日吉
33	1980・11・23	○	2 − 1	●					早大
34	81・11・15	○	2 − 1	●					中等部
35	82・11・23	○	2 − 1	●	1	○	2 − 1	●	早稲田
36	83・12・ 4	●	0 − 3	○	2	●	0 − 2	○	日吉
37	84・11・25	○	2 − 1	●	3	●	1 − 2	○	早稲田
38	85・12・ 8	○	2 − 1	●	4	●	0 − 3	○	日吉
39	86・11・23	○	3 − 0	●	5	●	0 − 5	○	早稲田
40	87・11・29	○	3 − 0	●	6	●	0 − 9	○	日吉
41	88・	○	2 — 1	●	7	●	2 − 7	○	早稲田
42	89・12・10	○	2 — 1	●	8	●	0 − 9	○	日吉
43	1990・12・ 2	○	3 − 0	●	9	●		○	早稲田
44	91・12・ 1	○	2 — 1	●	10	●	0 − 2	○	日吉
45	92・12・ 5	○	2 — 1	●	11	●	0 − 2	○	早稲田
46	93・12・28	○	2 — 1	●	12	●	1 −(被突数) 1	○	日吉
47	1994・11・27	●	1 − 2	○	13	●	0 − 2	○	早稲田

回数	年・月・日	早大	男子スコア	慶大	回数	早大	女子スコア	慶大	場所
48	1995・11・26	○	3 － 0	●	14	○	2 － 0	●	日吉
49	96・11・24	○	3 － 0	●	15	○	2 － 0	●	早稲田
50	97・11・30	○	3 － 0	●	16	○	2 － 0	●	日吉
51	98・12・6	○	3 － 0	●	17	○	2 － 0	●	早稲田
52	99・11・28	○	3 － 0	●	18	○	2 － 0	●	日吉
53	2000・12・3	○	3 － 0	●	19	●		○	早稲田
54	01・12・9	○	3 － 0	●	20	○		●	日吉
55	02・12・15	○	3 － 0	●	21	○		●	早稲田
56	03・11・30	○	3 － 0	●	22	○	2 － 0	●	日吉
57	04・12・12	○	3 － 0	●	23	○		●	早稲田
58	05・12・11	○	2 － 1	●	24	○	3 － 0	●	日吉
59	06・12・17	○	3 － 0	●	25	○		●	早稲田
60	07・12・24	○	3 － 0	●	26	○	2 － 0	●	日吉
61	08・11・30	○	2 － 1	●	27	●	1 －(被突数) 1	○	早稲田
62	09・11・29	○	2 － 1	●	28	○	2 － 0	●	日吉
63	2010・11・28	○	3 － 0	●	29	○	2 － 1	●	早稲田
64	11・11・13	○	3 － 0	●	30	○	3 － 0	●	日吉
65	12・11・25	○	3 － 0	●	31	○	2 － 0	●	早稲田
66	13・12・15	○	2 － 1	●	32	○	3 － 0	●	日吉
67	14・12・7	○	2 － 1	●	33	○	3 － 0	●	早稲田
68	15・12・20	○	3 － 0	●	34	○	3 － 0	●	日吉
69	16・12・11	○	2 － 1	●	35	○	2 － 1	●	早稲田
70	17・12・5	○	2 － 1	●	36	○	2 － 1	●	日吉
71	2018・12・2	○	3 － 0	●	37	○	3 － 0	●	早稲田

フェンシング早慶戦MEMO

終戦後、日本を占領したアメリカは、剣道、柔道などは野蛮で危険なものとして、学校教育の場から追放した。しかし、学生たちも負けていない。戦前、剣道をしていた学生から、フェンシングなら文句ないだろうという声が上がり、稲門剣友会総会で、フェンシング部の創設が認められた。1946（昭和21）年のことだ。しかし、フェンシング部とは名ばかり、実際は剣道の稽古をしていたのだ。学校からとがめられると、「剣を振るのはフェンシングの基礎練習になる」と言い逃れをしていた。第1回の早慶戦は、会場の手配から、慶大フェンシング部との交渉まで、慶大剣道部の主将が仲立ちをして、実現できたという。

フェンシング女子早慶戦MEMO

2018年のフェンシング早慶戦プログラムにある女子の戦績表は、早慶両校がHPなどで発表している戦績表と合致しない。ここに掲載したのは、筆者の独自集計である。プログラムの通算成績「慶大14勝」に合わせた。慶大女子が最後に勝利したのは2008年。「8年ぶりの勝利」とあるので、その前に勝ったのは2000年である。83年から94年まで12連勝をしており、これで14勝である。

一方、早大フェンシングの部誌「稲光会報」には、慶大12連勝の前年の1982（昭和57）年の早慶戦で、2年生の三枚が慶大の3人と1人で戦って2－1で勝利したとある。

それ以前で記録に残っているのは、1951（昭和26）年と、その16年後の1967（昭和42)。いずれも慶大が3－0で勝利しているが、その前後に早慶戦が行われたという記録は残っていない。

そこで1982年を第1回として、つじつまを合わせたわけだ。記録を持っている方からの連絡を待って、正確な戦線表にしたいと思う。

軟式庭球部 ［男子］66勝13敗中止1［女子］59勝13敗不戦6中止1棄権1

※男女共に1959年からの勝敗数

回数	年・月・日	早大	男子スコア	慶大	早大	女子スコア	慶大	場所
1	1904・10・25	○		●				三田
2	5・ 5・14	○		●				〃
	10・22		中止					戸塚
3	6・ 4・29	○		●				〃
	10・30	○		●				三田
4	5・13	○		●				〃
	9・17	●		○				戸塚
1	1946・ 6・18	○	5 － 3	●				信濃町
1	1959	○	3 － 2	●	○	3 － 0	●	日吉
2	1960・ 6・ 4	○	3 － 2	●	○	2 － 1	●	甘泉園
3	61・ 5・ 3	○	3 － 2	●	●	1 － 2	○	日吉
4	62・ 4・29	●	3 － 4	○	○	2 － 1	●	甘泉園
5	63・ 4・21	●	2 － 5	○	○	2 － 1	●	日吉
6	64・ 4・19	○	4 － 3	○	○	3 － 0	●	甘泉園
7	65・ 4・11	○	5 － 2	●	○	3 － 0	●	日吉
8	66	○	5 － 2	●	○	2 － 1	●	甘泉園
9	67・ 5・ 3	○	6 － 1	●	●	1 － 2	○	日吉
10	68・ 5・25	○	4 － 3	●		――		早稲田
11	69・ 6・23	○	4 － 3	●		――		日吉
12	1970・ 4・23	●	2 － 5	○		――		早稲田
13	71・ 5・23	●	1 － 6	○		――		日吉
14	72・ 6・11	●	3 － 6	○	●	0 － 3	○	早稲田
15	73・ 6・10	●	2 － 5	○	●	1 － 2	○	日吉
16	74	●	2 － 5	○	●	1 － 2	○	早稲田
17	75	●	2 － 5	○	●	0 － 2	○	日吉
18	76	○	4 － 3	●	○	3 － 2	●	西大久保
19	77	●	3 － 4	○	●	1 － 3	○	日吉
20	78	○	4 － 3	●	●	2 － 4	○	西大久保
21	79	●	2 － 5	○	●	0 － 3	○	日吉
22	1980	●	2 － 3	○		――		西大久保
23	81	●	3 － 4	○		――		日吉
24	82	○	5 － 0	●	●	1 － 2	○	西大久保
25	83	○	5 － 2	●	●	1 － 2	○	日吉
26	84	○	6 － 1	●	○	3 － 0	●	西大久保
27	85・ 6・23	○	6 － 1	●	●	1 － 2	○	日吉
28	86・ 6・22	○	5 － 2	●	○	2 － 1	●	西大久保
29	87・ 6・14	●	2 － 5	○	○	2 － 1	●	日吉
30	88・ 6・26	○	5 － 2	●	●	1 － 2	○	西大久保
31	89		中止			中止		
32	1990・ 6・ 3	○	7 － 0	●	○	3 － 0	●	西大久保
33	91・ 7・ 7	○	5 － 2	●	○	3 － 0	●	日吉
34	92・ 6・21	○	5 － 2	●	○	2 － 1	●	西大久保
35	93・ 6・20	○	5 － 2	●	○	2 － 1	●	日吉
36	94・ 6・19	○	5 － 2	●	○	3 － 0	●	西大久保
37	1995	○	4 － 3	●	○	3 － 0	●	日吉

回数	年・月・日	早大	男子スコア	慶大	早大	女子スコア	慶大	場所
38	1996・6・30	○	4 － 3	●	○	3 － 0	●	西大久保
39	97・6・22	○	5 － 2	●	○	3 － 0	●	日吉
40	98・6・21	○	5 － 2	●		棄権（慶大）		西大久保
41	99・6・20	○	4 － 3	●	○	3 － 0	●	
42	2000・6・18	○	4 － 3	●	○	2 － 1	●	
43	2000秋	○		●	○		●	
44	01春	○	4 － 3	●	○	3 － 0	●	
45	11・17	○	5 － 2	●	○	3 － 0	●	
46	02・6・16	○	6 － 1	●	○	3 － 2	●	
47	11・17	○	6 － 1	●	○	3 － 2	●	
48	03・6・8	○	6 － 1	●	○	3 － 0	●	
49	秋	○	7 － 0	●	○	3 － 0	●	
50	04・6・27	○	5 － 2	●	○	3 － 0	●	日吉
51	11・7	○	5 － 0	●	○	3 － 0	●	〃
52	05・5・29	○	6 － 1	●	○	3 － 0	●	所沢
53	11・27	○	5 － 0	●	○	3 － 0	●	〃
54	06・6・4	○	6 － 1	●	○	3 － 0	●	日吉
55	10・15	○	5 － 0	●	○	3 － 0	●	〃
56	07・6・3	○	6 － 1	●	○	3 － 0	●	所沢
57	10・14	○	5 － 0	●	○	3 － 0	●	〃
58	08・6・1	○	7 － 0	●	○	3 － 0	●	日吉
59	11・30	○	5 － 0	●	○	2 － 1	●	〃
60	09・6・21	○	7 － 0	●	○	3 － 0	●	所沢
61	11・29	○	4 － 1	●	○	3 － 0	●	〃
62	2010・6・13	○	7 － 0	●	○	3 － 0	●	日吉
63	11・28	○	5 － 0	●	○	3 － 0	●	〃
64	11・6・19	○	5 － 2	●	○	3 － 0	●	所沢
65	11・13	○	5 － 0	●	○	3 － 0	●	〃
66	12・6・24	○	6 － 1	●	○	3 － 0	●	日吉
67	11・13	○	5 － 0	●	○	3 － 0	●	〃
68	13・6・16	○	6 － 1	●	○	2 － 1	●	所沢
69	11・24	○	4 － 1	●	○	2 － 1	●	〃
70	14・6・29	○	6 － 1	●	○	3 － 0	●	日吉
71	11・23	○	4 － 1	●	○	3 － 0	●	〃
72	15・5・31	○	6 － 1	●	○	3 － 0	●	所沢
73	11・29	○	3 － 2	●	○	3 － 0	●	〃
74	16・5・31	○	7 － 0	●	○	3 － 0	●	日吉
75	10・29	○	4 － 1	●	○	3 － 0	●	〃
76	17・6・24	○	7 － 0	●	○	3 － 0	●	所沢
77	11・26	○	4 － 1	●	○	3 － 0	●	〃
78	18・6・17	○	7 － 0	●	○	2 － 1	●	日吉
79	11・18	○	4 － 1	●	○	2 － 1	●	〃
80	2019・6・16	○	6 － 1	●	○	3 － 0	●	所沢

軟式庭球早慶戦MEMO

1903（明治 36）年に誕生した庭球部は、硬球ではなく、軟式テニスだった。硬式を採用したのは、慶大が 1917（大正6）年、早大は 1920（大正９）年からだ。

軟式テニスで大正末期から昭和初期に活躍したのが板野寿夫だ。軟式庭球部は 1940（昭和 15）年に体育会準公認、戦後 1947（昭和 22）年公認で、初代監督を板野が務めた。

板野は「早稲田スポーツ」創刊にあたり、物心両面で支えてくれた早スポの恩人でもある。

準硬式野球部 ◇216勝115敗11分

年・月・日	勝敗	早大－慶大	勝敗
1950・ 4・23	○	1 － 0	●
・24	○	7 － 1	●
10・21	●	0 － 11	○
・22	○	6 － 1	●
1951・ 5・19	●	1 － 2	○
・21	○	5 － 0	●
9・18	●	0 － 2	○
10・12	○	4 － 3	●
11・12	●	1 － 2	○
1952・ 5・26	○	2 － 1	●
・28	●	0 － 1	○
10・ 6	○	7 － 1	●
10・ 7	●	8 － 9	○
1953・ 4・27	●	4 － 5	○
・28	○	2 － 0	●
11・ 6	●	0 － 7	○
・ 7	●	0 － 4	○
1954・5・ 1	●	0 － 5	○
・ 2	○	11 － 6	●
10・ 3	●	0 － 2	○
・ 4	●	3 － 7	○
1955・ 5・ 2	○	8 － 1	●
・13	●	3 － 6	○
10・15	●	0 － 5	○
・16	△	2 － 2	△
11・ 2	●	3 － 5	○
1956・ 4・16	○	10 － 0	●
・17	●	8 － 9	○
9・	○	3 － 1	●
・	○	4 － 0	●
1957・ 4・	○	8 － 3	●
・	●	1 － 3	○
9・	○	13 － 0	●
・	○	12 － 6	●
1958・ 4・	●	2 － 8	○
・	○	5 － 1	●
10・10	●	0 － 4	○
・11	△	0 － 0	△
1959・ 5・25	●	2 － 3	○
・26	●	1 － 2	○
10・10	○	4 － 0	●
・11	○	3 － 2	●
1960・ 5・ 3	●	1 － 4	○
・ 4	●	4 － 5	○
10・15	○	3 － 2	●
・16	●	2 － 5	○
・18	●	0 － 1	○

年・月・日	勝敗	早大－慶大	勝敗
1961・ 5・13	●	3 － 4	○
・14	○	3 － 0	●
・16	○	3 － 2	●
1961・10・14	○	2 － 0	●
・15	●	0 － 2	○
・16	●	0 － 2	○
1962・ 5・26	○	2 － 1	●
・27	●	0 － 1	○
・28	○	2 － 1	●
9・22	●	2 － 3	○
・23	○	2 － 1	●
・24	○	8 － 1	●
1963・ 4・26	△	2 － 2	△
・27	○	2 － 0	●
・28	○	8 － 0	●
10・19	●	0 － 2	○
・21	●	1 － 3	○
1964・ 5・23	○	1 － 0	●
・24	○	2 － 1	●
9・19	●	1 － 2	○
・20	●	0 － 3	○
1965・ 4・24	●	2 － 5	○
・25	△	2 － 2	△
・26	○	2 － 0	●
・27	●	0 － 3	○
10・30	○	5 － 3	●
11・ 1	○	2 － 1	●
1966・ 4・23	●	3 － 4	○
・25	○	1 － 0	●
・26	△	5 － 5	△
・27	○	5 － 4	●
9・11	○	4 － 0	●
・12	●	3 － 4	○
・13	○	4 － 0	●
1967・ 4・15	○	2 － 0	●
・18	○	2 － 0	●
10・21	●	2 － 6	○
・22	○	5 － 2	●
・23	●	1 － 2	○
1968・ 5・11	○	9 － 0	●
・12	○	2 － 1	●
9・16	○	2 － 1	●
・17	●	2 － 5	○
10・16	○	1 － 0	●
1969・ 5・ 3	○	1 － 0	●
・ 4	○	11 － 0	●
10・11	●	1 － 2	○

年・月・日	勝敗	早大－慶大	勝敗
1978・ 9・19	○	5 － 4	●
1979・ 4・28	○	7 － 0	●
・30	○	8 － 1	●
9・ 1	○	2 － 1	●
・ 2	○	12 － 3	●
1980・ 4・19	○	10 － 1	●
・20	○	13 － 3	●
9・ 6	○	3 － 2	●
・ 9	●	1 － 3	○
・16	○	7 －1	●
1981・ 4・25	○	7 － 6	●
・26	○	6 － 0	●
9・ 6	○	8 － 1	●
・ 7	○	6 － 3	●
1982・ 4・ 3	○	8 － 3	●
・ 4	△	3 － 3	△
・ 5	○	10 － 1	●
9・ 5	○	6 － 0	●
・ 6	●	0 － 2	○
・ 7	○	9 － 1	●
1983・ 5・21	○	7 － 6	●
・22	○	3 － 1	●
9・17	○	5 － 0	●
・18	●	0 － 1	○
・19	○	8 － 6	●
1984・ 5・19	○	4 － 0	●
・20	○	5 － 3	●
9・ 1	●	4 － 5	○
・ 2	○	9 － 6	●
・ 3	○	8 － 2	●
1985・ 5・11	○	6 － 2	●
・12	○	7 － 2	●
5・18	○	6 － 2	●
10・ 1	○	1 － 0	●
・ 2	○	2 － 0	●
1986・ 4・12	○	11 － 5	●
・13	○	4 － 3	●
9・ 8	○	7 － 3	●
・ 9	○	3 － 0	●
1987・ 5・ 9	●	0 － 2	○
・10	○	7 － 0	●
・11	○	15 － 6	●
8・30	○	15 － 2	●
・31	○	5 － 1	●
1988・ 5・14	○	6 － 4	●
・15	○	8 － 1	●
1988・ 9・18	○	9 － 2	●

年・月・日	勝敗	早大－慶大	勝敗
1969・10・12	●	1 － 2	○
1970・ 4・13	○	1 － 0	●
・14	●	0 － 1	○
・15	○	3 － 2	●
10・18	○	2 － 0	●
・19	●	4 － 7	○
・21	○	5 － 4	●
1971・ 5・22	○	5 － 4	●
・23	●	2 － 3	○
・26	●	1 － 4	○
10・16	○	4 － 2	●
・17	○	5 － 2	●
1972・ 4・ 8	○	5 － 1	●
4・	○	6 － 0	●
10・ 1	●	5 － 2	○
・ 2	△	1 － 1	△
・ 3	○	4 － 2	●
・ 4	○	7 － 1	●
1973・ 4・28	●	2 － 5	○
・29	○	2 － 0	●
・30	○	3 － 2	●
9・24	○	7 － 4	●
・25	●	2 － 3	○
・26	○	9 － 8	●
1974・ 4・27	○	2 － 1	●
・28	●	0 － 1	○
・30	●	5 － 8	○
9・21	●	0 － 2	○
・23	○	6 － 2	●
10・ 9	○	7 － 0	●
1975・ 5・11	○	9 － 0	●
・12	○	8 － 4	●
9・20	○	7 － 4	●
・21	○	3 － 0	●
1976・ 4・17	○	7 － 0	●
・18	○	5 － 1	●
9・18	○	5 － 2	●
・19	○	9 － 1	●
1977・ 4・17	○	12 － 3	●
・19	○	14 － 3	●
9・17	○	7 － 1	●
・18	○	7 － 2	●
1978・ 4・22	●	0 － 4	○
・23	○	10 － 1	●
・24	○	6 － 3	●
9・17	●	1 － 2	○
・18	○	7 － 0	●

年・月・日	勝敗	早大－慶大	勝敗
1998・9・26	○	1 － 0	●
・29	○	3 － 0	●
1999・4・26	○	4 － 3	●
・27	○	13 － 1	●
9・4	○	8 － 3	●
・5	○	11 － 1	●
2000・4・29	○	11 － 1	●
・30	○	13 － 7	●
9・9	○	4 － 1	●
・10	○	4 － 3	●
2001・4・28	●	4 － 8	○
・29	●	11 － 16	○
9・29	●	8 － 10	○
・30	△	3 － 3	△
10・2	○	4 － 3	●
・3	●	2 － 3	○
2002・5・19	△	6 － 6	△
・21	○	2 － 1	●
・22	○	5 － 4	●
10・12	●	0 － 1	○
・13	○	6 － 5	●
・15	●	1 － 2	○
2003・5・17	●	1 － 7	○
・18	○	8 － 7	●
・20	△	1 － 1	△
・21	●	4 － 7	○
9・6	●	1 － 8	○
・7	○	8 － 5	●
・8	○	6 － 0	●
2004・5・29	○	3 － 2	●
・30	○	6 － 5	●
9・4	○	7 － 6	●
・6	○	4 － 1	●
2005・5・14	○	2 － 1	●
・15	●	2 － 3	○
・16	○	1 － 0	●
9・27	○	6 － 4	●
・28	○	6 － 2	●
2006・4・22	●	1 － 3	○
・23	○	3 － 0	●
・24	○	3 － 1	●
9・30	○	5 － 0	●
10・1	●	0 － 1	○
・3	○	3 － 2	●
2007・5・20	●	1 － 11	○
・21	○	7 － 0	●
・29	○	5 － 1	●

年・月・日	勝敗	早大－慶大	勝敗
1988・9・19	○	11 － 3	●
1989・4・29	●	3 － 8	○
・30	○	11 － 1	●
5・1	○	7 － 6	●
9・2	○	10 － 3	●
・3	○	13 － 5	●
1990・5・12	●	1 － 8	○
・13	●	3 － 5	○
9・22	○	5 － 4	●
・23	●	2 － 4	○
・24	●	3 － 7	○
1991・4・27	●	4 － 8	○
・28	○	6 － 5	●
5・1	●	1 － 7	○
10・5	△	1 － 1	△
・6	○	1 － 0	●
・22	●	0 － 7	○
・23	○	5 － 1	●
1992・5・23	○	10 － 9	●
・25	○	6 － 1	●
8・29	●	2 － 3	○
・30	○	7 － 2	●
・31	○	7 － 2	●
1993・5・29	○	7 － 4	●
・30	○	2 － 0	●
8・28	○	5 － 3	●
・29	○	3 － 1	●
1994・4・23	○	10 － 2	●
・24	○	5 － 3	●
9・10	○	9 － 7	●
・11	○	7 － 3	●
1995・5・13	○	5 － 2	●
・14	○	13 － 0	●
9・30	○	4 － 3	●
10・	●	4 － 5	○
10・3	●	1 － 2	○
1996・5・11	○	7 － 2	●
・12	○	6 － 1	●
9・7	○	5 － 4	●
・8	○	7 － 2	●
1997・4・12	○	8 － 1	●
・13	○	12 － 8	●
9・6	○	5 － 1	●
・7	●	5 － 6	○
・10	○	6 － 4	●
1998・4・18	○	4 － 2	●
・19	○	5 － 4	●

年・月・日	勝敗	早大－慶大	勝敗
2017・5・29	○	7 － 2	●
9・3	○	4 － 0	●
・4	○	7 － 1	●
2018・5・12	●	3 － 4	○
・13	●	4 － 9	○
10・13	○	14 － 3	●
・15	●	3 － 5	○
・16	○	7 － 1	●
2019・5・11	○	6 － 1	●
・12	○	12 － 0	●
9・21	○	3 － 0	●
・22	●	0 － 2	○
・23	○	9 － 8	●

早大35年ぶり日本一

早大は2019年８月27日パロマ瑞穂スタジアムで行われた71回全日本選手権大会決勝で、９－３で九州産業大学を破り、35年ぶり７回目の優勝を飾った。

準硬式野球早慶戦MEMO

戦績表を調べるためスポーツ紙にあたった。ファーストマッチ1950（昭和25）年４月23日（日）の記録がスポーツニッポン紙（スポニチ）に載っていた。場所は小石川都営グラウンド。

早　大000 001 000｜1
慶　大000 000 000｜0
バッテリー（早）高橋―河面（慶）向田―渡辺

秋はテーブルまで載っているのだ。裏表2㌻の紙面にである。慶大の得点に誤植がある。１でなく11点である。９回裏に「A」とあるのは、当時アルファーと呼んでいた。現在は「X」に変わっている。

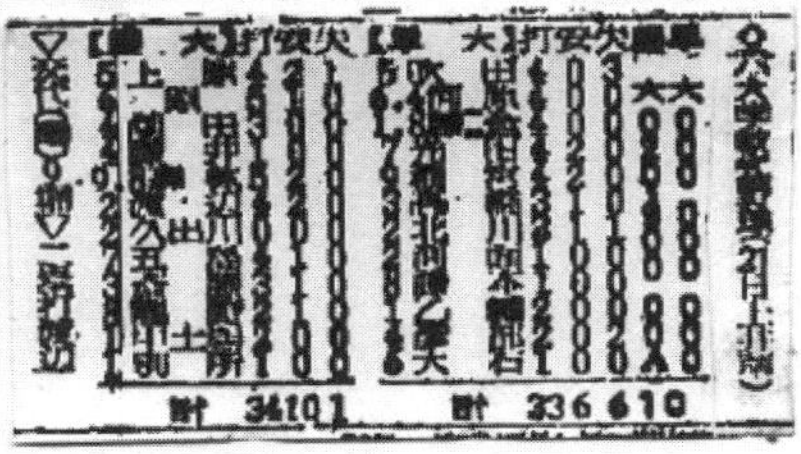

スポニチ1950（昭和25）年10月22日付１面

年・月・日	勝敗	早大－慶大	勝敗
2007・9・8	●	1 － 2	○
・9	○	6 － 1	●
・11	○	1 － 0	●
2008・4・26	●	4 － 10	○
・27	●	0 － 2	○
10・4	○	3 － 2	●
・5	●	3 － 4	○
・7	○	3 － 0	●
2009・4・18	●	3 － 5	○
4・19	●	0 － 8	○
9・26	●	1 － 4	○
9・27	○	4 － 2	●
9・28	●	3 － 9	○
2010・4・10	●	2 － 6	○
・11	●	5 － 9	○
9・18	●	3 － 4	○
・19	●	2 － 3	○
2011・5・14	○	5 － 1	●
・15	○	9 － 8	●
10・23	○	2 － 1	●
・24	○	5 － 4	●
2012・5・26	●	0 － 1	○
・27	●	3 － 4	○
10・13	○	4 － 2	●
・14	●	2 － 3	○
・15	●	0 － 1	○
2013・4・20	○	8 － 4	●
・22	○	2 － 1	●
9・21	○	4 － 0	●
・22	○	9 － 2	●
2014・4・5	○	5 － 1	●
・6	○	1 － 0	●
9・20	○	6 － 4	●
・21	●	2 － 6	○
・22	●	2 － 4	○
2015・5・9	○	6 － 5	●
・10	●	0 － 3	○
・11	○	9 － 3	●
9・5	●	1 － 2	○
・6	●	0 － 1	○
2016・4・23	●	3 － 7	○
・24	○	4 － 1	●
・25	●	1 － 8	○
10・15	●	4 － 5	○
・16	●	0 － 1	○
2017・5・27	●	2 － 3	○
・28	○	4 － 1	●

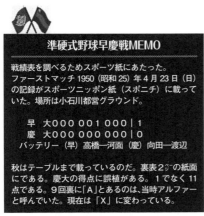

自転車部 ◇45勝5敗1分 中止1

回数	年・月・日	早大				慶大	場所
1	1939・7	●				○	芝公園運動場
2	1940・6	○				●	明治神宮競技場
3	42・6	●				○	大宮双輪場
戦争などによる中断							
4	1961・10・22	○	24	―	21	●	箱根ケ崎大垂水峠
5	62・11・18	○	62	―	34	●	立川競輪場
6	63・11・15	○	71	―	25	●	川崎競輪場
7	64・11・29	○	59	―	45	●	平塚競輪場
8	65・11・14	○	74	―	33	●	〃
9	66・11・27	○	83	―	30	●	〃
10	67・11・12	○				●	〃
11	68・11・17	○				●	〃
12	69	○				●	西武園競輪場
13	開催中止	(1970～76 部員不足による)					
14	1977・11・20	○				●	松戸競輪場
15	78・11・26	○				●	西武園競輪場
16	79・11・25	○				●	〃
17	1980・11・30	○				●	〃
18	81・11・29	●				○	花月園競輪場
19	82・11・14	●				○	西武園競輪場
20	83・11・27	△	47	―	47	△	花月園競輪場
21	84・11・18	○	66	―	37	●	〃
22	85・11・18	○	77	―	26	●	〃
23	86・11・2	○	89	―	14	●	立川競輪場
24	87・11・15	○	76	―	27	●	松戸競輪場
25	88・11・20	○	64	―	39	●	西武園競輪場
26	89・10・29	○	77	―	26	●	花月園競輪場
27	1990・11・25	○	89	―	14	●	西武園競輪場
28	91・12・1	○	75	―	28	●	花月園競輪場
29	92・11・5	○	80	―	23	●	西武園競輪場
30	93・11・14	○	84	―	18	●	花月園競輪場
31	94・11・23	○	71	―	32	●	〃
32	95・11・12	○	80	―	22	●	立川競輪場
33	96・11・30	○	75	―	28	●	西武園競輪場
34	1999・11・23	○	67	―	36	●	花月園競輪場
35	2000・11・22	○				●	西武園競輪場
36	01・12・9	●	7	―	21	○	フレンドリーパーク下総
37	02・11・24	○	62	―	41	●	境川自転車競技場
38	03・11・30	○	76	―	42	●	花月園競輪場
39	04・11・27	○	62	―	34	●	西武園競輪場
40	05・11・26	○	54	―	42	●	花月園競輪場
41	06・11・25	○	73	―	22	●	西武園競輪場
42	07・12・1	○	76	―	20	●	花月園競輪場
43	08・11・9	○	73	―	20	●	〃
44	09・11・8	○	70	―	26	●	〃
2011・3・13東日本大震災のため開催を中止(西武園競輪場で予定)							
45	2011・10・22	○	72	―	24	●	西武園競輪場

回数	年・月・日	早大					慶大	場所
46	2012・10・27	○	73	―	23	●		伊豆ベロドローム
47	13・10・19	○	69	―	27	●		西武園競輪場
48	14・11・ 8	○	64	―	32	●		〃
49	15・11・ 1	○	66	―	30	●		〃
50	16・10・22	○	65	―	31	●		〃
51	17・10・29	○	65	―	30	●		境川自転車競技場
52	2018・11・ 3	○	57	―	39	●		〃

〔注〕早大自転車部 鈴木芳文監督（1942［昭和17］年卒）によると――。

①第4戦（1961年）と第36戦（2001年）はロードレースで行った。
　ロードレースは1勝1敗。この2戦以外はトラック競技。
②第13戦は開催中止。部員不足によるもので、1970年から1976年まで7年間開催されなかった。
③第45戦は2011年3月13日西武園競輪場で行う予定でプログラムも出来ていたが、前々日の東日本大震災で中止となった。
④第４５戦は2011年10月22日に開催した。
⑤開催場所は早大が当番校なら西武園競輪場、慶大が当番校なら花月園競輪場と定着していたが、花月園競輪場は2010年3月末で廃止。一方で自転車競技は盛んになってきて、開催できる競技場が少なくなっている。
　しかし、部員不足は両校とも起きません。

自転車早慶戦MEMO

自転車部も、慶大は1902(明治35)年創部で「日本最古の自転車競技チーム」とＨＰにあった。初代部長は福沢諭吉の長男福沢一太郎（1863～1938）であった。

早大はスケート部の有志が夏場のトレーニングとして取り入れた。1938（昭和13）年頃のことだ。

戦績表を見ると、翌1939（昭和14）年に第１回早慶戦が開かれている。慶大○、早大●。

2018（平成30）年は第52回定期戦だった。種目は①アンノウンディスタンスレース(ピストルが鳴った次の周が最終周の競技)②ケイリン③チームスプリント④1kmタイムトライアル⑤エリミネーションレース(周回ごとに最後尾の選手１人が脱落、残り選手が２人になった時点で最終ラップになる)⑥4kmチームパーシュート。

個人種目は、１位７点・２位５点・３位４点・４位３点・５位２点・６位１点。団体種目は、１位10点・２位５点で争う。

バドミントン部 ［男子］52勝14敗

回数	年	勝敗	早大	スコア	慶大	勝敗
1	1953	●	1	−	14	○
2	54	●	5	−	10	○
3	55	●	5	−	10	○
4	56	●	3	−	12	○
5	57	●	2	−	13	○
6	58	●	2	−	13	○
7	59	●	4	−	11	○
8	1960	●	4	−	11	○
9	61	●	7	−	8	○
10	62	●	7	−	8	○
11	63	●	2	−	13	○
12	64	○	8	−	7	●
13	65	○	10	−	5	●
14	66	○	13	−	2	●
15	67	○	11	−	4	●
16	68	○	12	−	3	●
17	69	○	13	−	2	●
18	1970	○	15	−	0	●
19	71	○	9	−	6	●
20	72	○	15	−	0	●
21	73	○	9	−	6	●
22	74	○	11	−	4	●
23	75	○	10	−	5	●
24	76	○	9	−	6	●
25	77	●	4	−	11	○
26	78	○	13	−	2	●
27	79	○	11	−	4	●
28	1980	○	10	−	5	●
29	81	○	10	−	5	●
30	82	○	10	−	5	●
31	83	○	10	−	5	●
32	84	○	8	−	7	●
33	85	○	10	−	5	●
34	86	○	12	−	3	●
35	87	○	8	−	7	●
36	88	○	9	−	6	●
37	89	●	5	−	10	○
38	1990	●	5	−	10	○
39	91	○	12	−	3	●
40	92	○	11	−	4	●
41	93	○	9	−	6	●
42	94	○	11	−	4	●
43	95	○	12	−	3	●
44	96	○	10	−	5	●
45	97	○	10	−	5	●
46	98	○	11	−	4	●
47	1999	○	12	−	1	●
48	2000	○	10	−	5	●
49	01	○	12	−	3	●
50	02	○	14	−	1	●
51	03	○	14	−	1	●
52	04	○	15	−	0	●
53	05	○	14	−	1	●
54	06	○	14	−	1	●
55	07	○	15	−	0	●
56	08	○	13	−	2	●
57	09	○	13	−	2	●
58	2010	○	15	−	0	●
59	11	○	14	−	1	●
60	12	○	14	−	1	●
61	13	○	13	−	2	●
62	14	○	12	−	3	●
63	15	○	12	−	3	●
64	16	○	12	−	3	●
65	17	○	12	−	3	●
66	2018	○	12	−	3	●

バドミントン早慶戦MEMO

1972（昭和47）年、早大はリーグ戦の優勝を目指していたが、5位に終わった。その「うっぷん」を晴らすべく臨んだ、第20回の早慶定期戦は、全選手が気迫十分で、第1試合から、14試合連続で勝利を収めていた。そして、いよいよ最終試合の主将戦を迎え、場内は緊迫した空気に包まれていた。この試合に早大が勝てば、前々回に続き史上2度目のパーフェクトゲームを達成することになるからだ。パーフェクトなどされてたまるかと、頑張りを見せたが、フルセットの末、早大が勝った。これで9連勝となり、2年後の11連勝をもって、ようやく対戦成績を11勝11敗のタイに持ち込んだのだ。早大は3度目のパーフェクトゲームを、35年後の第55回定期戦で成し遂げている。

バドミントン部 ［女子］47勝16敗 不明3

回数	年	勝敗	早大	スコア	慶大	勝敗
1	1953					
2	54	○	3	−	2	●
3	55					
4	56					
5	57	●	0	−	3	○
6	58	●	0	−	5	○
7	59	●	1	−	4	○
8	1960	○	4	−	2	●
9	61	○	5	−	0	●
10	62	○	3	−	0	●
11	63	○	5	−	0	●
12	64	○	4	−	0	●
13	65	○	5	−	0	●
14	66	○	4	−	1	●
15	67	●	2	−	3	○
16	68	●	2	−	3	○
17	69	●	0	−	5	○
18	1970	●	1	−	4	○
19	71	○	3	−	2	●
20	72	○	5	−	0	●
21	73	○	3	−	2	●
22	74	○	3	−	1	●
23	75	○	4	−	1	●
24	76	○	3	−	2	●
25	77	○	3	−	2	●
26	78	●	0	−	5	○
27	79	●	2	−	3	○
28	1980	●	1	−	4	○
29	81	●	0	−	5	○
30	82	●	2	−	3	○
31	83	●	2	−	3	○
32	84	●	2	−	3	○
33	85	○	4	−	1	●
34	86	○	4	−	1	●
35	87	○	5	−	0	●
36	88	○	5	−	0	●
37	89	○	5	−	0	●
38	1990	○	5	−	0	●
39	91	○	4	−	1	●
40	92	○	3	−	0	●
41	93	○	4	−	1	●
42	94	○	4	−	1	●
43	95	○	3	−	1	●
44	96	○	4	−	0	●
45	97	○	4	−	1	●
46	98	○	3	−	2	●
47	1999	○	4	−	1	●
48	2000	●	0	−	5	○
49	01	○	3	−	2	●
50	02	○	4	−	1	●
51	03	○	3	−	0	●
52	04	○	3	−	0	●
53	05	○	5	−	0	●
54	06	○	5	−	0	●
55	07	○	5	−	0	●
56	08	○	5	−	0	●
57	09	○	4	−	1	●
58	2010	○	5	−	0	●
59	11	○	5	−	0	●
60	12	○	5	−	0	●
61	13	○	4	−	1	●
62	14	●	2	−	3	○
63	15	○	4	−	1	●
64	16	○	5	−	0	●
65	17	○	5	−	0	●
66	2018	○	4	−	1	●

バドミントン女子早慶戦MEMO

慶大バドミントン部は、戦時中の1942（昭和17）年創部、日本で最も歴史あるバドミントン部と、日本バドミントン協会の森友徳兵衛元副会長（1944［昭和19］年卒）が書き残している。

早慶戦も対校戦の魁で、当初は慶大の圧勝だったが、最近は逆転して男女とも早大の白星が続いている。

女子で慶大が優勝したのは2014（平成26）年。2−2で迎えた最終シングルスでキャプテン高瀬秀穂（文3、西武台千葉高）が勝利したのだ。2000（平成12）年以来14年ぶりのことであった。出場5選手はその年の暮れに都内のホテルで開かれた塾長招待会に出席する栄誉を得た。

早大女子では平山優（2008［平成20］年卒、現日本ユニシスコーチ）。関谷真由（2009［平成21］年卒、現九州国際大学付高職員）が日本代表入りした。

航空部 ◇12勝28敗1分 不成立7

回数	年・月・日	早大			慶大	場所
1	1962・3	●	1053.7 — 1218.4		○	藤沢飛行場
2	63・3	●	7084 — 8310		○	〃
3	64		不成立			
4	65・3	●	8086 — 10732		○	妻沼滑空場
5	66・3	○	5578 — 4798		●	〃
6	67・3	△	引き分け		△	〃
7	1978・3	●	6195 — 8568		○	大田飛行場
8	79		不成立			
9	1980・3	○	7293 — 7031		●	妻沼滑空場
10	81		不成立			
11	82		不成立			
12	83・3	○	4712.4578 — 3184.3440		●	妻沼滑空場
13	84・3	●	1554 — 3141		○	〃
14	85・3	●	2044 — 7499		○	〃
15	86・3	●	1126 — 3666		○	〃
16	87・3	●	1569 — 1662		○	〃
17	88・3	●	5003 — 6249		○	〃
18	89・3	●	2096 — 3405		○	〃
19	1990・3	○	7492 — 4637		●	〃
20	91・3	●	7481 — 7499		○	〃
21	92・3	●	1251 — 1699		○	〃
22	93・3	●	14986 — 15000		○	〃
23	94・3	○	18972 — 15821		●	〃
24	95・3	○	11050 — 11031		●	〃
25	96・3	●	4362 — 6190		○	〃
26	97・3	●	4224 — 6687		○	〃
27	98・3		不成立			
28	99・3	○	1671 — 1003		●	妻沼滑空場
29	2000・3	●	10253 — 11259		○	〃
30	01・3	○	4648 — 4386		●	〃
31	02・3	●	6855 — 9254		○	〃
32	03・3	●	2198 — 3592		○	〃
33	04・3	●	7113 — 9073		○	〃
34	05・3	●	6349 — 7595		○	〃
35	06・3	○	5230 — 5074		●	〃
36	07・3	●	16427 — 19260		○	〃
37	08・3	●	6323 — 8405		○	〃
38	09・3	●	2475 — 2500		○	〃
39	2010・3	●	2046 — 13418		○	〃
40	11・3		不成立			
41	12・3	○	11887 — 6432		●	妻沼滑空場
42	13・3	●	11397 — 13170		○	〃
43	14・3	○	8773 — 8418		●	〃
44	15・3	○	6266 — 4443		●	〃
45	16・3	●	2210 — 2844		○	〃
46	17・3		不成立			
47	18・3	●	3788 — 8059		○	妻沼滑空場
48	2019・3	●	952 — 2431		○	〃

※ 159 ページに関連記事。

ラクロス部 ［男子］8勝15敗4分 ［女子］6勝20敗1分

		男子			女子			
回数	年・月・日	早大		慶大	早大		慶大	場所
1	1993・7・4	○	3－1	●	●	6－11	○	日吉陸上競技場
2	94・5・29	●	5－10	○	●	1－11	○	〃
3	95・5・21	●	5－8	○	○	10－5	●	〃
4	96・6・1	●	5－6	○	○	13－7	●	〃
5	97・6・8	●	3－6	○	●	4－7	○	〃
6	98・6・20	●	2－6	○	●	3－7	○	江戸川区陸上競技場
7	99・10・2	●	0－18	○	△	5－5	△	大井埠頭球技場
8	2000・5・28	○	8－7	●	●	0－10	○	日吉陸上競技場
9	01・5・20	●	0－11	○	●	2－9	○	〃
10	02・5・25	●	3－9	○	●	0－7	○	大井埠頭球技場
11	03・5・24	●	7－9	○	●	4－9	○	日吉陸上競技場
12	04・5・15	●	6－13	○	●	8－9	○	〃
13	05・5・15	●	7－11	○	○	8－6	●	〃
14	06・5・21	○	7－6	●	○	8－7	●	〃
15	07・5・20	●	9－10	○	●	5－8	○	横浜みなとみらい
16	08・5・18	○	4－3	●	●	2－12	○	〃
17	09・5・24	●	3－11	○	●	6－8	○	日吉陸上競技場
18	2010・5・23	○	12－8	●	●	4－5	○	〃
19	11・5・22	●	6－14	○	●	5－6	○	〃
20	12・5・20	△	8－8	△	●	3－8	○	〃
21	13・5・19	△	10－10	△	●	5－9	○	〃
22	14・5・18	△	10－10	△	●	3－7	○	〃
23	15・5・17	○	11－9	●	●	3－6	○	〃
24	16・5・15	●	6－7	○	○	7－4	●	〃
25	17・5・21	△	7－7	△	●	5－6	○	〃
26	18・5・20	○	15－6	●	●	2－9	○	〃
27	2019・5・19	○	8－7	●	○	5－3	●	〃

慶應義塾体育会創立125年の「近代日本と慶應スポーツ」展で紹介されたルーツ校慶大ラクロス部が使用したスティック

ラクロス早慶戦MEMO

ラクロスのルーツ校は慶應義塾で、1986（昭和61）年に塾高出身者が日本で最初のチームをつくった。慶大にはPioneer' s prideがある。早大の創部は1987（昭和62）年。公認部となったのは2001（平成13）年だ。

早慶戦は1993（平成5）年から始まったが、12回までは、男子2勝10敗、女子2勝9敗1分と慶大に圧倒されていた。

それが2019（令和元）年。男子は7-7の同点で得点が入ったら終了のサドンビクトリー制を早大が制した。

女子は、今年からこれまでより2人減って10人制となった。こちらも好試合となったが、5－3でワセジョが勝利した。

男女ともに勝ったのは2006（平成18）年以来13年ぶり2回目のことである。

ゴルフ部 ［男子］15勝36敗1分 不明1 ［女子］11勝17敗 不明1

回数	年・月・日	場所	早大	男子	慶大	回数	早大	女子	慶大
1	1967	不明	●	—	○				
2	・68	不明	●	—	○				
3	・69・ 9・10	東京GC	●	—	○				
4	1970・10・ 2	鷹之台CC	●	—	○				
5	・71・ 9・ 3	霞ケ関CC	●	—	○				
6	・72・11・ 7	〃	●	—	○				
7	・73・ 9・ 4	大利根CC	●	—	○				
8	・74・ 9・12	千葉CC	●	—	○				
9	・75・ 8・29	霞ケ関CC	●	—	○				
10	・76・ 8・ 2	相模原GC	△	—	△				
11	・77・ 8・30	霞ケ関CC	○	—	●				
12	・78・ 8・30	相模原GC	●	—	○				
13	・79・ 8・30	霞ケ関CC	●	—	○				
14	1980・ 8・28	相模原GC	●	—	○				
15	・81・ 9・ 1	霞ケ関CC	●	—	○				
16	・82・ 8・31	相模原GC	●	—	○				
17	・83・ 8・26	霞ケ関CC	●	—	○				
18	・84・ 8・24	相模原GC	●	—	○				
19	・85・ 8・23	霞ケ関CC	●	—	○				
20	・86・ 9・ 4	千葉CC	●	—	○				
21	・87・ 9・ 1	霞ケ関CC	●	—	○	1	●	—	○
22	・88・ 9・ 1	〃	●	—	○	2	●	—	○
23	・89・ 8・25	〃	○	—	●	3	●	—	○
24				不　明		4		不　明	
25	1991・ 8・28	千葉CC	●	—	○	5	●	—	○
26	・92・ 8・26	〃	●	—	○	6	●	—	○
27	・93・ 9・ 2	〃	●	—	○	7	●	—	○
28	・94・ 8・31	回霞ケ関CC	●	—	○	8	●	—	○
29	・95・ 8・21	千葉CC	●	—	○	9	○	—	●
30	・96・ 8・ 6	阿見GC	●	—	○	10	●	—	○
31	・97・ 8・ 4	千葉CC	●	—	○	11	●	—	○
32	・98・ 8・ 6	我孫子GC	●	—	○	12	○	—	●
33	・99・ 8・ 6	千葉CC	●	—	○				
34	2000・ 8・ 9	霞ケ関CC	○	—	●				
35	・01・ 9・ 4	〃	●	—	○				
36	・02・ 9・ 6	〃	○	—	●				
37	・03・ 9・ 5	千葉CC	●	—	○	13	●	—	○
38	・04・ 8・19	日高CC	○	—	●	14	○	—	●
39	・05・ 8・19	千葉CC	●	—	○	15	●	—	○
40	・06・ 8・10	霞ケ関CC	○	—	●	16	●	—	○
41	・07・ 8・29	千葉CC	○	—	●	17	●	—	○
42	・08・ 8・12	霞ケ関CC	○	—	●	18	●	—	○
43	・09・ 9・ 2	千葉CC	○	—	●	19	●	—	○
44	2010・ 8・31	霞ケ関CC	○	—	●	20	●	—	○
45	・11・ 8・30	千葉CC	○	—	●	21	●	—	○
46	・12・ 8・28	霞ケ関CC	○	—	●	22	○	—	●
47	2013・ 8・22	千葉CC	○	—	●	23	○	—	●

回数	年・月・日	場所	早大	男子	慶大		早大	女子	慶大
48	2014・ 8・18	武蔵CC	○	―	●	24	○	―	●
49	・15・ 8・18	千葉CC川間	○	―	●	25	○	―	●
50	・16・ 8・18	武蔵CC笹井	●	―	○	26	○	―	●
51	・17・ 8・14	千葉CC川間	●	―	○	27	○	―	●
52	・18・ 8・15	我孫子GC	●	―	○	28	○	―	●
53	2019・ 8・13	千葉CC川間	●	―	○	29	○	―	●

ゴルフ早慶戦MEMO

ゴルフ早慶戦の始まりは 1934（昭和 9）年に東京 GC 駒沢コースで行われ、慶大が勝利した。スコアは 8.5 ― 0.5（ダブルス 2.5 ― 0.5、シングルス 6.0 ― 0.0）。

その後、1955（昭和 30）に改めて第 1 回が開かれた。1959（昭和 34）年に関東学生ゴルフリーグ戦に吸収されるまで、７回開催され、早大の２勝４敗１分だった。

これがこの戦績表にない、ゴルフ早慶戦の前史である。

ところが早大は、1966（昭和 41）年春季をもって B ブロックに降格となった。

このため A ブロックの慶大との試合はリーグ戦で行われることがなくなり、1967（昭和 42）年から別途早慶戦を開催することになったのである。

ウエイトリフティング部 ◇60勝2敗

回数	年・月・日	早大				慶大	場所
1	1957・11・25	●	25	─	37	○	青山レスリング会館
2	58・11・16	○	39	─	34	●	神田YMCA
3	59・7・11	○	37	─	26	●	大隈講堂
4	1960・7・17	○	38	─	36	●	青山レスリング会館
5	61・11・19	○	38	─	36	●	早実体育館
6	62・7・8	○	39	─	35	●	渋谷公会堂
7	63・7・28	●	38	─	39	○	千駄ヶ谷区民会館
8	64・7・19	○	39	─	35	●	青山レスリング会館
9	65・11・14	○	41	─	35	●	早実体育館
10	66・11・20	○	46	─	30	●	日吉記念館
11	67・11・5	○	49	─	27	●	早実体育館
12	68・11・5	○	45	─	27	●	日吉記念館
13	69・11・25	○	46	─	27	●	早稲田学院体育館
14	1970・10・25	○	40	─	34	●	日吉記念館
15	71・11・27	○	55	─	20	●	大隈講堂
16	72・10・29	○	48	─	27	●	日吉記念館
17	73・10・27	○	39	─	37	●	大隈講堂
18	74・10・20	○	40	─	37	●	日吉記念館
19	75・10・26	○	49	─	27	●	大隈講堂
20	76・10・10	○	56	─	21	●	日吉記念館
21	77・7・23	○	52	─	25	●	大隈講堂
22	78・9・24	○	47	─	23	●	日吉記念館
23	79・7・8	○	47	─	29	●	早稲田大学第2体育館
24	1980・9・28	○	47	─	28	●	日吉記念館
25	81・7・5	○	42	─	34	●	早実体育館
26	82・9・23	○	45	─	30	●	日吉記念館
27	83・9・15	○	40	─	34	●	早稲田大学新体育館
28	84・9・23	○	41	─	36	●	日吉記念館
29	85・9・23	○	41	─	33	●	早稲田大学新体育館
30	86・9・23	○	39	─	38	●	日吉記念館
31	87・10・10	○	46	─	31	●	早稲田大学新体育館
32	88・9・23	○	43	─	33	●	日吉記念館
33	89・10・10	○	40	─	36	●	早稲田大学新体育館
34	1990・10・10	○	40	─	37	●	日吉記念館
35	91・9・22	○	42	─	35	●	早稲田大学新体育館
36	92・10・10	○	48	─	29	●	日吉記念館
37	93・10・10	○	43	─	34	●	早稲田大学新体育館
38	94・10・10	○	44	─	32	●	日吉記念館
39	95・10・10	○	43	─	32	●	早稲田大学新体育館
40	96・9・26	○	42	─	35	●	日吉記念館
41	97・10・10	○	38	─	23	●	早稲田大学新体育館
42	98・10・10	○	57	─	39	●	日吉記念館
43	99・10・10	○	49	─	21	●	早稲田大学新体育館
44	2000・10・9	○	57	─	18	●	日吉記念館
45	01・10・7	○	70	─	59	●	早稲田大学体育館
46	02・10・14	○	66	─	48	●	日吉記念館
47	2003・10・13	○	106	─	59	●	早稲田大学体育館

回数	年・月・日	早大			慶大	場所
48	2004・10・10	○ 72	―	38	●	日吉記念館
49	05・10・10	○ 263	―	172	●	早稲田大学体育館
50	06・ 9・ 2	○ 273	―	172	●	日吉記念館
51	07・10・ 8	○ 267	―	201	●	早稲田大学体育館
52	08・ 9・27	○ 140	―	61	●	日吉記念館
53	09・ 9・19	○ 121	―	68	●	早稲田大学体育館
54	2010・11・27	○ 138	―	59	●	日吉記念館
55	11・10・16	○ 125	―	61	●	早稲田大学体育館
56	12・10・14	○ 129	―	60	●	日吉記念館
57	13・10・13	○ 148	―	75	●	早稲田大学体育館
58	14・ 9・28	○ 135	―	90	●	日吉記念館
59	15・10・11	○ 131	―	100	●	早稲田大学体育館
60	16・10・ 9	○ 118	―	92	●	日吉記念館
61	17・ 9・30	○ 124	―	84	●	早稲田大学体育館
62	2018・ 9・29	○ 140	―	70	●	〃

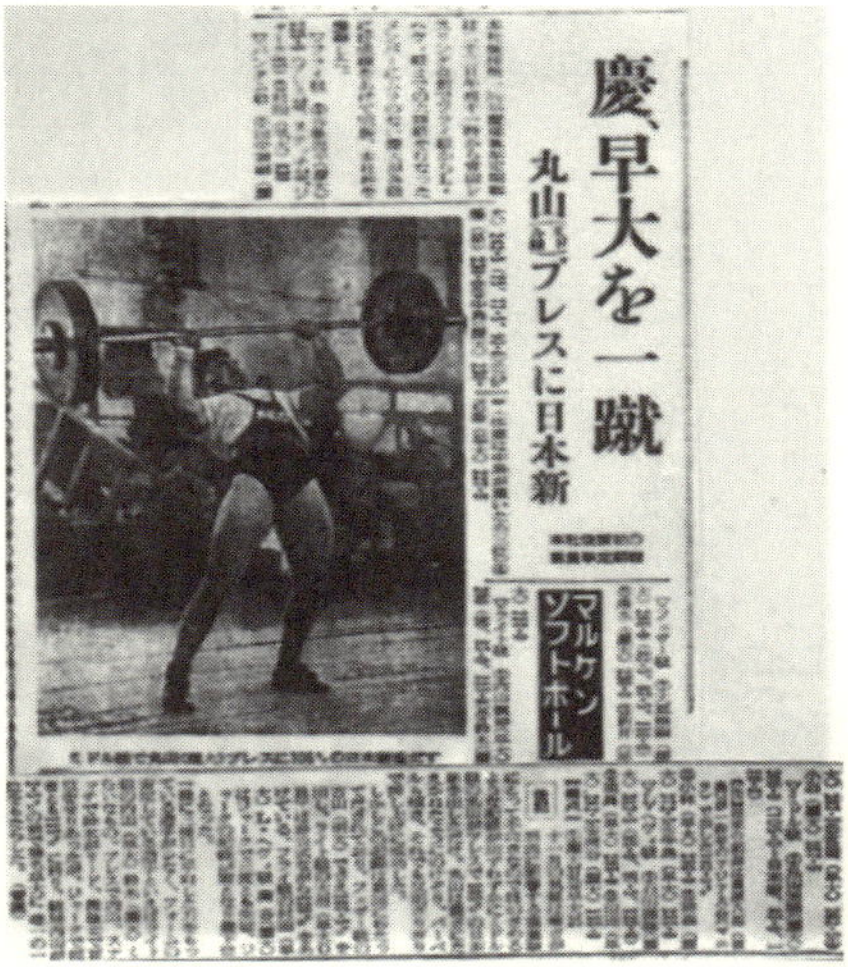
慶、早大を一蹴
丸山プレスに日本新
マルケンソフトホール

第1回早慶戦を報じる報知新聞昭和32年11月23日付

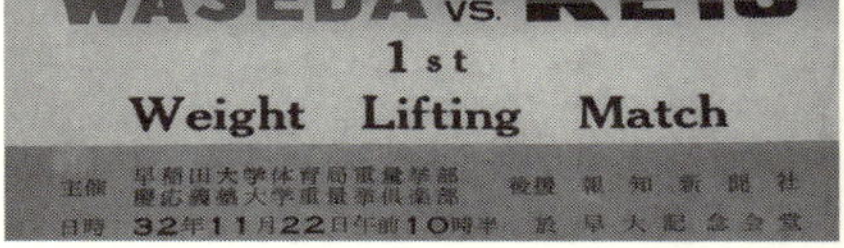

ウエイトリフティング第1回早慶戦の入場券（会場使用の許可がとれずに青山レスリング会館に変更された）

ウエイトリフティング早慶戦MEMO

新装の早稲田アリーナにつくられた「早稲田スポーツミュージアム」。体育各部の歴史や戦績を展観しているが、ウエイトリフティング部のコーナーには、第1回早慶戦の入場券が展示されている。

場所は、創立75周年を記念してその年に新築した早大記念会堂。

ウエイトリフティング部としてはこけら落としイベントと思っていたのだろうが、使用許可が取れずに、青山のレスリング会館に会場を移してファーストマッチを行った。

結果は、報知新聞にある通り慶大○、早大●。

しかし、第2回大会で雪辱した早大は、その後、1963（昭和38）年の第7回大会で●だっただけで、現在55連勝中。通算成績は60勝2敗だ。

射撃部 ◇39勝38敗

回数	年・月・日	早大		慶大	場所
1	1931	●		○	大久保射撃場
2	32・11・5	●	400 － 559	○	〃
3	33	●		○	〃
4	34	●		○	〃
5	35・11・9	○	600 － 523	●	〃
6	36	○		●	〃
7	37	○		●	
8	38	○		●	〃
9	39	●		○	〃
10	1940・11・23	●	533 － 566	○	〃
11	41	○		●	〃
12	42	●		○	〃
			戦争による中断		
13	1954	●		○	
14	55	●		○	
15	56・6・9	●	4149 － 4461	○	小石川
16	57・11・24	●	6096 － 6348	○	富岡
17	58・11・30	●	5953 － 6227	○	〃
18	59・11・8	●	6386 － 6507	○	〃
19	1960・11・20	●	4936 － 5099	○	〃
20	61・11・26	●	5036 － 5183	○	〃
			中止		
21	63・4・28	○		●	富岡
22	63・11・23	○	5211 － 5193	●	〃
23	64・11・22	●	5152 － 5246	○	〃
24	65・1・23	○	5296 － 5213	●	〃
25	66・11・13	○	5306 － 5262	●	〃
26	67・12・3	○	5293 － 5239	●	朝霞
27	68・11・23	●	5071 － 5150	○	富岡
28	69・11・29	○	5271 － 5193	●	〃
29	1970・11・29	○	5249 － 5092	●	〃
30	71・12・4	○	4871 － 4856	●	朝霞
31	72・11・26	○	3951 － 3719	●	〃
32	73・11・25	○	3934 － 3820	●	
33	74・12・1	○	3482 － 3342	●	朝霞
34	75・11・29	●	3417 － 3478	○	〃
35	76・12・2	●	3375 － 3386	○	〃
36	77・12・2	●	3360 － 3424	○	〃
37	78・12・4	○	3548 － 3502	●	〃
38	79・12・4	○	3487 － 3454	●	〃
39	1980・12・3	●	3441 － 3453	○	〃
40	81・12・4	○	4210 － 4110	●	〃
41	82・12・1	●	4149 － 4181	○	〃
42	83	○		●	
43	84・12・2	○	4248 － 4178	●	〃
44	85・12・6	●	4221 － 4262	○	〃
45	1986・12・3	●	4209 － 4224	○	朝霞

回数	年・月・日	早大		慶大	場所
46	1987・12・3	●	4324 − 4357	○	朝霞
47	88・12・9	●	4278 − 4334	○	〃
48	89・12・4	○	4360 − 4340	●	〃
49	1990・12・6	○	4335 − 4273	●	〃
50	91・12・2	○	4967 − 4896	●	〃
51	92・12・9	●	4959 − 4969	○	〃
52	93・12・2	○	4930 − 4902	●	〃
53	94・12・8	○	4941 − 4901	●	〃
54	95・12・6	○	4970 − 4772	●	〃
55	96・12・5	○	4850 − 4829	●	〃
56	97・11・21	○	4954 − 4896	●	〃
57	98・12・2	○	5007 − 4987	●	〃
58	99・12・1	●	5020 − 5085	○	〃
59	2000・12・2	○	5055 − 5012	●	〃
60	01・12・5	●	4996 − 4998	○	伊勢原
61	02・12・4	●	4955 − 4962	○	朝霞
62	03・12・3	●	4985 − 5016	○	〃
63	04・12・3	●	5019 − 5049	○	〃
64	05・11・30	●	5027 − 5090	○	〃
65	06・10・31	○	5070 − 4973	●	長瀞
66	07・11・30	○	5112 − 5056	●	朝霞
67	08・11・28	○	5049 − 5009	●	〃
68	09・11・27	○	5066 − 5058	●	〃
69	2010	○	不戦勝	●	
70	11・11・26	●	5021 − 5026	○	朝霞
71	12・11・24	●	5054 − 5089	○	〃
72	13・11・23	●	5036 − 5048	○	伊勢原
73	14・11・29	●	5251.8 − 5263.9	○	〃
74	15・12・12	○	5277.3 − 5141.7	●	〃
75	16・11・26	○	5295.2 − 5214.4	●	〃
76	17・11・26	○	5263.4 − 5243.2	●	〃
77	2018・11・25	●	5272.5 − 5289.3	○	〃

射撃早慶戦MEMO

射撃部も戦中・戦後の荒波にさらされた。

1942（昭和17）年　文部大臣通達により射撃大会禁止
1946（昭和21）年6月　ＧＨＱ（連合国軍最高司令官総司令部）による射撃禁止令
1950（昭和25）年11月　射撃禁止令解除

現在の早慶戦では10mエアライフル60発、50mスモールボアライフル伏射60発、50mスモールボアライフル3姿勢伏射・膝射・立射各20発の3部門で、各3選手の総合得点で争う。女子選手の活躍も目立っている。早慶戦の記録は、第1回から14回まで（第10回を除く）両校射撃部になかった。

合気道部 ◇13勝13敗1分

回数	年・月・日	早大				慶大	場所
1	1992・10・11	●		—		○	慶応大学
2	93・10・3	●		—		○	早稲田大学
3	94・10・2	○		—		●	慶応大学
4	95・10・8	●		—		○	早稲田大学
5	96・10・6	○		—		●	慶応大学
6	97・10・5	●		—		○	〃
7	98・8・23	●		—		○	〃
8	99・9・26	△		—		△	早稲田大学
9	2000・8・27	○		—		●	慶大柔道場
10	01・9・15	●		—		○	早大柔道場
11	02・9・15	○		—		●	慶大日吉柔道場
12	03・9・14	○		—		●	早大柔道場
13	04・9・26	●		—		○	慶大柔道場
14	05・9・11	●		—		○	早大柔道場
15	06・9・17	●		—		○	慶大柔道場
16	07・9・30	●		—		○	早大柔道場
17	08・10・12	○		—		●	慶大柔道場
18	09・10・4	○		—		●	早大柔道場
19	2010・10・3	●	1694	—	1696	○	慶大日吉柔道場
20	11・10・9	○	1651	—	1533	●	早大柔道場
21	12・10・14	○	1441.5	—	1370	●	慶大日吉柔道場
22	13・10・13	○	1691	—	1669	●	早大柔道場
23	14・10・26	○	1588	—	1562.5	●	〃
24	15・10・23	●	1184	—	1200	○	慶大柔道場
25	16・10・23	●	1203	—	1260	○	早大柔道場
26	17・10・8	○	2122	—	2053.5	●	慶大柔道場
27	2018・10・14	○	2032	—	1907	●	〃

合気道早慶戦MEMO

早稲田の合気道といえば富木謙治先生（1979［昭和54］年没、79歳）である。1953（昭和28）年に柔道部の中に「合気班」をつくり、1958（昭和33）年に合気道部が体育局（現競技スポーツセンター）から認められた。「型」だけでなく「乱取」を取り入れ、スポーツ化した。

早慶戦では、演武が6種目（下級生・坐技・徒手・短刀・杖・自由）、乱取は女子1男子5の6組が対戦、計12種目で優賞を争っている。

アーチェリー部 ［男子］11勝19敗　［女子］17勝13敗

		男子			女子		
回数	年・月・日	早大		慶大	早大		慶大
1	1989・10・15	●	8594 － 9040	○	○	5443 － 5151	●
2	1990・10・10	○	8730 － 8675	●	○	5434 － 5137	●
3	91・10・13	●	8646 － 8908	○	●	5519 － 5546	○
4	92・10・11	○	9409 － 9332	●	○	5800 － 5520	●
5	93・10・10	○	9430 － 9360	●	○	5531 － 5309	●
6	94・10・30	○	9594 － 9485	●	●	5613 － 5618	○
7	95・10・22	●	8778 － 9066	○	○	5635 － 5261	●
8	96・10・20	●	8932 － 9015	○	●	5481 － 5561	○
9	97・10・26	●	8873 － 8999	○	○	5415 － 5288	●
10	98・10・25	●	6715 － 6898	○	●	4416 － 4631	○
11	99・10・24	○	6803 － 6720	●	●	3964 － 4522	○
12	2000・10・22	●	6736 － 6745	○	●	4296 － 4466	○
13	01・10・21	●	6851 － 7085	○	○	4565 － 4328	●
14	02・11・16	●	6686 － 7166	○	○	4550 － 4176	●
15	03・11・23	●	5570 － 5961	○	○	4428 － 4120	●
16	04・11・14	●	7061 － 7157	○	●	1787 － 1788	○
17	05・11・19	○	6886 － 6481	●	●	3857 － 4396	○
18	06・11・19	●	3378 － 3739	○	●	2086 － 2284	○
19	07・11・25	●	3563 － 3753	○	●	2379 － 2480	○
20	08・11・30	●	3692 － 3808	○	●	2385 － 2464	○
21	09・11・15	●	3573 － 3784	○	○	2455 － 2442	●
22	2010・12・ 5	●	3671 － 3863	○	○	2517 － 2466	●
23	11・11・20	●	3683 － 3765	○	●	2463 － 2484	○
24	12・11・11	○	3814 － 3797	●	○	2588 － 2393	●
25	13・11・10	○	3862 － 3840	●	○	2533 － 2422	●
26	14・11・ 9	●	3805 － 3813	○	●	2442 － 2454	○
27	15・11・ 1	○	3898 － 3876	●	○	2558 － 2372	●
28	16・11・ 6	○	3754 － 3747	●	○	2286 － 2206	●
29	17・11・ 5	●	3829 － 3912	○	○	2586 － 2328	●
30	2018・11・ 4	○	3774 － 3672	●	○	2431 － 2189	●

アーチェリー早慶戦MEMO

2018（平成 30）年の第 30 回大会から的までの距離が 70m と長距離になった。従来は 50 m と 30m だった。2020 東京五輪・パラリンピックの競技方法と同一になった。

標的の直径は 122cm。１エンド６本の矢を４分以内で射ち、６エンド 36 射を２回。その合計点で争う。

男女とも８人が出場して、男子は上位６人、女子は上位４人の得点を総合した。その結果、男子は 3774―3670、女子は 2431―2189 で、早大が男女とも優勝した。

試合後には、日吉のファカルティラウンジでレセプションが行われた。

ソフトボール部 ［男子］男子25勝1敗　［女子］12勝0敗

		男子				女子		
回数	年・月・日	早大		慶大	回数	早大		慶大
1	1989春	○		●				
1	秋	○		●				
2	1990春	○		●				
2	秋	○		●				
3	1991春	○		●				
3	秋	○		●				
4	1992春	○		●				
4	秋	○		●				
5	1993春	○		●				
5	秋	○		●				
6	1994春	○		●				
6	秋	○		●				
7	1995春	○		●				
7	秋	○		●				
8	1996春	○		●				
8	秋	○		●				
9	1997春	●		○				
9	秋	●		○				
10	1998春	○		●				
10	秋	○		●				
11	1999春	○	8－0	●				
	秋		休会					
	2000春		〃					
	秋		〃					
12	2001春	○		●				
	秋		休会					
13	2002春	○	12－0	●				
11	秋	○	17－0	●				
	2003春		休会					
	秋		〃					
	2004春		〃					
12	秋	○	13－1	●				
	2005春		休会					
13	秋	○	9－6	●				
	2006春		休会					
14	秋	○	13－1	●				
15	2007・10・14	○	7－0	●	1	○	9－4	●
16	2008・10・26	○	10－3	●	2	○	14－0	●
17	2009・11・ 1	○	10－0	●	3	○	3－1	●
18	2010・11・28	○	11－2	●	4	○	27－3	●
19	2011・11・27	○	2－1	●	5	○	7－1	●
20	2012・12・ 1	○	20－0	●	6	○	14－1	●
21	2013・11・24	○	15－0	●	7	○	11－5	●
22	2014・11・29	○	5－0	●	8	○	8－1	●
23	2015・12・ 5	○	11－0	●	9	○	12－2	●
24	2016・11・27	○	8－0	●	10	○	15－0	●
25	2017・11・18	○	12－2	●	11	○	18－1	●
26	2018・11・24	○	10－1	●	12	○	19－4	●

注：男子は春秋2回開催していたが、2004年から秋に一本化。通算回数は1998年秋が第10回。1999～2001年秋は休会で、2002年秋が第11回、2003年は休会で、2004年秋が第12回。2019年は第27回となる。春はそれまでに13回実施、早大の12勝1敗。

ソフトボール早慶戦MEMO

早慶定期戦は、早大ソフトボール部が同好会から体育局所属の運動部として認可された1989（平成元）年に始まった。慶大のソフトボール部は、1973（昭和48）年に同好会として発足したが、体育会には未加盟だ。

男子はこれまで2敗だけ。女子は負け知らずの12連勝である。

早大で話題を呼んだのは、大嶋匠クン（執筆当時29歳）の日本ハム球団入り。ドラフト7位で2012（平成24）年に入団したが、2018（平成30）のシーズンを終えて現役を引退した。1軍での試合出場は3年間で15試合。18打数、3安打、打点1、打率・167。

日本拳法部 ◇23勝14敗

回数	年・月・日	早大	スコア	慶大	場所
1	1981	●	2 － 3分2	○	三田綱町
2	82	○		●	早大
3	83	●		○	三田綱町
4	84・12・4	○	3 － 2分2	●	早大
5	85・12・8	○	*3 － 3分1	●	日吉蝮谷
6	86・11・23	●	1 － 4分2	○	早大
7	87	○		●	日吉蝮谷
8	88	●		○	早大
9	89	●		○	日吉蝮谷
10	1990	○	*3 － 3分1	●	早大
11	91・12・15	●	*3 － 3分1	○	日吉蝮谷
12	92・12・5	●	3 － 4	○	早大
13	93	○	4 － 2分1	●	日吉蝮谷
14	94・11・5	●	*3 － 3分1	○	早大
15	95・11・3	○		●	日吉蝮谷
16	96・11・17	●	2 － 4分1	○	早大
17	97・11・8	○		●	日吉蝮谷
18	98・10・24	●	2 － 4分1	○	早大
19	99・11・6	●	3 － 4	○	日吉蝮谷
20	2000・11・18	○	4 － 3	●	早大
21	01・11・17	●	2 － 4分1	○	日吉蝮谷
22	02・11・16	○		●	早大
23	03・11・23	○	*3 － 3分1	●	日吉蝮谷
24	04・12・11	●	2 － 4分1	○	早大
25	05・11・15	○	4 － 2分1	●	日吉蝮谷
26	06・11・11	●	2 － 4分1	○	早大
	07		中止		
27	08・11・5	○	6 － 1	●	日吉蝮谷
28	09・11・14	○	5 － 1分1	●	早大
29	2010・11・3	○	5 － 1分1	●	日吉蝮谷
30	11・10・23	○	5 － 1分1	●	早大
31	12・10・13	○	6 － 1	●	日吉蝮谷
32	13・11・3	○	6 － 1	●	早大
33	14・11・29	○	3 － 2分2	●	日吉蝮谷
34	15・11・7	○	6 － 1	●	早大
35	16・11・12	○	4 － 3	●	日吉蝮谷
36	17・11・26	○	5 － 1分1	●	早大
37	2018・11・3	○	4 － 3	●	日吉蝮谷

（注）＊は代表戦で決着

日本拳法早慶戦MEMO

日本拳法部（創部1955［昭和30］年）の40年史（2000［平成12］年発行）に第1回早慶戦で慶大から贈られたペナントの写真が載っている。1959（昭和34）年12月、大隈講堂で行った。●。翌1960も●、1961年○とあるが、それ以降は行っていない。そして1978（昭和53）年に「第1回早慶戦勝利」とある。

この表の81年は3回目の"第1回"だ。体育局加盟は1991（平成3）年。

少林寺拳法部 ◇2勝8敗

回数	年・月・日	早大	スコア	慶大		場所
1	2009・12・12	●	3敗2分	○		慶大矢上キャンパス体育館
2	10・12・19	●	4敗1分	○		早大戸山キャンパス記念会堂
3	11・12・ 4	●	2勝3敗	○		慶大矢上キャンパス体育館
4	12・12・ 9	●	2勝2敗1分	○	代表戦で負	早大戸山キャンパス記念会堂
5	13・12・ 8	●	2勝2敗1分	○	代表戦で負	慶大矢上キャンパス体育館
6	14・12・14	●	0勝1敗4分	○		早大戸山キャンパス記念会堂
7	15・11・29	●	2勝2敗1分	○	代表戦で負	慶大日吉キャンパス慶應義塾高校地下体育館
8	16・12・ 4	○	2勝1敗2分	●		早大早稲田キャンパス17号館空手道場
9	17・12・17	●	1勝2敗2分	○		慶大日吉キャンパス蝮谷体育館
10	2018・12・ 2	○	3勝2敗1分	●		早大早稲田キャンパス17号館空手道場

少林寺拳法早慶戦MEMO

創部は 1962（昭和 37）年だが、体育局（現競技スポーツセンター）から公認されたのが 2009（平成 21）年。従って競技スポーツセンターの早慶戦戦績表では、2009 年が第 1 回となっている。

慶大の少林寺拳法部のＨＰには「2015 年早慶 50 周年」とあり、2019（令和元）年は第 54 回となるが、早大は同好会時代だったため、記録の掲載は 2009 年からとした。

試合は、互いに防具をつけて 1 対 1 で戦い、上段の突きと中段への突き蹴りの有効打の本数で勝敗を決める。1 試合につき 1 分のランニングタイムを 2 セット行い、技あり判定の本数の差によって勝敗を決定するルールで行われている。

勝敗表を見る限り、早慶の力が拮抗してきている。

番外：応援部と応援指導部

早慶戦の華は、応援合戦である。野球の早慶戦が始まって3年目の１９０５（明治38）年秋、慶大応援席で「ＫＯ」の人文字がつくられた。「この人文字こそは慶應義塾の組織立った応援活動の華やかな幕開けといえよう」と、慶應義塾応援指導部。

今から１１４年前である。その年の早慶2回戦のことで、１勝1敗で迎えた3回戦には、「ＫＯ」の人文字に対抗して、早大応援席で「ＷＵ」と白抜きしたえび茶色の小旗が振られた。この年の早大野球部初のアメリカ遠征でお土産に持ち帰ったもので、応援団長ヒゲの吉岡信敬がリードした。

両校の応援合戦は、ここに始まった。

しかし、翌１９０６（明治39）年、１勝1敗の第3戦が両校応援団の過熱から、不測の事態を怖れて中止となる。１９２５（大正14）年秋に復活するまで、19年間中断となる。

◇

早大応援部が正式に発足したのは１９４０（昭和15）年。体育局（現競技スポーツセンター）公認となったのが、１９４６（昭和21）年である。

一方、慶大は１９３３（昭和8）年応援部結成。１９４６（昭和21）年に応援部から「応援指導部」へ名称を変更した。さらに１９５０（昭和25）年、吹奏楽団の発足。１９６０（昭和35）年日本初のバトンガール登場とある。

早大のブラスバンド発足は1952（昭和27）年で、慶大より2年遅れ。バトントワラーズ（現チアリーダーズ）は、1977（昭和52）年創設だから慶大に大分先を越されている。

応援席のデコレーションで印象に残っているのは、早大のフクちゃんと、慶大のミッキーマウスである。早大の応援席にフクちゃんとミッキーマウスが握手をしているデコレーションが飾られたのは、慶應義塾創立100周年の1958（昭和33）年秋だった（第1章のトビラの写真）。筆者は早大高等学院の2年生。神宮球場へ応援に行って、現認している。

しかし、著作権の問題からフクちゃんもミッキーマウスも、いつの間にか早慶戦のスタンドから消えた。華やかな応援合戦は、野球だけでなく、各運動部の早慶戦でも展開されている。

もっとも野球の早慶戦復活に先駆けて1922（大正11）年に始まったラグビーの早慶戦。応援団の過熱を怖れ、「応援は拍手に限る」とヤジも禁止した。応援席の前に屈強な運動部員が立って、にらみを利かせた。ラグビーの早慶戦は、試合前に校歌と塾歌の斉唱、エールの交換をするが、試合中の応援合戦はない。サッカーやアメリカンフットボールなどとは雰囲気が異なる。紳士のスポーツだという誇り、試合中も相手をリスペクトする精神、試合後は、敵味方なく、お互いの健闘を讃え合うノーサイドの精神、そうしたラグビーならではの「美しい思想」が、試合中の応援合戦を良しとしないのは当然かもしれない。

また両校には、「早慶戦支援会」（1986［昭和61］年発足）、「慶早戦支援委員会」（2008［平成20］年発足）があって、慶大では、野球ばかりでなく、バスケットボール、アイスホッケー、バレーボールなどの「慶早戦」の支援を行っている。

あとがき

全運動部の早慶戦全記録を集め、検証するのに、たいへん苦労した。

「だからオレがいっただろう。記録はキチンと残しておかないと」

「早スポ」初代編集長・松井盈（2007［平成19］年没、67歳）の声が聞こえてくるようだ。

松井は60年安保の年の運動部39部の記録をまとめて『早稲田大学スポーツ年鑑』を創刊した。

1年生だった私たちも広告取りに追われた。記事を書くより大変だった。

年鑑には部員名簿があり、運動部員からも「自分の存在証明になる」と感謝された。私の代でも堀健雄（中部水産元社長）、山崎英夫（王子製紙元参与）を中心に第3号を発行した。

しかし、制作費はすべて広告収入に頼ったため、第5号のあと東京五輪後の不況により出版を断念。1年おいて第6号、7号は発行したものの、翌年から休刊してしまったのだ。

それが今、早大競技スポーツセンターに引き継がれて毎年発刊されている。

最近の早慶戦の記録は、この年鑑を見れば分かる。

しかし、実際は記録集めが大変だった。完璧なものを期して、各部の主務、OB会にお世話になったのだが、戦災をはじめ諸々の事情で資料が散逸していた。

6年前、卒業50年のホームカミングデーに『早龍会50年記念誌』（A4判、148ページ）を発行した。そこに在学4年間（1960［昭和35］～1963［昭和38］）の運動各部の早慶戦勝敗表を載せた。その際、「三九三田体育会」の大平一さん（スキー部）に慶應義塾体育会事務局に案内していただいた。体育会主事には鈴木宏、大下亨治氏と2代にお世話になった。今回も記録集めの最初は、慶應義塾体育会での資料漁りから始まった。大堀洋新主事、「三九三田体育会」をはじめ慶應義塾の皆さんのご協力に、心からお礼を申し上げる。ありがとうございました。

むろん早稲田大学競技スポーツセンターにも記録チェックでは大変お世話になった。記録・原稿のチェックは早スポ第23代編集長織田健途さん（１９８４［昭和59］年卒、日刊スポーツ）、早スポＯＧ阿部佳代子さん（１９８１［昭和56］年卒、元プレジデント編集長）らを煩わせた。

記録の入力は早スポ1年生（当時）青柳香穂、桑原莉子さんらにお願いした。

原稿を寄せてくれた西川昌衛（１９６３［昭和38］年卒）、江口拓（１９６６［昭和41］年卒）、斎藤禎（１９６７［昭和42］年卒）、清水岳志（１９８８［昭和63］年卒）さんら早スポＯＢ各位、現役の諸君の協力に感謝！　を申し上げる。

最後にもうひとり。この本を出版してくれた啓文社書房の漆原亮太社長。「お世話になった早稲田大学のためなら」と赤字覚悟で、無理な注文に応じてくれた。高校・大学を通じて私の43期下の若者である。言論誌『表現者クライテリオン』を２０１８（平成30）年7月号から継承出版している。同時に同書房の荒井南帆さんにも。

さて、この『早慶戦全記録』がきっかけとなって、早慶両校の学生スポーツ界でのリーダーシップ的役割がさらに増すことがあれば、これ以上の喜びはない。

２０１９年9月

堤　哲

参考文献

【早稲田大学】
『稲門倶楽部の百年』早稲田大学野球部稲門倶楽部、2009年
『輝く早稲田スポーツ60年のグラフィック』早稲田大学体育局、1962年
『早慶戦110年史』ベースボール・マガジン社、2013年
『白球の絆―稲門倶楽部の百年』生原伸久編、稲門倶楽部、2010年
『半世紀の早稲田体育』早稲田大学体育局、1952年
『早稲田アスリートプログラム』早稲田大学競技スポーツセンター、2016年
『早稲田スポーツ縮刷版』第1～4巻、早稲田スポーツ新聞会、1990～2015年
『早稲田大学スポーツ年鑑』1960、早稲田スポーツ新聞会、1961年
『早稲田大学スポーツ年鑑』1984～2018、早稲田大学競技スポーツセンター
『早稲田大学野球部百年史』早稲田大学野球部、2002年

【慶應義塾大学】
『慶應義塾野球部百年史』慶應義塾体育会野球部・三田倶楽部、1989年
『若き血燃ゆ―学生スポーツの未来を担う』慶應義塾体育会創立125年記念誌編纂委員会、2017年

【その他】
『明治大学体育会誌』第3号、明大スポーツ新聞編、明治大学体育局1959年
『明大スポーツ新聞縮刷版第一巻』明大スポーツ新聞、1976年

『早稲田ラグビー史の研究』（日比野弘著、早稲田大学出版部、1997年）をはじめ、早慶両校運動各部の部史・記念誌、慶應義塾体育会・早稲田大学競技スポーツセンター所蔵の年報などの各種資料・記録、新聞・スポーツ誌など各紙誌。

◎PROFILE
堤　哲（つつみ・さとし）
1941年東京生まれ。64年早大政経学部卒、毎日新聞入社。社会部記者、編集委員。97年紙面審査委員長で定年退職、東日印刷監査役。
「早稲田スポーツ」新聞第3代編集長。
著書に『国鉄・JRラグビー物語』（交通新聞社2019年刊）『国鉄スワローズ1950-1964』『伝説の鉄道記者たち』（いずれも交通新聞社新書）など。

早慶戦全記録

■発行日　令和元年11月30日　初版第一刷発行
■発行人　漆原亮太
■協力　慶應義塾体育会・早稲田大学競技スポーツセンター
早慶各運動部・三田会・稲門倶楽部
早稲田スポーツ新聞会
■装丁・DTP　有限会社ノーボ
■発行所　啓文社書房
〒160-0022　東京都新宿区新宿1-29-14　パレ・ドール新宿7階
電話03-6709-8872
■発売所　啓文社
■印刷・製本　株式会社光邦

ISBN 978-4-89992-063-2　C0075　Printed in Japan